文库

文旅产业与全域发展文库

明庆忠 等 / 著

基于任务驱动下的旅游转型升级的路径与对策研究

中国旅游出版社

本书编委会

主　　任：明庆忠

副　主　任：刘安乐　刘宏芳　韩剑磊　田　瑾

　　　　　　尚前浪　李美婷　韦俊峰

主　要　成　员：陆保一　张红梅　史鹏飞　谈　思

　　　　　　吴小同　尹钶莹等

总　序

文旅产业与全域发展：融合赋能促进高质量发展

众所周知，文旅产业是非物质生产产业，但其与我们的精神生活"须臾也不能分离"。社会主义新时期新矛盾的转变使我们对文旅产业及其促进全域发展的方式有了新认识与再定位，文旅产业与全域发展的关键在于体制机制创新、动力在于全链改革创新、路径在于统筹发展。

文化与旅游从来就是"孪生"兄弟。沧海桑田，山河演化，人猿揖别，发展人类文明。古人依山为命，辗转山林，群居穴处；又或朝行暮止，风餐露宿，行道迟迟，载饥载渴，忽见山溪、宽敞山洞，睹日出而林霏开，云归而岩穴暝，野芳发而幽香，佳木秀而繁阴，山高日小，身心愉悦，渐生乐山乐水之倾向；"山林川谷丘陵能出云，为风雨，见怪物，皆为神"（《史记·祭法》），"万物有灵"的原始自然崇拜文化也即诞生。"智者乐水，仁者乐山；智者动，仁者静"，后人谓之"君子比德"说。秦始皇统一中国，确认祭祀名山；汉武帝祭山祭水，"五岳"遂出；仿自然山水园林始现，状景体物之汉赋繁荣；魏晋南北朝，游士游道适意自然，"以形媚道""澄怀味象"，"山川之美，古来共谈"；山水诗、山水文、山水画等应运而生，"采菊东篱下，悠然见南山"，山水可游、可居、可赏析的适意游渐行成风；仙游、释游兴起，"南朝四百八十寺，多少楼台烟雨中"，人文景观与山水融洽，各类生态文旅地萌生。唐宋盛世，"触景生情，借题发挥，记为诗文，以激千古"，旅游文化繁荣，山水名胜、书院隐居、园林殿阁传世天下。《梦溪笔谈》《徐霞客游记》诠释了"一游胜读十年书""行万里路，读万卷书"的要义。文旅融合共生至今，且愈益发达。

当今世界，旅游成为人们的重要生活方式，文化成为人们的生活底蕴，旅游业与文化业为我们当世生活的"幸福产业""快乐产业"，着眼于业态，聚焦于民生。究于本质，文化和旅游本源就是追寻人生幸福快乐，也使之成为人民生活水平提高的重要指标。旅游彰显了文化的价值，赋予文化更大的动能，文化需求促进旅游活动产生，文化创意提升旅游产品质量。文旅既承继历史传统，又创新功能，"宜融则融，能融尽融，以文促旅，以旅彰文"。

文化与旅游及相关要素相互渗透、交叉会合或整合重组，突破原有的产业边界或要素领域，彼此交融形成新生共生体。要素禀赋融通，以文化内涵为魂，赋予文旅全新理念与价值，注入特色，对旅游品位、旅游业态、旅游吸引力、旅游发展空间等进行优化、丰富和拓展，提倡优质发展；渗透融合、转换共进、跨文化跨区域交流，"讲好中国故事"，彰显"软实力"，实现文化旅游性与旅游文化性的有机统一，赋能区域发展。

"一方水土养一方人"，文化、旅游的本质特征离不开本区域的发展土壤，文旅的"地方性""空间生产性"等多存在于特定的空间地域中。文旅业具有资本密集、资源密集、文化密集、人力密集、创意密集、新技术应用密集等特点，多元、多层、多方位的交融，成为"双创"最活跃的领域、一项没有天花板的智慧产业，从而促进盘活文旅资源，拉动文旅消费增量，获得乘数级的放大效应，文化和旅游融合也使人们赢得物质和精神的双丰收。文旅业不仅相促共生，而且与其他产业协同发展。协调第二产业和第三产业的关系，推动传统产业结构转型，持续不断制造消费热点，促进就业，促进区域内多产业的多元发展，其绩功不可没。

当下旅游正从观光游向休闲游、体验游转变，从景区游向全域游转变，从传统的团队游向自助游、深度游和品质游转变，文旅消费体验场景化、生活化、智慧化与现代化已是大势所趋。旅游消费的升级变化倒逼文旅供给侧创造新产品，创新文旅消费新业态。新型旅游景区、旅游小镇、古城古镇古街、山水田园、田园综合体、美丽乡村及中医药旅游、研学旅游、文博文创等新兴融合业态成为释放潜在动能的主要载体，顺应创新、协调、绿色、开放、共享五大发展理念，让优质的土地、资源发挥其最大的价值，运用全域性整合思维、创新性目的地思维、融合性系统思维、优质化品质思维和参与性共享思维，推动区域协调化、资源系统化、公共服务便利化、产品供给品质化、产业发展融合化、旅游治理规范化、旅游参与社会化（全民化）、旅游效益综合化（最大化），引领文旅产业谱写促进全域发展、可持续发展的新篇章。

文旅产业作为国民经济战略性支柱产业，在调结构、稳增长、促消费、惠民生等方面发挥着越来越重要的作用，已经成为经济社会发展的"加速器"、生态文明建设的"催化剂"、对外合作交流的"压舱石"，因此，文旅产业要创新业态，构建新的发展载体，进行供应侧改革创新，要做全产业链融合，以涵盖文化产业和旅游产业整个产业链，构筑成文旅产业体系：文旅融合要做产业融合，从某种意义上讲，文旅融合重在产业经济，重点在于生产要素、市场主体、经营方式的融合，着力点是形成市场化开发模式；文旅融合要做全域融合，文旅融合也不仅限于产业融合，应为"全域融合"，即着力于文旅全方位跨域融合，重点在资源整合、管理方式、发展模式上形成"文旅合一"的路径，其"全领域"涵盖了经济社会发展的诸多方面，如跨产业领域上以旅游融合农业、工业、服务业共发展，跨行业领域上以旅游带动文化创意、技术应用、新兴业态发展；跨部门领域上以旅游促进生态建设、扶贫脱困、基础建设等。通过对区域内各种资源尤其是旅游资源、相关产业、生态环境、公共服务、体制机制、政策法规、文明素质等进行全方位、系统化的优化提升，实现区域资源有机整合、产业融合发展、共建共享，以文旅业促进经济社会协调发展，构建起以文旅产业为基础平台的复合型产业结构，推动文旅产业域由"纯文产""小旅游"向"大文旅"转型，达到文旅产业促进空间地域的全域维度、产业的全域维度、社会的全域维度、时间的全域维度、消费的全域维度、管理的全域维度等的全资源重新配置、整合，提升配置效率，打造全域发展环境，全方位发展社会经济，促进全域民生水平的高质量提升。

有鉴如此，云南财经大学工商管理及其旅游管理重点学科研究团队、云南省文旅产业与全域旅游发展哲社创新团队、云南省旅游产业发展与促进高校创新团队、云南省旅游产业发展哲社研究基地、云南省旅游管理研究生导师团队、云南省国家旅游局省部共建旅游管理教学科研基地、云南省旅游管理重点学科研究团队、云岭学者科研团队等在组织相关研究的基础上，出版"文旅产业与全域发展文库"系列著作，期盼对文旅产业、全域旅游及区域社会经济发展贡献绵薄之力。感谢中国旅游出版社段向民主任的大力支持！感谢各位专家学者给予的关心和帮助！敬请一如既往地给予关怀和支持！

明庆忠
2020 年 5 月于昆明滇池畔

前　言

　　旅游转型升级是当下旅游高质量、可持续发展的一个重要方向，加快促进旅游的转型升级在国家和地方政府发布的众多促进旅游发展的指导性文件中有所提及，在当前旅游供给侧改革、全域旅游发展、旅游高质量发展背景下，旅游转型升级过程中的"转什么""如何转型""转型到哪里""怎么转型"是旅游转型发展亟待解决的关键问题和重要任务。旅游转型升级作为一个应用型和实践性研究命题，其研究的科学性与系统性是需要解决的难点与重点问题。

　　本书提出了基于"任务驱动"的旅游转型升级路径与对策研究，所谓"任务驱动"就是既要满足旅游转型升级研究现实指导性和应用型，又要升华其研究理论探索的深度和复制性，即以旅游转型升级主要任务为线索，进一步探索旅游转型的基本概念及其特征，重新以转型任务为出发点，系统地构建任务驱动系统；引入"旅游景区功能性""旅游主体延展""管理体制重构""科技支撑"等基本概念与理论，探究不同任务驱动下的转型路径，并提出有针对性的管理方案，以改善当前旅游转型研究零碎性的问题，补充完善旅游转型的研究视角，以有效和针对性地提高研究的科学性。同时，对旅游转型升级的发展条件、转型经验进行梳理，总结其旅游转型升级的过程特征及其一般规律；提出基于任务驱动的旅游转型升级路径的概念，可以为解决旅游转型升级过程亟待解决的"转什么""如何转型升级""转型升级到哪里""怎么转型升级"等关键问题提供一种理论视角。针对旅游转型升级的不同任务提出分类型转型升级路径和针对性的方案，增强研究的实践指导性和可行性，为区域旅游转型升级、旅游供给侧改革和全域旅游建设提供科学依据和决策参考。

　　随着云南作为"民族团结进步示范区""生态文明建设排头兵""面向南亚东南亚辐射中心"建设的深入，全力打造世界一流的"绿色能源""绿色食品""健康生活目的地"成为云南未来建设发展的重要王牌。按照"云南只有一个景区，这个景区叫云南"的全域旅游理念，云南省加快旅游目的地升级、重建产业市场秩序、重构旅游诚信体系、提升旅游供给能力、完善旅游管理机制和推进机制旅游革命等已成为云南旅游转型升级的重要任务，云南旅游转型升级已成为必然趋势。

有鉴于此，我们在云南省哲社规划办支持下，获得了云南哲社重大项目"基于任务驱动的云南旅游转型升级的路径与对策研究"，开展以云南省为研究案例的研究。本书在已有研究基础上，在旅游供给侧改革、全域旅游、旅游产业转型发展背景下，针对云南省人民政府发布的《云南省加快推进旅游产业转型升级重点任务的通知》《云南省人民政府关于加快推进旅游转型升级的若干意见》等基本确立的云南省旅游转型研究既定重点任务和发展目标，通过借鉴和引入"旅游景区功能性""旅游主体延展""管理体制重构""科技支撑"等基本概念与理论，对旅游目的地、旅游产品（产业融合）、旅游管理服务体系（管理体制与公共服务体系）和旅游信息化（一部手机游云南）等主干转型升级路径进行系统性分析，并提出针对性对策，以期为该领域研究提供新的思路和决策参考。

本书针对省域旅游"转型升级的学理基础"，提出为什么要转型、转型升级是什么、怎么转和怎么升、转型升级的愿景等展开研究。在系统分析基本概念和区域产业发展历程经验总结的基础上，提出了旅游转型升级是当前发展必然选择的论断，而转型的学理基础与转型支撑体系是研究的关键所在。因此，本书以云南省为案例，按照"理论构建—支撑分析—路径探究—对策提升"的逻辑思路展开。第一，从转型任务出发，梳理旅游转型升级类型、特征和基本内涵，从旅游景区功能性、旅游主体延展、管理体制重构及科技支撑系统地构建旅游转型升级的学理框架，并分析转型升级的实践价值。第二，总结国内外典型案例地旅游转型升级案例的经验及其启示。分析旅游转型升级的演变过程，研判旅游转型升级的政策性与内外部环境形势，分析旅游转型升级的特征和需求，提出影响旅游转型升级存在的问题，并阐述旅游转型升级驱动机制。第三，确立旅游转型升级的目标、思路，从旅游区功能性价值体系、旅游主体延展体系、旅游管理体制重构体系和科技支撑体系构建旅游转型升级任务驱动体系。第四，提出任务驱动下旅游转型升级不同路径和总体针对性优化调整策略、措施和对策。

本书是以云南旅游为实证的研究：从旅游发展阶段判识与转型升级的学理、动力机制探索，到旅游转型升级的学理探索与国内外典型案例地旅游转型升级案例经验及其对云南旅游的启示，再到总体分析云南旅游现阶段为什么要转型升级、转型升级方向是什么、转型升级什么、转型升级动力是什么、怎么转型升级（路径）和应采取什么策略和对策，形成一个省域旅游转升系统方案，并创新性地提出"旅游景区功能性""旅游主体延展""管理体制重构""科技支撑"等基本概念与理论，构建旅游转型升级的任务驱动体系，勾画旅游转型升级的大框架和主体途径，提出任务驱动下旅游转型升级的不同路径和总体针对性优化调整策略、措施、对策等，是对区域旅游转型升级的一次理论和实践的尝试与探索。希望这一研究有益于在高质量发展背景下对区域旅游发展的理论研究提供有益的补充和丰富，为地方政府、文化和旅游部门、其他相关部门、企业开展旅游转型升级、旅游供给侧改革和全域旅游建设工作提供一些科学依据和决策参考。

本书是以云南财经大学为主的研究团队集体成果。要感谢刘安乐等同志对本书的重要贡献。本书的主要贡献者有：明庆忠、刘安乐、刘宏芳、韩剑磊、田瑾、尚前浪、李美婷、韦俊峰、陆保一、张红梅、史鹏飞、谈思、吴小同、尹钶莹等。

明庆忠

2020 年 5 月 10 日于昆明

目　　录

第一章
研究背景与国内外相关研究学术史梳理

　　旅游的转型升级是当下旅游高质量、可持续发展的一个重要方向，加快促进旅游的转型升级在众多国家发布的促进旅游发展的指导性政策中都被提及，而云南省作为旅游大省，在当下旅游市场竞争越发激烈的大环境下，旅游的转型升级更是刻不容缓。因此，为了对旅游转型升级概念的提出、研究的现状有基本的了解，本章从国家层面到省级层面、从政策指导到现实要求等多方面、多角度分析总结了云南省旅游转型升级的提出背景。同时，梳理了国内外关于旅游转型升级的研究动态，以便对旅游转型升级当下的研究现状有清晰的了解与认识，从而能够开拓课题的研究视角、创新课题的研究领域。

第一节　课题提出背景

　　2008 年国家旅游局从官方角度界定了旅游产业转型升级基本概念，2009 年出台《国务院关于加快发展旅游业的意见》，2014 年印发《国务院关于促进旅游业改革发展的若干意见》等系列举措标志着我国旅游转型升级探索与研究进入新的历史阶段，有关旅游转型升级的研究受到学者广泛关注。

　　2015 年习总书记在视察云南时做出了将云南建设成为"民族团结进步示范区""生态文明建设排头兵""面向南亚东南亚辐射中心"的指示。云南省提出全力打造世界一流的"绿色能源""绿色食品""健康生活目的地"，并成为云南未来建设发展的重要王牌。随着"云南只有一个景区，这个景区叫云南"的全域旅游理念的推进，云南省加快旅游目的地升级、重建产业市场秩序、重构旅游诚信体系、提升旅游供给能力、完善旅游管理机制和推进机制旅游革命等已成为云南旅游转型升级的重要任务，特别是《云南省加快推进旅游产业转型升级重点任务的通知》《云南省人民政府关于加快推进旅游转型升级的若干意见》等系列文件的发布，使得云南旅游转型升级已成为必然趋势。因此，针对云南省域旅游"转型升级的学理基础"、为什么要旅游转型升级、旅游转型升级是什么、旅游怎么转和怎么升、旅游转型升级的愿景等的研究具有重要现实必要性。

第二节　国内外相关研究的学术史梳理

一、国外相关研究综述

在国外，直接研究相对较少，其研究涉及关键词包括：旅游产业升级、旅游产业优化与提升等。其研究主要集中在战略地位分析、转型模式理论和动力机制探究三个方面。

从战略层面考虑旅游转型升级是旅游持续发展应当考虑的首要问题。在旅游转型升级的战略分析上：Daniel（1976）通过与加拿大、法国等国家的对比研究发现，美国旅游业产业地位相对较低，导致其旅游产业资金投入不足、旅游政策不协调，旅游升级发展缓慢[1]；Derek（2001）等通过研究发现坦桑尼亚旅游由于缺乏基础设施、高素质人才、法律监管框架和市场营销，其旅游产业提升不足，建议通过有效的规划管理，可以充分激发坦桑尼亚旅游业的潜力[2]；Richard Sharpley 提出为应对未来挑战，塞浦路斯需要将住宿业发展纳入整体旅游规划，建立有效的发展机制[3]。

在旅游转型模式方面：Saarinen J.（2005）认为旅游目的地的转型发展是一个过程，它是旅游目的地文化和自然特征在社会空间意义上产生、再现、定型和营销的过程，在旅游目的地转型的过程中也会修改目的地的文化标志和符号[4]。Pham T. D.（2012）将旅游业的转型分为开始、成长、稳定三个阶段，通过研究分别处于这三个阶段的案例地，构建衡量旅游业转型的经济、社会和环境指标，从而为实现更可持续的旅游业转型提供长期规划指导[5]。Doris Gomezelj Omerzel 认为创新对旅游产业和国民经济的发展与效率提升至关重要，研究了促进企业创新和绩效的影响因素[6]。

旅游转型升级动力机制方面：Yoel Mansfeld（2004）研究了中东地区的巴林旅游业经济的转型对整体宏观经济发展和政策发挥的作用，强调了旅游业的转型发展对该地区吸引外资、保护遗产和文化，尤其在平衡油价方面的贡献[7]。Vikneswaran Nair（2014）等通过调查前往马来西亚的333名国际游客，发现平价奢侈品、家庭娱乐、节事活动、消遣活动、SPA、体育、商务旅游等对马来西亚旅游转型有积极意义[8]。Aldebert（2011）等以欧洲国际贸易展览会为例，在重点介绍旅游业创新活动基础上，论证了信息通信技术对旅游业快速发展的影响[9]。Henderson J. C.（2015）通过分析新加坡1964—2015年旅游业转型发展的整个过程，发现新加坡的旅游业发展和其政治、经济、社会文化和环境背景的变化是密不可分的，政府在其旅游业有效管理中扮演了重要角色[10]。

从以上梳理可以看出，国外的关于旅游产业转型升级的研究最早可以回溯到1976年，研究时间较早。在内容上，更偏向于模式与动力机制方面的探索，通过实证案例来探索转型升级的具体路径。在研究方法上，定性研究较少，定量研究居多，侧重于通过对相关信息和数据的收集、分析与统计来总结规律，进而得出科学、严谨的结论与对策。

二、国内相关研究综述

旅游产业有着特定的发展规律，与其他产业一样，为适应新的市场环境，需要进行转型升级。2008年全国旅游工作会议从国家层面明确了旅游产业"转型升级""提质增效"的发展战略，对旅游产业转型升级的研究日渐成为学者研究的热点之一，且研究逐渐深入。在我国，旅游转型升级是伴随着我国社会经济转型发展而展开的具有"中国特色"的科学选题，其研究过程大致可以分为两个阶段：2008年之前，旅游转型和升级研究是两个领域。《现代汉语词典（第六版）》对"转型"的研究解释为：社会经济结构、文化形态、价值观念等发生转变或者转变产品的型号和构造；对"升级"的解释为：从较低的等级升到较高的等级或指战争的规模扩大，事态的紧张程度加深。国内许多学者认为转型与升级是旅游发展的两个方面，认为旅游转型是彻底地改变原有的发展方式与模式，是由A向B的转变。而升级则是基本保持在原有的发展方式与模式的基础上，实现其结构的优化和要素的提升[11]。2008年，国家旅游局从官方角度界定了旅游产业转型升级，提出了旅游产业的"三个转变"——转变产业发展方式、发展模式、发展形态[12]，实现旅游产业

由粗放型向集约型转变，由注重规模扩张向提升规模和效益转变，由注重经济功能向综合功能转变；在此之后"转型升级"正式成为我国旅游产业官方表述与战略方向之一，旅游产业转型研究与升级研究开始合流，我国旅游转型升级探索与研究进入新的历史阶段。

（一）转型升级概念研究

成英文、张辉（2013）和谢春山（2010）等认为旅游转型与旅游升级是两个独立的概念[13]-[14]，马波等（2012）则认为转型是本质，升级是表现，二者为同一事物的不同地位[15]，马巧慧（2016）、姜芹春（2016）等学者持有类似的观点[16]-[17]。本研究认为，旅游转型和升级在学理上存在概念性的差异，但二者又存在天然的关联性。转型代表的是发展阶段的质变，是指改变旅游原有的发展方式，根据当前的市场环境、政策法规重新构造旅游内部各要素的发展结构，以此适应旅游市场当下发展的需要；升级则是表现为发展规模、态势的量变，是指在不改变旅游业原有的发展方式的基础上，结合诸如政府、科技、新媒体等外部力量，顺应新兴的市场需求，提高旅游企业投入产出比，调整旅游要素配置，实现旅游产业向更高级别的转变。二者代表其发展的不同阶段，无论是量变还是质变，都是产业螺旋上升发展过程中的重要环节。在指导实践过程中，旅游转型和升级均指代区域旅游发展从低级到高级、从本体到外延扩展，目的是实现产业良性发展的过程。

（二）宏观旅游转型升级研究

马波（1999）从发展模式、市场结构、产业增长方式、产业空间布局和产业组织结构指出中国旅游产业转型的特点及趋势[18]，随后在其研究中对中国旅游业转型发展的阶段和若干重要问题进行了深入讨论[19]，可以说马波关于中国旅游转型发展的系列研究为后期我国旅游发展指明了基本方向。中国旅游业正进入结构调整的关键时期，旅游市场的全球调整和资源再分配深刻影响到中国旅游业，中国旅游业体现出新的战略性[20]，应当从产业结构合理化和高级化两个方面入手进行旅游产业结构的优化调整[21]。储昭斌（2013）从国家产业发展模式选择的角度指出，要推进我国旅游产业转型升级，需加快向市场主导发展模式转变[22]。王平（2002）、赵书虹（2006）、刘文波和丁力（2000）分别从非观光旅游改变、技术变化和旅游企业网络的角度探究推进旅游升级的因素[23]-[25]。王大悟（2004）基于对我国社会形态转变的现实，对我国旅游转型发展的思路展开探究[26]。吴必虎（2007）、黄基秉（2007）分别从乡村旅游和城市旅游的角度探究其转型升级的理论与问题[27]-[28]。马波（2007）指出中国旅游产业转型发展中的六个要点，并指出旅游业转型发展中面临的诸多问题最终解决需要依赖制度创新[15]。陈际锦（2012）指出要超前谋划和培育旅游战略性支柱产业促进城市转型升级可持续发展[29]。王秀红（2012）提出旅游产业的转型升级包括政府作用、旅游产业本身及旅游目的地社区参与三方面的升级[30]。袁尧清（2014）提出技术是产业结构升级的主要动因。在当今知识经济时代，技术进步对旅游产业结构升级有重大影响，有助于我们把握当今中国旅游产业结构升级的规律，促进区域旅游健康、持续、快速发展[31]。姜芹春、马谊妮（2016）表示旅游产业融合是促进旅游产业转型与升级的一种系统方法，在推进旅游产业与其他产业融合发展时，要做好人才培养、消费引导、技术创新等工作[17]。在基于国家层面、区域层面等较高的视角，探究如何通过模式的转变、制度的创新、技术的升级、人才的培养和知识的运用等来实现整体旅游产业的转型升级。结合和分析现如今旅游产业的现状提出相应的对策和路径，理论研究居多，学理性探索偏重。

（三）区域旅游转型升级研究

除了宏观的探索外，众多学者也将研究视角聚焦在了区域旅游转型，对不同区域的旅游转型升级进行了探讨。由于我国地区之间存在的差异，各个区域的旅游转型发展也有其相应的特色，不能千篇一律，需要因地制宜和充分发挥创意性，以便适应、引导市场。郑国中（2015）结合旅游经济学、产业经济学、城市经济学的相关理论，以南京为例，分析了长江经济带与"一路一带"叠加效应下，城市旅游产业发展的转型路径[32]。王伟（2016）以属于欠发达地区的河南省为研究案例，从休闲经济的视角探讨了欠发达地区旅游产业转型发展的路径，分析了这些区域旅游产业发展中面临的机遇和存在的问题[33]。徐春红（2010）研究了在世博会的经济促进下，宁波如何利用这次机会促进旅游产业转型升级[34]。王兆峰（2011）表示湖南省旅游产业结构存在矛盾和问题，要构建以技术、制度、观念创新为核心的旅游产业重构战略[35]。王会战（2012）分析了中原经济区旅游转型的优势与制约因素，并提出了优化

产业结构、创新旅游业态、扩大内需、拓展市场等对策[36]。潘冬南（2013）探讨了广西旅游产业转型升级中的政府职能，他指出政府在旅游产业转型升级过程中充当着三种角色，分别是"规划者""引导者"、"协调者"；地方政府只有明确自身定位，不"越位"、不"缺位"，才能推动广西旅游产业健康持续发展[37]。雷贵优（2014）在分析三明市旅游转型升级的优势中提到了金融的支持对旅游转型的促进作用，他表示要支持旅游产业发展的金融组织体系初步建立、创新支持旅游产业信贷模式、进一步改善旅游产业支付结算服务[38]。罗峰（2017）结合全域旅游的发展背景及杭州旅游业的发展现状，探讨了其转型升级的四个途径[39]。杨英、刘彩霞（2018）针对香港旅游业存在的问题，提出香港旅游业转型升级的新视角——批发旅游[40]。

对于区域的转型发展研究，学者们通过总结该区域推进转型升级所拥有的优势与所面临的制约因素，从而提出解决对策；通过总结发现，这些对策主要包括改革管理体制、优化产业结构、扩大内需与拓展市场、创新旅游业态、加强人才培养等。虽然这些对策具有普遍的应用性，但是由于各个地区的现状、特色、发展情况等不同，还是应当要因地制宜地选择性采用。

（四）旅游转型升级动力机制与路径研究

旅游转型的动力机制研究也是这一时期的重要研究内容，谢春山等（2009）主张从产业、市场、企业、产品、人才等方面入手，促进旅游产业顺利转型升级[41]。袁绪祥、王清荣（2009）则认为推动旅游产业转型升级可以从旅游产品、旅游消费和产业集聚情况这三种情况入手[42]。殷文杰（2013）提出旅游业转型发展的三大动力：依托四个中心建设助推旅游转型、依托新兴业态的导入促进旅游转型、依托本土客源地建设助力旅游转型[43]。麻学锋（2009）指出政府在旅游产业发展的理性构建中所体现的作用和产业自发演进的作用共同决定了中国旅游产业转型的模式[44]。唐晓云（2010）分析了信息技术对旅游产业的影响，认为信息技术改变了旅游企业组织形态、优化了旅游产业的要素配置，形成了新的旅游经济增长方式，是旅游产业转型升级的重要突破口[45]。杨主泉（2011）构建了生态旅游转型升级的内外部动力机制[46]。李庆雷等（2012）提出科技支撑是西部地区旅游产业转型的重要战略需要[47]。姚兰（2013）表示文化与旅游的融合发展，有助于推动转型升级[48]。江金波等（2014）以广东省为例，对如何推动旅游产业转型升级进行了研究，研究表明科技创新是推动转型升级的一个重要方式[49]。沈文星、王学军（2014）指出发展智慧旅游是实现旅游产业转型升级的重要途径[50]。普荣等（2015）以丽江为例，提出以创新驱动民族地区旅游资源依赖型城镇转型发展[51]。姜芹春、马谊妮（2015）认为在休闲旅游蓬勃发展的趋势下，民族旅游目的地应该创新发展思路，着力挖掘自身民族休闲文化的潜力，实现目的地开发的转型升级[52]。李亚卓（2016）提出在智慧旅游的背景下，要实现旅游业的转型升级应从推动基础设施信息化、完善智慧旅游服务平台体系、强化对智慧旅游服务的监管等几方面入手[53]。覃建雄（2016）对国内外乡村旅游转型升级理论研究现状、研究技术方法进展和研究动态趋势进行了系统分析，提出了乡村旅游动力机制研究的趋势[54]。刘敬华（2017）构建了民族地区非遗 DSR 旅游转型动力机制[55]。旅游产业作为一个综合性产业，与其直接相关、间接相关的产业与其他要素很多，对于如何推动旅游转型升级的动力机制的研究自然也很丰富。除了战略性的分析外，也包含各个省、市、区域的研究。同时，还有不少学者结合当下的新形势、新政策、新技术等提出发展意见，如生态旅游、智慧旅游的转型升级动力机制构建等。

此外，我国学者对旅游转型的对策、路径也展开了丰富的研究。其中刘少和、桂拉旦（2014）提出了区域旅游产业集聚是区域旅游转型升级发展的基本途径之一的基本观点[56]。任宣羽（2012）通过对 20 个资源型城市的产业比较研究，提出了资源型城市转型的一般模式[57]。刘战慧（2012）表示乡村旅游产业转型升级可以走体验式开发、价值链增值和推广新业态三条路径[58]。胡挺、何文丽（2013）从产业链整合视角提出华侨城集团"旅游＋地产＋文化"价值链延伸路径[59]。陈凌凌（2014）将旅游需求拉动、政策拉动、要素供给拉动视为新型城镇化视域下河南乡村旅游产业转型升级的动力[60]。刘佳（2014）基于生态文明理念与滨海旅游转型发展关系的阐述，提出我国滨海旅游产业低碳化转型发展的对策建议[61]。张玉山（2014）对中原经济区旅游产业转型升级的路径进行了探索[62]。刘杰（2015）以菏泽牡丹文化旅游产业为研究样本，采用理论分析、实证研究、社会调查、统计分析等方法，构建出基于文化创意的旅游产业转型升级路径[63]。王晨辉（2016）提出利用产业融合促进旅游产业转型升级[64]。侯兵（2016）认为针对新形

势下协调发展理念有助于消除民族文化旅游的转型障碍[65]。近年来，毛峰（2016）、于秋阳（2018）、樊志勇（2018）、朱万春（2018）对乡村旅游转型升级的战略思路、对策建议展开系列研究[66]-[69]。旅游转型升级的对策与路径所包含的实践性的内涵，如何将理论运用到实践当中并使其具有真正的实践指导作用是学者们探讨的重点。在该部分的研究中学者们运用的理论多、方法泛、研究视角广。针对对策与路径所具备的实践指导意义，研究多为实证研究，通过基于数据收集、筛选、统计和分析所得出来的结果来提出对策与建议，具有较高的应用价值。

（五）云南省旅游转型升级研究

对云南省而言，旅游产业转型升级的研究代表主要有罗明义（2005、2006）从市场与政策的角度分析如何实现云南省旅游产业的转型升级，他表示云南旅游要向休闲旅游形态转变，向观光旅游和休闲旅游相结合的方向转变，而小镇建设将会带动云南旅游转型[70]-[71]。李庆雷（2012）强调了科技支撑对云南省旅游业转型升级重要性[55]。张彩虹等（2014）结合云南旅游业的现状、发展目标和战略布局分析了云南旅游转型与发展中智慧旅游应用的必要性和可行性，最后提出了在智慧旅游背景下云南旅游服务业转型与发展中的策略[72]。幸岭（2014）基于PEST分析法对云南旅游产业发展驱动力进行了研究[73]。张文娟（2015）在确定转型升级内外动力因素的前提下，构建了云南旅游产业转型升级的驱动模型，并对转型升级的目标体系进行概述，同时还提出云南旅游转型升级的七大策略[74]。李忠斌（2015）立足于云南旅游业发展新常态，利用区位商、因子分析、聚类分析对云南旅游业发展现状进行深入分析，得出专业发展水平不平衡等五个基本结论，并有针对性地提出五个转型升级的发展路径[75]。罗晓艳（2017）以云南的旅游产业转型升级为例，分析供给侧结构性改革对旅游产业转型升级的意义与策略，为其他地区的旅游产业转型升级提供参考[76]。祁苑玲（2017）综合分析内外背景和动因，指出云南旅游业已经具备转型升级四大条件，但同时也面临行业经营模式等五方面困难[77]。因此，亟待通过重构空间格局、明确目标指向、更新行业系统、构建有力的机制体制来实现转型升级。大多数研究主要集中在云南旅游转型的策略、思路、驱动力等内容，而对云南省旅游转型升级发展的路径、转型方向的系统性研究依然较为薄弱。

第三节 国内外研究评述

综上，在国外，关于旅游转型升级研究大多聚焦于战略、动力机制等理论总结性探究，对于旅游转型升级特征的研究成果比较少。研究方法上多以定量分析为主、定性研究为辅。在我国，旅游转型升级研究内容则较为丰富，其研究从概念到实践，有宏观趋势研判，也有案例对策探索，在基础理论、动力机制、转型升级主体、战略对策研究等多个方面也取得了较多成果。在研究方法上，国内以定性研究为主，研究方法相对单一。

纵观已有研究成果，国内外学者的研究为本课题研究提供大量研究理论及范例，其研究成果为本课题探究提供理论指导和方法参考，特别是云南省相关研究成果为本课题进一步探究奠定了基础条件。由于社会制度和旅游发展历程差异，国外旅游转型研究多聚焦在特定的区域案例或发展历程的某一方面，涉及系统性、整体性的探究性对较少；在我国，虽有部分研究聚焦于旅游转型升级的趋势研判与路径探索，但是依然少见关于基于整体框架的旅游转型升级的系统性探究，整体研究成果依然较为零散。国内外的研究对于旅游转型升级研究学理、研究科学性与现实实践指导性的关系处理依然不能令人满意。

在旅游供给侧改革、全域旅游、旅游产业转型发展背景下，针对省政府发布的《云南省加快推进旅游产业转型升级重点任务的通知》《云南省人民政府关于加快推进旅游转型升级的若干意见》等系列文件，通过借鉴和引入"旅游景区功能性""旅游主体延展""管理体制重构""科技支撑"等基本概念与理论，对旅游目的地、旅游产品（产业融合）、旅游管理服务体系（管理体制与公共服务体系）和旅游信息化（一部手机游云南）等主干转型升级路径进行系统性分析，并提出针对性对策，具有重要理论和现实意义。

第二章
旅游转型升级基础理论及其在
云南实践价值研究

中华人民共和国成立以后，以外事接待为导向的旅游业得到一定的发展。自 1978 年改革开放以来，以新兴产业和经济增收为导向的旅游业才真正发展起来。随着社会发展与科技进步，旅游产业的地位越来越重要，旅游业已经成为国民经济体系中的战略型支柱产业。与此同时，旅游业的发展也面临着许多挑战，新时期旅游产业如何转型升级已成为重要议题，也是必然的发展趋势之一。云南作为中国西南地区的民族旅游大省，也面临这一亟待解决的迫切命题。

课题组在阅读大量文献的基础上，界定旅游转型、旅游升级概念，归纳旅游转型、旅游升级的特征，梳理基于任务驱动的旅游转型升级的基本内涵并构建其学理框架，最后归纳旅游转型升级在云南省的实践价值。

第一节　旅游转型升级的概念梳理及内涵再界定

我国旅游业经过 40 多年的发展，在国民经济生活中发挥着越来越重要的作用。随着社会经济条件的逐步改善、人民对幸福生活的追求及旅游休闲需求的变化，传统旅游业中的一些产品、业态已不能满足游客日益增长的多元需求。以目的地、政府职能、企业管理等为具体内容的旅游转型升级迫在眉睫。到目前为止，我国旅游产业已经经历了两次转型升级（见图 2-1）。

2008 年后，多数学者将旅游转型升级进行了合并研究，但从内涵来看，"旅游转型"和"旅游升级"存在一定的差别，主要存在以下几点区别和联系。

```
┌──────────┐          ┌──────────┐      ┌──────────┐          ┌──────────┐
│20世纪80年代│          │接待事业到 │      │21世纪初， │          │一般产业重点│
│理论研究成果│  推动   │一般产业的 │  →  │国内外旅游市场│  推动   │产业或支柱产业│
│确立旅游产业│  ──→   │转型、升级 │      │的发展    │  ──→   │的转型、升级│
│定位      │          │          │      │          │          │          │
└──────────┘          └──────────┘      └──────────┘          └──────────┘
```

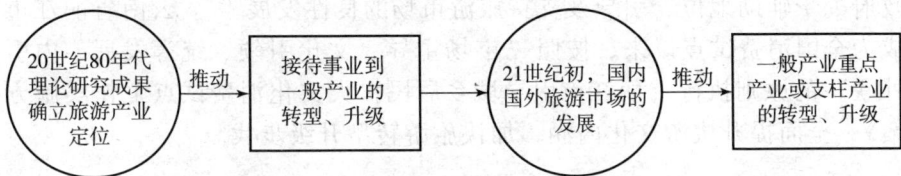

图 2-1　我国旅游转型升级的演变过程

（1）旅游转型强调转变发展形态，旅游升级强调由低级向高级化发展。

（2）旅游转型是为了实现旅游业升级。

（3）旅游转型强调旅游业结构、组织、技术等在一定时间内发生变化的过程；旅游升级强调通过技术、资金、政策提升旅游业效果和效率。简而言之，旅游转型强调过程，旅游升级强调结果。

第二节　旅游转型、旅游升级的类型与特征

旅游转型、旅游升级在内涵上存在一定的差别，需要从不同的角度去归纳旅游转型、旅游升级类型和特征。课题组从发展模式、增长方式、旅游经济增长方式、旅游产品结构、旅游企业结构、旅游管理、出游方式、跨界融合发展八个方面归纳总结了旅游转型的八大特征；从发展理念、旅游产品、旅游业态、旅游服务、旅游体验、旅游品牌、旅游合作、旅游空间、旅游市场九个方面阐述了旅游升级的特征。

一、旅游转型的类型与特征

（一）发展模式转型：旅游开发从"政府主导"向"政府引导、市场主导"转变

旅游产业经由事业型向产业型转变，旅游开发从"政府主导"向"政府引导、市场主导"转变。政府由旅游产业的"主导者"逐步转变为"规划者、引导者、协调者"，其职能的转变是旅游市场走向成熟的标志。旅游市场主导是指发挥市场在资源配置中的主导作用，能够根据自身的需要自发的调节经济的运行，促进旅游经济有序协调可持续发展。但是，市场主导不意味着完全否定政府的作用，相对于市场而言，

政府处于辅助地位，引导及支持旅游市场的良性发展[78]。云南省丽江市成为全国消费试点以来，按照"市场主导、文化引领、统筹发展、内引外联"的原则执行《丽江市引导城乡居民扩大文化消费试点工作实施方案》，全面提升旅游文化内涵，加快旅游转型升级步伐。

（二）增长方式转型：景区建设从"数量增长"向"质量并重"转变

改革开放初期的景区开发较为简单粗放，一般在景区增设简单的交通设施和服务设施解决交通问题及游览问题，同类型的景区如主题公园"一哄而上"，景区建设不顾当地实际发展情况遍地开花，注重景区数量的增加，导致部分旅游区域人地资源关系紧张。随着优质旅游这一发展理念的提出，旅游业转型对景区质量的要求达到一个新的层次，高品质、精细化的旅游景区建设成为主流发展趋势。如2018年安徽省通过"四举措"①完成了对禅源太湖、齐云山创建5A级景区的自检工作，开发十余条精品旅游线路，改扩建旅游标示标牌400多块，旅游厕所150座，成功实现霍山大别山药库等4个景区入选首批国家中医药健康旅游示范基地创建单位，同时参加2018年全国旅游商品展和大赛，获得1银、2铜的好成绩。

（三）旅游经济增长方式转型：从"粗放型增长"向"集约型增长"转变

粗放型的增长方式以经济增长为导向，以增加要素投入为手段，以消耗环境资源为代价，促进企业实现扩大产业规模的目标为特征。但是，旅游景区经营开发经验表明，粗放型开发模式不再适应现代提倡生态文明建设、绿色可持续发展的目标，旅游经济增长方式应由"粗放型增长"向"集约型增长"转变。旅游集约化意味着通过市场优化配置资源，提高旅游产业发展过程中所使用要素的效率，从而实现社会效益、经济效益、生态效益的统一[79]，是旅游可持续发展的必然选择。位于广西桂林市西北部桃花江畔的鲁家村，通过生态休闲农业观光旅游集约化的开发模式，现已建成青石板路美食街、阳太阳广场和阳太阳故居等景

---

① 四举措分别为：提升景区质量、完善精品线路、培育旅游新业态、支持特色商品研发展销。

区，成为集观光、购物、娱乐、住宿多功能的旅游养老小镇[80]。随着生态文明与绿色发展理念的深入人心，旅游产业生态化已成为旅游可持续发展思想体系中的新思潮。

（四）旅游产品结构转型：从"观光产品"为主向"观光休闲产品"转变

国际经验表明，当人均 GDP 达到 8000 美元以后将步入休闲消费时代。2016 年根据国家统计局公布的数据，按现价美元计，中国在 2016 年人均 GDP 达到 8120 美元，已突破 8000 美元，预示着我国旅游行业向休闲旅游消费时代过渡。2018 年，国外入境游客人数达到 4795 万人次，其中以观光休闲为目的出游的游客占 33.5%，占总旅游人数的 1/3[①]。此外国家大力推进全域旅游建设，强调旅游产品从"观光型"向"观光休闲型"转变，以推进旅游产品结构化转型，适应消费者多元化消费需求。辽宁省大力推进全域旅游建设，将旅游发展由观光型向休闲度假并举转变、由客源地市场向旅游目的地市场转变、由行业管理向产业发展转变，同时将进一步优化旅游产业发展环境，使产业发展和环境治理协调同步，并取得一定成果；山东省顺应观光度假向观光休闲度假结合的综合性旅游转变的趋势，全力为做好山东省综合性规划做好准备；陕西省全面响应"全域旅游"政策，对旅游景区产品进行整治，旅游产品呈现多元化趋势，在保护好原有的传统的观光型旅游景区的基础上，依托城市街区、广场、乡间道路、古镇、秋收场景等，设计具有特色化，满足游客观光休闲需求的旅游产品。

（五）旅游企业结构转型：从"散、小、弱、差"向"集团化、品牌化"转变

段正梁认为旅游企业"散、小、弱、差"模式是旅游企业经营绩效和营业水平低下的主要原因[81]，企业为加强自身环境适应能力进而创新旅游发展模式，当务之急就是加快促进其集团化、品牌化发展。旅游集团化、品牌化意味着企业通过核心业务合并、划转、收购等程序由单一部门向纵向联合部门企业转变，提高企业战略经营水平及社会地位，形

---

① 国家文化和旅游部官网发布 2018 年旅游市场基本情况［EB/OL］http//zwgk.mct.gov.cn［2019-02-12］.

成品牌效应。纵观进入云南省内大规模大品牌的旅游企业,如华侨城、融创、海诚等,这类型的公司共有的特性是拥有完整的产业链结构、涉猎业务范围广,满足了游客全方位的旅游需求,创造了巨大的社会价值及经济效益,具体情况见表 2-1。

表 2-1　华侨城、海诚、融创三家公司 2018 年运行情况

	华侨城①	融创集团②	海诚③
资产总额	4500 亿元	/	/
排名	旅游集团 20 强 央企前 20 位	福布斯全球 2000 强 第 305 位	云南对外投资合作 企业前十名
企业品牌	康佳、康佳 欢乐谷连锁主题公园 锦绣中华·中国民俗文化 世界之窗 欢乐海岸波托菲诺小镇 OCAT 华侨城当代艺术中心 华侨城大酒店 威尼斯睿途酒店	融创文化旅游城 文旅商业 文旅特色小镇	西双版纳·曼城地产 告庄西双景 景兰大酒店
主营业务	文化产业、旅游产业、新型城镇化、电子	融创地产、融创服务、融创文旅、融创文化	房地产、酒店、物业、建筑、旅游、文化

(六) 旅游管理转型:从行政管理向依法治旅转变

传统的行政管理模式无法有效控制市场经济带来的弊端,旅游管理由行政管理向综合管理、全程管理、精细化管理转变,意味着旅游行业严格按照旅游法律流程治理旅游中出现的各种问题,以维持整个旅游行业秩序,促进旅游行业可持续发展。2018 年,湖南省委为做好旅游安全工作,提出在旅游全行业中坚持依法治旅,开展旅游市场秩序专项整治"利剑行动",让旅游安全贯彻到旅游整个行业的方方面面;2018 年,

---

① 华侨城集团官网[EB/OL]. http//https://www.chinaoct.com. [2019-10-05].
② 融创官网[EB/OL]. http://www.sunac.com.cn. [2019.10-05].
③ 海诚控股官网[EB/OL]. http://www.yn-hc.cn. [2019.10-05].

云南省人民政府办公厅出台《云南省人民政府办公厅关于促进全域旅游发展的实施意见》中提出坚持依法治旅、依法兴旅、依法行政等措施，严格执行《中华人民共和国旅游法》《云南省旅游条例》等法律法规，把旅游市场环境治理纳入社会综合治理范畴，加强地区间、部门间、行业间的联动配合；同年5月，十届省委全面深化改革领导小组第十二次会议强调要加强旅游产业治理体系改革，坚持标本兼治，依法治旅兴旅，加快建立旅游服务地方标准体系和旅游市场综合监管体系。

（七）出游方式转型：从"团队出行"为主向"自主出行"为主转变

近年来，随着人们生活水平的提高，闲暇时间增多，旅游"平民化"趋势增强，大众旅游已成为当代旅游的主要特征。强调"定点、定时"的团队出行方式已不能满足游客灵活出行的要求，同时，随着智慧旅游的普及，"80后""90"后年青一代更擅长自主参与旅游活动，更青睐定制化、自由行的"DIY"线路，以自主、自助、智能为特征的散客化时代已经到来[82]，"自主出行"成为游客的主要出行方式。2019年，春节期间云南全省进出自驾车1324.37万辆次，同比增长13.65%，为云南省经济创收做出了巨大的贡献。2019年"五一"黄金周期间，云南省自驾游游客达到小高潮，全省自驾车达556.79万辆①。

（八）跨界融合转型：从"纯旅游"到"多业态融合"转变

目前是我国进行全面深化改革和经济转型升级的关键时期。旅游成为我国经济发展新的增长点，随着互联网技术和信息技术的变革与升级，新兴旅游产品和消费方式的出现，旅游市场出现泛化现象，旅游产业的边界变得模糊甚至消失，旅游外延不断扩大，"互联网+"和"旅游+""+旅游"等模式出现，为旅游者出游提供了多样化的选择。此外，全域旅游强调旅游产业由封闭的旅游自循环向开放的"旅游+"融合发展方式转变，进一步强调了旅游产业向"多业态融合"的重要发展趋势。旅游与传统国民经济产业的联系加强：一是"旅游+文化"跨界融合发展。在云南省红河州开发"三千四百年"的文化旅游资源，即千

---

① 云南省文化和旅游厅发布"五一"假期云南接待情况[EB/OL]. http://www.ynta.gov.cn/[2019-05-05].

15

年哈尼梯田、千年临安古城、千年建水紫陶、百年滇越铁路、百年开埠通商、百年云锡矿业和百年过桥米线。二是"旅游+农业"跨界融合发展。云南省普者黑在现有资源的基础上,大力发展现代观光农业、旅游农业、生态农业,将其打造成旅游转型升级示范地。三是"旅游+工业"跨界融合发展。如云南省玉溪红塔集团加快工业旅游的发展等。

二、旅游升级的类型与特征

(一)发展理念升级:从"景点旅游"向"全域旅游"转变

原国家旅游局局长李金早在2016年提出了全域旅游的发展理念,指出中国的旅游要从"景点旅游"向"全域旅游"转变,并且着重强调全域旅游是旅游产业转型升级和可持续发展的必然选择。从"景点旅游"向"全域旅游"转变要求九大转变①,这九大转变反映了旅游产业在政府的支持下向着更高层次的发展。2018年为全域旅游年,这一年整个旅游行业全域旅游发展势头明显:2018年,台北和香港分别举办"全域旅游"推介会,对于双方文化交流、增强民主团结力和凝聚力起到了非常重要的作用。此外,云南省加快推进厕所革命、降低重点景区门票价格、一部手机游云南等工作实施,以大力支持"景点旅游"向"全域旅游"的转变。到目前为止,云南省共有包括丽江市、西双版纳傣族自治州、大理白族自治州大理市、保山市腾冲市等12个地方入围全国两批"全域旅游示范区"创建名录。

(二)旅游产品升级:从单一到多元的旅游产品供给

早在2004年,郝晓兰[83]就指出内蒙古旅游开发中存在草原旅游产品单一,产品组合开发水平低的问题。经过十几年的发展,我国的旅游产品供给结构还存在着同样的问题:传统观光型旅游产品过剩,旅游新

---

① 九大转变分别为:一是从单一景点景区建设和管理到综合目的地统筹发展转变,二是从门票经济向产业经济转变,三是从导游必须由旅行社委派的封闭式管理体制向导游依法自由有序流动的开放式管理转变,四是从粗放低效旅游向精细高效旅游转变,五是从封闭的旅游自循环向开放的"旅游+"融合发展方式转变,六是从旅游企业单打独享到社会共建共享转变,七是从景点景区围墙内的"民团式"治安管理、社会管理向全域旅游依法治理转变,八是从部门行为向党政统筹推进转变,九是从仅是景点景区接待国际游客和狭窄的国际合作向全域接待国际游客、全方位、多层次国际交流合作转变。

产品供给不足，结构模式单一、同质化严重[84]。旅游产品吸引力不足在某种程度上导致了入境游客数量减少、出境游客的不断上升。据统计，2018 年出境旅游人数达到 14972 万人次，入境旅游人数为 14120 万人次，相差 852 万人次。因此，加快旅游产品升级、增加多元化旅游产品供给成为扭转国内旅游消费差距的必然选择。2016 年，原国家旅游局与国家体育总局出台《关于大力发展体育旅游的指导意见》，提出"重点发展冰雪运动旅游、山地户外旅游、水上运动旅游、汽车摩托车旅游、航空运动旅游、健身气功养生旅游等体育旅游新产品、新业态"[85]。2019 年春节期间，四川省大力开发新型旅游产品，丰富旅游产品种类，努力提升旅游产品的文化内涵、提高旅游产品的科技含量，开发文化体验游、乡村民宿游、冰雪温泉游、休闲度假游等产品，满足城乡游客对地方特色性文化体验的需求。

（三）旅游业态升级：旅游新业态不断涌现

近年来，随着旅游市场需求的日益丰富化和多元化，旅游新业态也在不断涌现，单一以观光旅游为主的局面被打破，创意旅游、遗址旅游、黑色旅游、旅游电子商务、旅游酒店等产品和行业不断发展[86]。旅游新业态的涌现丰富了我国旅游行业发展形态，成为旅游升级的重大特征之一。在理论研究上，刘雨涛认为以新业态为特征的旅游转型升级，带动了我国旅游产业的革新，并且正在改变着我国旅游的产业发展方式[87]。在实践方式上各地政府加快新型旅游业态开发，效果显著：2019 年春节期间，江苏省春节文化市场呈现出繁荣景象，旅游业态多元化趋势明显，家庭游、敬老游、亲子游、文化休闲游成为春节旅游节日期间旅游的主流方式。

（四）旅游服务升级：服务管理向标准化、国际化升级

我国旅游服务标准制定相对于欧洲国家起步较早，但是在国际上的认可程度比较小，在标准的制定和执行中只考虑到政府和旅游企业双方的博弈，忽略了第三方利益相关者的参与[88]。随着出入境游客的增多及出入境旅游业务范围的拓展，国内的旅游服务管理向着标准化、国际化升级。我国最早的旅游服务标准是 1993 年颁布的《旅游涉外饭店的星级划分和评定》，但是其运用范围仅限于国内，并不被国际接受和认可；2013 年，针对旅游市场服务混乱、行业管理缺陷等制度性问题，国家出

台了《中华人民共和国旅游法》，为现行的旅游服务人员、企业、组织提供了行为规范标准；随着"一带一路"倡议的提出，中国与周边国家的交流加深，对旅游服务质量提出了更高的要求：2019年，文化和旅游部在《关于征集2019年"一带一路"文化产业和旅游产业国际合作重点项目》的通知中提出支持旅游景点提升旅游服务环境国际化水平，针对沿线国家和地区主要语种建设和配置多语种网站、宣传材料、指引标识牌、自助导览器、智能语言翻译机等措施。

（五）旅游体验升级：科技助力体验升级

旅游体验是指处于旅游世界中的旅游者在与其当下情境深度融合时所获得的一种身心一体的畅爽感受[89]。随着信息数字化、网络速度与速率大规模的提升、虚拟技术的出现，突破了传统的旅游发展方式，使得旅游感官体验发挥到极致。例如，途牛、携程、去哪儿网等线上OTA的出现实现了游客能够随时随地了解各种旅游信息、订票、买票等功能，极大提高了游客行前体验；虚拟技术的出现突破了旅游空间、景观、地域的限制，丰富了游客的过程体验。2018年黑龙江省冬季旅游推介会上，参会者利用VR眼镜体验体验"雪域圣地"亚布力高山速降的乐趣，增加了冬季游的趣味性；信息网络化及旅游反馈机制的完善使得游客行程后体验提升。

（六）旅游品牌升级：本土品牌崛起

本土旅游品牌是一个旅游地区别于其他旅游地的根本标志，它是在长期的社会、经济、文化生活的交融下形成的具有特色性难以被模仿的本地品牌象征，是一个旅游地的灵魂和核心。云南省自然资源与人文旅游资源丰富，各地在不同的社会经济生活中形成了不同的本土品牌：迪庆州的"香格里拉"、西双版纳"柔情傣乡、雨林景洪"、普洱市的"天赐普洱，世界茶源"等本土品牌具有一定的影响力。玉溪市的"云菌"、大理洱源"温泉之乡"、红河哈尼族自治州"长街宴"等本土品牌在，在享有较高知名度的同时也为当地的带来了一定的社会经济效益，吸引了无数游客前来游览。

（七）旅游合作升级：从地区性合作到国内区域性合作再到国际化跨境合作

近年来，旅游目的地与旅游目的地之间的合作加强，并且合作的范围不断扩大：从地区性间的合作扩展至国内合作并且扩展至国际化跨境合作。随着沪昆高铁、南昆高铁昆明段的建成，云南进入高铁时代[90]，推动同城旅游和近城旅游效应的形成。在早期云南省已形成昆明—大理—丽江—西双版纳黄金旅游线，云南高铁高通后，昆明到上海、昆明到北京的时间大大缩短，由此昆明—北京—上海—昆明环线旅游产品推出，云南旅游业合作由地区性转向国内区域性合作，并向国际化跨境合作转变：2018年云南省加强与柬埔寨在文化旅游、教育、航空、人才等方面交流合作，并取得重大成效；与此同时，云南省与暹粒省、班迭棉吉省几省建立了友好合作关系，并推进昆明市与金边市两市友好合作的进程。我国"一带一路"倡议、"亚洲命运共同体"、跨境旅游合作区与边境旅游试验区的建设，将有力推动区域性国际旅游合作。

（八）旅游空间升级：单点式发展向多点式发展，区域性旅游集聚空间形成

我国旅游发展初期，旅游景点分散，且缺乏连贯性，交通可进入性差，与外界联系不强，无法形成完整的旅游环线。近年来，随着交通条件的改善和科学技术的发展，旅游景区由单点式发展向多点式发展升级。李鹏[91]等在研究我国3A级景区以上空间集聚特征中利用平均最近邻指数法发现：我国东部地区自然资源、人文资源R值分别为0.9045、0.8747、中部地区分别为0.9045、0.8747、西部地区的分别为0.7334、0.5678，所有的R值①均小于1，代表我国所有的区域中景区总体凝聚特征明显。与此同时，各地加大旅游资源的整合力度，整合相同旅游发展业态，将分散的旅游景点连成环线景区，做大旅游，空间集聚效应明显。例如，2018年福州市将福清、贵安、永泰的温泉资源进行整合，打造集温泉酒店、温泉公园等多功能、多业态的温泉集聚区，并且市内温泉老字号澡堂也将在改造中融入"老福州"情怀，有望恢复1700年前的"金汤文化"；广西同时发力，推动高端旅游产业集聚区的建设，现

---

① R值为最近邻指数，当R<1时，景区显示凝聚特征，当R≥1时，景区显示离散特征。

已建成南宁国际旅游文化产业集聚区、柳州新型装备制造旅游产业集聚区、北部湾高端酒店产业集聚区、盘阳河健康养生养老产业集聚区、左右江红色旅游产业集聚区、中越边境国际旅游合作和开放产业集聚区、环大瑶山森林生态和民族文化旅游产业集聚区等 12 个旅游产业集聚区。

（九）旅游市场升级：旅游市场个性化、定制化日益凸显

2016 年，原国家旅游局长李金早在首届世界旅游发展大会高峰论坛中发表讲话，指出中国旅游业对 GDP 的贡献率超过 10.8%。旅游就业人数占就业总人数的 10.2%[92]，大众旅游的时代已经到来，旅游不再是奢侈的上层消费。加上人们在社会、经济、文化上的差异，追求自主性的需求日趋强烈，个性化、定制化旅游应运而生，定制化旅游是自由行 2.0 升级版，能够满足游客全方位的需求，游客的角色被重新定义，由传统的"灌输式旅游者"转变为"积极发现者"，这对传统的组团式旅游造成相当大的冲击。2018 年，福建省永定区以"农民丰收节"为契机，围绕永定土楼品牌，发展特色化乡村旅游，按照"一楼一景致、一楼一特色、一楼一主题"的理念，实施"文化进土楼"工程，力争在 2020 年实现发展特色民宿 180 家以上，改造旧民居民宿 80 家，特色民宿床位达到 5000 张以上的目标。

第三节　基于任务驱动的旅游转型升级的基本内涵及其学理框架

云南省加快旅游转型升级、重建产业结构、重构旅游诚信和秩序体系、提升旅游供给能力、完善旅游管理机制和推进旅游革命等已成为云南旅游转型升级重要任务，云南旅游转型升级已成为必然趋势。已有实践从景区供给能力改革、旅游产业融合发展、管理体制与服务体系和智慧旅游建设等多方面展开了较多探索，为云南旅游转型升级提供了实践经验。如何为云南省旅游转型升级乃至其他区域旅游转型升级发展提供一般性系统性指导成为旅游转型升级系统性学理研究的重要课题。本节从基础概念出发，进一步梳理任务、任务驱动的旅游转型升级基本概念及其构成，构建旅游转型升级学理框架。

一、任务驱动和基于任务驱动的旅游转型升级的概念

"任务"在《现代汉语词典》中通常指交派的工作、担负的责任。"驱动"解释为驱使行动，施加外力，使其动起来。任务驱动就是指通过施加外力，完成交派或者制订的工作。为了厘清有关任务驱动的相关学术概念，通过对"任务驱动"相关关键词检索，发现任务驱动相关研究常见于教学方法改革的研究之中。在教育学研究中，常表述为"任务驱动教学法"。"任务驱动"教学模式是在建构主义发展下提出的，在知识学习中，它能将要学习的新知识在任务学习中隐含，学生在这种任务学习中进行思考、创新、讨论，从而达到新旧知识的结合[93]，本质上是把传统的教学思维逆转过来，其核心理念在于对教学任务的制定及学生根据所提出任务进行学习，而是带着一个个小的任务和目标来思考，在这种小任务的完成过程中，促进学生对知识的内化和吸收，实现教学方式和教学质量的转型升级[94]。

据此，本文提出任务驱动的基本内涵是指在事物发展过程中，将事物新的发展和事物客观现状和现实要求相结合，在完成既有任务过程的基础上实现既定目标，从而实现新旧转换与状态的转型升级。核心理念在于基于客观现实构建目标任务并逐步实现，本质就是要把传统自发性发展过程转换成有目标、有过程的发展过程。基于任务驱动的旅游转型升级就是在旅游发展过程之中，根据旅游产业发展客观现实和产业时代特征，构建旅游转型升级的具体任务和目标，将旅游转型升级蕴含在具体任务之中，在实现旅游发展的任务中实现转型升级的目标。

二、基于任务驱动的旅游转型升级的主要构成及其概念界定

结合云南省旅游转型研究既定重点任务和发展目标，按照系统理念，从驱动旅游转型升级的内部（区域旅游发展、产业层面、融合层面）和外部（机制体制、公共服务优化、科技支撑提升）两大方面，将驱动云南省旅游转型升级任务主要构成进一步梳理为：旅游景区功能性系统优化、旅游产业主体及其延展、旅游管理机制体制重构及科技系统对旅游转型的支撑。

21

（一）旅游景区功能性系统优化基本内涵及特征

旅游景区功能性系统优化指是从旅游区域发展的角度提出区域旅游发展功能性系统优化问题。它强调从旅游景区的旅游要素、旅游功能、旅游空间和时间四大核心要素角度，实现从一般旅游走向全域旅游、从以旅游供给为导向向以社会需求为导向转变；从提高供给质量出发，用改革的办法推进结构调整，矫正要素配置扭曲，扩大有效供给，提高供给结构对需求变化的适应性和灵活性，提高全要素生产率，更好满足广大人民群众的需要，进而推进区域旅游升级转型的过程。其根本任务就是从区域旅游发展的供给与社会需求的匹配性角度促进区域旅游转型升级。

根据全域旅游发展理念，我们从旅游景区的旅游要素、旅游功能、旅游空间和时间四大核心要素角度总结出现代旅游景区功能性的四大特征——全要素性、全新的功能层级性、全方位的空间扩张性和全时域的时间延展性。全要素性：旅游吸引物（包括旅游资源）是旅游景区的核心要素。全要素性包括两个层面：一是树立全新旅游景区资源观，将所有的吸引物均看作旅游资源[95]，如旅游景区安静的环境、清新的空气质量作为旅游资源；二是拓展旅游要素认知，即从传统"食、住、行、游、购、娱"六要素拓展为"食、住、行、游、购、娱"＋"商、养、学、闲、情、奇"。全新的功能层级性：旅游景区功能性是旅游景区存在和发展的基础性要素。通过对旅游景区发展历程及其功能演化的梳理，发现旅游景区的功能属性具有内在层次性，按照旅游景区功能形成历史脉络和地位差异，可以划分为以观光为核心的基础性功能层，以休闲度假、康体养生、研修、节事节庆、娱乐体验等拓展性功能层及以旅游为核心的"旅游＋"融合性功能层三个层次。全方位的空间扩张性：从旅游景区的属性结构上看，旅游景区的空间属性是以旅游吸引物为原点的空间影响范围，旅游景区的空间属性是其功能属性在空间的延展的客观表现形式。随着旅游景区功能层次提升，旅游景区功能通过旅游景区空间联合、旅游景区周边区域旅游服务功能的完善和旅游景区旅游新业态的拓展三个途径逐步向外扩展。全时域的时间延展性：在全域旅游发展背景下，它强调全域资源时空配置，强调"服务"的随时性，即现代旅游景区必须要求旅游景区的功能性具有全时段性，即旅游景区的时间属性。

（二）旅游产业主体及其延展的基本内涵及特征

旅游行业从改革开放到现在，已经经历了 40 多年。从改革开放时以入境游为主的初期，到 1999 年大众旅游的兴起，再到 2017 年全域旅游被写入政府工作报告，旅游业在短短 40 多年的时间里迅速积聚了巨大的能量，旅游产业主体也在不断进行着产业演化。旅游已经融入百姓的日常生活中，成为国民常态化的生活选项。在此过程中，可以清晰看见旅游意识、旅游方式的不断演化。标准化的产品越来越难打动游客的内心，各种特色小镇、主题园区、IP 乐园和定制游产品也由此应运而生。即便如此，旅游市场的有效供给仍然不能满足游客的需求。如何提供更走心、更有体验度的服务，打造游客寻找的"小确幸"，成为市场主体要考虑的问题。旅游产业主体实现从传统旅游服务市场主体（包括旅行社、酒店、旅游大巴等）逐步向相关其他产业主体（OTA 旅行服务商、民宿、出租行业、探险、保险与金融、泛交通行业等）延展。

本节所述旅游产业主体延展强调从产业层面促进旅游业及其高度相关产业融合发展，就是要突破传统边界扩展至和游客旅行活动息息相关的各个领域，实现旅游产业主体（传统旅游核心市场主体）及其边界拓展（交通、体育、金融、互联网、保险、工业等），推动旅游新业态的出现和传统旅游企业的转型发展。

旅游产业主体延展主要突出为两个方面的特征：一是互为支撑性，旅游产业需要其他领域的发展为其提供支撑，其发展本身又能带动众多产业和领域的发展。二是创新业态多元化，具体上讲就是旅游业与城镇化、现代农业、新型工业、现代服务业等相关行业的融合发展，促进旅游业进一步深入国家经济社会发展的各个方面，推动旅游业由旅行社、景区、酒店和旅游交通等传统业态向更为广泛的生活服务业综合新业态转变。

（三）旅游管理机制体制重构内涵及特征

旅游管理体制是指国家对旅游企业或相关部门进行规范、制约及协调的有机体系，具体包含管理机制、管理机构和管理制度三大内容。旅游管理机制是指推动旅游经济活动运行的各种社会动力和约束力，具体表现为中央和地方、国家与企业在旅游经济活动中的管理权限、职责划分及利益关系等，这些因素共同影响着旅游经济活动的发展方向和发展形式。旅游管理机构是指各级旅游管理部门的设置方式、职责、层次、权限和相互关系等，如我国设置的文化和旅游部及地方各级文化和旅游行政管理部门。旅游管理制度是指由旅游管理机制决定，体现管理主体意志并借助强力实行的行为规范的总和，它明确了管理主体实施管理的范围、程度、程序和准则等。如旅游管理过程的《旅游景区质量等级评定标准》等具体行为规范。以上三个部分相互联系、相互影响，主要解决了旅游运行过程中谁来管、管什么和怎么管等问题。

旅游管理机制体制重构就是指旅游管理部门、旅游企业、旅游行业组织和旅游教研机构等要在开放与共享的发展环境下，根据产业特征、市场需求、工作方式和产业研究等方面构建与旅游产业转型升级相匹配的设计管理体制、调整管理机构和制定旅游管理制度。具体包括：第一，政府旅游管理部门把握旅游产业发展特征，推动旅游管理体制改革和服务能力升级，积极适应新形势的发展，尽快建立完善适应开放与共享的旅游产业促进工作体系和旅游公共服务框架。第二，旅游企业应更加重视市场需求导向的发展战略，全面融入互联网时代的发展潮流，以战略性思维和行动引领企业的新成长。第三，旅游行业组织应及时转变工作方式，构建更加开放多元的旅游行业组织体系。第四，教育科研机构应在产业演化的背景下，审慎确定学术研究的价值取向，以学术研究引领产业发展方向。

旅游管理机制体制重构具有以下特征：（1）综合协调性。旅游产业的一大特点是众多行业、众多企业之间有着广泛的联合。例如，按照部门利益进行联合、按照特定的旅游目的地进行联合、按照旅游活动进行联合等方式。这些联合方式形成了各方面的经济效益关系，如国家与旅游企业之间、旅游企业与旅游企业之间、旅游企业与职工之间、旅游主管部门之间、旅游主管部门与其他部门之间、各个旅游地区之间的产业关系。旅游管理机制体制重构必须能够协调与旅游业相关的各种经济关系与利益关系，并使这种利益关系制度化、规范化、协调化。旅游业是国民经济的一个组成部分，旅游业的健康发展不仅依赖于旅游经济管理体制，更与整个经济体制密切相关，建立旅游管理体制，一方面要与整个经济体制相一致，另一方面也要符合旅游业的特点。（2）应变性。旅游管理机制体制重构应具有较强的应变能力，这是由旅游业的不稳定性决定的。受季节、习惯、气候、传统、消费者的感受或偏好，以及各种政治、经济、社会、文化等因素的影响，旅游需求具有较大的不稳定性，由此决定了旅游业的不稳定性。

因此，旅游管理机制体制重构应该具有灵活的自我调整能力，能够及时适应旅游经济活动外部因素和内部条件的变化，能够对全球旅游环境的变化做出灵敏的反应。

（四）科技系统对旅游转型的支撑内涵与特证

科技兴旅是推进旅游产业转型升级的重要战略，是形成旅游竞争力的重要因素[47]。目前国内对于旅游科技的理论研究主要集中在三个领域：旅游科技的作用、旅游领域的科技创新、旅游科技发展对策。不少学者对科技在旅游业发展中的作用和意义进行了论述，认为科技支撑旅游转型发展可以涉及建立现代旅游目的地、打造旅游商品、建设旅游服务体系、保障旅游安全、保护生态环境等多个方面[96]。在实践中，旅游业转型升级与提质增效要求提高科技含量，旅游改革工作不断推进，必然关注旅游信息化与人才培养；应对一系列产业发展的重大趋势，解决发展进程中的重大难题，主要依赖于科技的进步。因此，本书认为科技系统对旅游转型支撑是指科学技术促进旅游消费方式、变革旅游企业的运作方式与政府的管理促销方式、促使旅游业规模加速扩展和产业竞争格局快速重组。

科技支撑旅游转型发展具有以下特征：（1）持续性。科技是旅游发展重要推进要素，不同历史阶段旅游发展都与科技革命密切联系，甚至可以说科技革命导致旅游出现、发展和变革。现代旅游业发展至今天，依然依赖于科技变革推动旅游业态和运作方式的变革，特别是科技信息化对旅游业从实体走上云端，从线下走上线上，业态与运行方式发生了较大变化。可以说，科技对旅游转型的支撑作用具有持续性。（2）应用为主性。旅游转型发展更多需求是将原有的科技技术、科学管理方法和手段，通过旅游化的方式，吸收变革为旅游科技。这一过程中科技对旅游支撑作用更多表现为科技技术运用，而旅游科技本体创新相对较少。

三、旅游转型升级的学理框架体系

旅游目的地功能价值、旅游产业主体延展、体制机制重构、科技支撑四个方面构成旅游转型升级主要内容，四者是从旅游发展的不同功能层面实现旅游转型升级的重要途径。结合系统学研究方法，从旅游目的地提升、旅游产业体系优化、管理体制改进和旅游科技支撑体系四个子系统构建旅游转型升级的基本框架（见图2-2）。

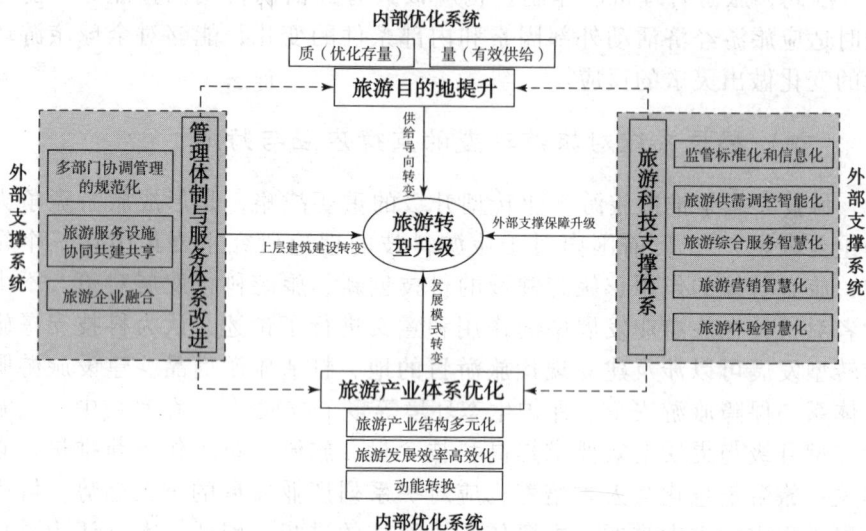

图 2-2　旅游转型升级学理框架体系

（一）旅游景区功能价值系统优化解决旅游目的地供给能力与社会需求的匹配性问题——旅游目的地提升子系统

旅游景区功能价值优化是从旅游区域发展的角度提出区域旅游发展问题，即从旅游走向"全域旅游"，从旅游供给为导向向以社会需求为导向转变，提出旅游景区功能价值的转型，就是要因地制宜地解决不同区域旅游发展的供给与社会需求的匹配性问题，重构区域旅游供给在质（优化存量）和量（有效供给）上的总体水平，实现区域总体协调发展，最终实现区域旅游转型升级。

（二）旅游产业主体延展解决旅游产业结构、产业效率与旅游新旧动能转换问题——旅游产业体系优化

产业主体延展从产业层面就是要求旅游产业从原有资源本位的发展模式，向产业融合发展模式转变，以"旅游+"模式构建旅游产业群，从产业的融合角度实现小旅游向大旅游的转变，有效促进旅游产业升级，凸显旅游产业支撑与互为支撑融合性问题，实现在旅游产业结构多元化、旅游产业发展效率高效化和旅游产业发展动能转化。从旅游企业

层面转换旅游产业发展，推动传统旅游产业企业主体与非常规旅游产业企业主体融合，形成新型旅游产业主体，如大型休闲旅游服务集团、工业（农业）休闲企业等实体。通过不同产业企业主体的磨合，实现优势互补，进而有效调整和优化旅游产业发展结构，促进产业结构与产业效率的提升。

（三）旅游管理体制改革解决旅游管理与服务在上层建筑与产业发展基础相匹配的问题——管理和服务体制体系改进

管理体制重构促进旅游改革管理、旅游服务硬件服务水平的提升。随着全域旅游理念的推行，旅游产业结构形态、产业链条和产业发展方式发生显著变化，旅游行业综合属性显著增强，旅游管理涉及旅游产业发展要素多个部门，旅游管理体制与机制难以形成与旅游产业基础相匹配管理机制和服务水平。改进旅游管理体制与服务体系就是要建立多部门协调管理的规范化、旅游服务设施协同共建共享、旅游企业融合发展。

（四）科技支撑解决新时代旅游发展面临的新挑战和新任务与旅游科技支撑不足问题——科技支撑体系

新时代旅游发展面临的旅游监管主体多元化、旅游供需结构复杂化、旅游服务要求高级化、旅游消费方式信息化、旅游需求多元化等新挑战与新任务，提升新兴科学技术在旅游转型升级重要支撑作用日益迫切。科技支撑提升体系就是要建立旅游管理监管标准化和信息化、旅游供需调控智能化、旅游综合服务智慧化、旅游营销智慧化、旅游体验智慧化，为旅游转型升级提供外部支撑保障。

第四节　旅游转型升级对云南的实践价值

一、是云南从旅游大省向旅游强省转变的必然选择

云南的旅游发展历程虽然相对于别的省份时间较长，且积累了一定的经验，但是其旅游业还不够强、不够精。近年来，贵州省依靠山地资源大力发展山地旅游大有赶超云南之势，在外部赶超和内部压力等因素下，云南旅游转型升级是必然的选择。旅游转型升级有利于云南省加快

实施"旅游革命",在改革创新和自我突破中发展壮大,打造世界一流旅游品牌;旅游转型升级有利于云南整合省内旅游资源,改变旅游资源开发方式,实现旅游资源效用最大化,如依托昆明市、大理市、西双版纳、玉溪市等市州现有的民族特色村,大力发展乡村民族旅游,利用云南省保山市腾冲火山热海旅游区、云南省昆明市昆明世博园景区、迪庆州香格里拉普达措景区、大理市崇圣寺三塔文化旅游区、丽江市玉龙雪山景区、中国科学院西双版纳热带植物园、昆明市石林风景区等 5A 级景区起到模范带头作用,为其他景区转型升级提供经验;旅游转型升级有利于增加云南省经济收入。旅游发展得好,除其经济效益外,带动的社会、生态效益不可估量,如可促进就业、增加就业岗位、改善人居环境等,同时促进社会的和谐稳定;经济收入的增加能加大旅游基础设施建设的投入,为发展高质量旅游提供资金支持,为创建旅游强省打下基础。

二、是云南旅游突破瓶颈、重塑形象的重要契机

云南旅游最近几年来面临着巨大的发展瓶颈,出现了旅游产品单一、开发模式同质化、旅游景区资源重复化等问题,且云南省的旅游形象塑造情况也不容乐观,一些负面报道充斥着网络媒体,部分游客对云南望而却步,实行旅游转型升级是云南旅游突破瓶颈、重塑形象的重要契机。通过旅游转型升级,有利于云南省打破单一化的旅游产品开发模式,依据当地特色资源开发不同的旅游产品,如安宁市、曲靖市、大理市依托丰富的温泉资源打造温泉康养度假产品,昆明、腾冲、楚雄依靠原有的品牌资源引进"昆明七彩云南欢乐世界、昆明滇池 MALL、腾冲火山激速户外运动公园、楚雄华强熊出没乐园"等主题公园;有利于塑造云南旅游热情好客新形象,让来到云南的游客有宾至如归的感受;有利于建立合理的旅游市场秩序,制定相关法律严惩"零价团""强制消费"等不符合市场规律的现象;有利于建设快速的舆情应对机制,有效的舆情控制能够在很大限度上控制事情发展的方向,因此云南旅游转型升级发展必须要求相关部门重视舆情控制的作用,为云南树立旅游新形象做好准备工作。

三、是协调云南区域旅游发展、缩小旅游收入差距的重要途径

云南省虽然以"旅游天堂"著称，但是各州市旅游发展不均衡，旅游收入差距较大，据2018年《云南省统计年鉴》数据表明，迪庆州旅游收入达到298.86亿元，而相邻的怒江州旅游收入只有47.48亿元，只有迪庆州的1/6，各州市之间旅游收入差距过大，且各州市综合竞争力存在一定差距，综合实力较强的迪庆、丽江、昆明、大理、西双版纳、保山一共拥有8家5A级景区，而怒江州、临沧市4A级以上景点空白，加快旅游转型升级是缩小云南省各州市旅游发展差距的重要途径。有利于带领云南省各州市协同发展，精益求精，走专业化发展道路，提高旅游发展质量，转变旅游发展方式，增大旅游投入产出比，促进云南旅游可持续发展；有利于平衡怒江、临沧等各州市旅游发展不平衡的问题，开发特色旅游产品；有利于寻找符合地区情况的旅游发展路径，带领云南旅游走品牌化道路；有利于发展发展优质旅游线路，带动相关沿线地区经济发展，以强带弱，尽量缩小地区间发展差距，增加各地区之间人民的幸福指数，让云南全省人民感受旅游转型发展所带来的好处。

旅游转型、升级对云南省旅游的发展意义重大，因此，需要在更深层次地在把握旅游转型、旅游升级内涵的基础上理解其特征，以利于云南省旅游业朝着优质、更高层次的方向发展。

第三章
国内外旅游转型升级典型案例与经验借鉴研究

当前，国内外旅游产业正处于迅猛发展、转型升级的重要阶段，已经成为促进现代经济发展的朝阳产业。从国际范围来看，世界旅游市场需求持续增长，旅游产业的增长速度远高于同期世界经济增长水平，中国正成为全球最安全最有吸引力的旅游目的地之一。从国内范围来看，旅游已进入大众消费阶段，旅游消费正成为新的热点消费，全国正在形成新一轮加快旅游产业发展的热潮。

旅游业转型升级是我国旅游业发展新阶段的新要求，已成为国家层面的旅游发展战略。全面推进旅游业转型升级，是实现旅游业又好又快发展的关键环节，是全面提升旅游产业素质和国际竞争力的根本要求，是全国旅游行业当前和今后两个时期的重点任务。借鉴国内外旅游转型升级案例，旨在为实际操作提供指导意义。

第一节 国外典型案例及经验总结

一、城市旅游转型升级

（一）城市营销促进旅游升级发展——新加坡

1. 案例地概况

新加坡是位于赤道以北、是东南亚的一个岛国。自 19 世纪以来，各国移民蜂拥至新加坡，新加坡逐渐形成一个以华人为主体，并拥有相当数量马来人和印度人的多元文化社会。20 世纪 60 年代，新加坡在西方游客的眼中是一个充满异国情调的旅游目的地。新加坡的殖民历史是其吸引游客的另一重要因素。新加坡著名旅游景点包括新加坡植物园、虎豹别墅、新加坡国家博物馆等。以牛车水、小印度和甘榜格南为代表的民族社区仍是新加坡重要的旅游资源。2012 年建成的滨海湾花园，被新加坡国家公园局划定为植物主题公园，其 18 棵"擎天树"的设计完美地融合了自然和科技元素。新加坡夜间野生动物园是世界首家于夜间供游客游览的野生动物园。2013 年，又建成了新加坡河川生态园。2015年 10 月，新加坡国家美术馆正式对外开放，堪称东南亚区域规模最大的视觉艺术机构。总体来说，新加坡的民族文化和自然景观是其主要旅游资源。新加坡位列"2019 年全球城市经济竞争力榜单第三位"[97]。

2. 案例地转型升级过程

新加坡的旅游发展是一个漫长的过程，其发展大概可以划分为以下5 个阶段。

（1）起步阶段（1968 年以前）。新加坡自 1965 年始进入了后独立时期，当时恰逢新加坡的交通技术和通信技术取得了长足的进步，交通便捷和旅游成本低廉使得旅游到达人数迅速增加，旅游业在这一阶段产生了非常可观的经济收益，急速繁荣。旅游业作为一个劳动密集型和资源依赖型的产业恰恰迎合了其所有需要，迅速进入了政府的视野。同时，政府也充分认识到了旅游业对城市经济和规划的重要性。在这样的背景下，新加坡旅游促进局成立了，相应的旅游促销活动也是以"现代化"为核心逐步推行。

（2）成长阶段（1969—1981 年）。1971 年，新加坡旅游促进局提出把"东方会议中心"作为旅游营销口号；1974 年，新加坡会议署成立，隶属于新加坡旅游促进局，主要是为了帮助各协会参与会议投标，吸引会议组织者在新加坡举办会议并确保会议组织成功。整个 20 世纪 70 年代政府都加紧步伐开展会议促销，每年举办会议的数量已从 1971 年的 3个增加到 1980 年的 158 个。这 10 年间取得的成绩使新加坡成为取得亚洲会议中心地位的有力争夺者。

（3）成熟发展阶段（1982—1996 年）。1981 年政府颁布了 5 年计划，兴建包括东海岸公园和西海岸公园在内的、以公园为主体的娱乐设施。东海岸公园以"大众娱乐"为主题，内设潟湖、沙滩、风帆冲浪俱乐部、划艇、野营设备、小型度假木屋、慢跑和自行车跑道、高尔夫球场、垂钓码头、烧烤区及其他娱乐餐饮中心等。西海岸公园占地比东海岸公园小。它的海岸情况不利于沙滩的形成，因此它的开发重点是海边风景，力图提供一个宁静的环境。这些公园也在建成后不断地重新开发新项目，被视为"自然"和"生态"的吸引物。公园和花园营造出的舒缓气息与通信、金融和交通业的尖端科技塑造出的冰冷的现代化形象截然不同，它们被打包成旅游吸引物，以两种气质的矛盾与统一为特点，令新加坡成为能包容"惊人反差"的城市。1986 年，新加坡贸易及工业部颁布了第一个旅游总体规划《旅游产品发展计划》。这是新加坡旅游业走上正轨、日趋成熟的一个表现。20 世纪 80 年代，新加坡的第一座多功能会议展览中心世贸中心投入使用，这被认为是新加坡会展产业的龙头标志，新加坡逐渐被公认为会议目的地[98]。

（4）平稳发展阶段（1996—2005 年）。经过 30 多年的发展，新加坡的旅游业在成熟期末期出现了衰退迹象，1996—2005 年新加坡旅游业并未让自己进入自然衰退期，而是通过全方位的努力继续促进旅游业。新加坡不止把着眼点放在亚洲文化上，也努力吸收西方文化，力求使新加坡成为一个东西方文明的交汇之地。文化旅游的视角也从传统的"CMIO"（中华、马来、印度和其他文化）扩展到了亚洲之外的元素，吸收西方表演艺术、歌剧，以及非传统、非历史、非亚洲的艺术文化元素。如 1993 年开始的每年一次的"新加坡宝藏展国际艺术博览会"展出亚洲和西方的艺术作品，吸引了亚太地区旅游者和当地居民观赏。当代的亚洲艺术和中国古董与达利、霍克尼、夏卡尔的作品同时展出，欲把新加坡打造成"全球艺术城市"。政府组织活动吸收新加坡、东南亚及全球的艺术表演和作品，使新加坡成为文化中心。艺术旅游活动包含了新加坡本土的剧目、电影、亚洲的表演艺术等，同时包含了世界级的文化演出。丰富多彩的各种演出形式充实了新加坡的文化旅游内涵，大大提高了国外的艺术投资，也吸引着旅游者再次回到这个国家。

（5）智慧升级阶段（2006 年至今）。2006 年推出"智慧国 2015 计划"，确立"智慧化立国"发展理念，全面实施"从传统城市国家向智慧国转型"的发展战略。为了确保"智慧国 2015 计划"的目标能够顺利"通关"，新加坡政府制定了 4 项战略，涵盖了基础设施建设、资讯通信产业的发展、人才培养和经济的提升。具体来说，包括构建下一代全国资讯通信基础设施；发展具有全球竞争力的资讯通信产业；培养具有全球竞争力的信息化专门人才；利用信息通信技术提升数字媒体与娱乐、教育培训、金融服务、旅游零售和电子政府等 9 大经济领域的发展水平。

3. 案例地转型升级经验启示

新加坡自 20 世纪 80 年代将旅游业确立为经济发展的重要引擎以来，已经取得了举世瞩目的成就，旅游业逐步发展成为新加坡经济的主体，并且通过营销推广，新加坡旅游不断升级发展。城市营销为新加坡旅游产业发展带来了不竭的动力，其营销内容不断丰富充实。

新加坡建国伊始主推当时仅有的亚洲文化元素吸引西方旅游者；20 世纪 80 年代现代化进程中，造就花园城市形象；90 年代继续吸收西方文化、面向东南亚区域化发展，及至"非常新加坡"时期则是国际化都市、现代化、丰富文化、高品质等不同元素的完美融合，是所有发展成果的整合。

新加坡的营销活动是由旅游促进局主导的。旅游促进局联合旅游合作伙伴和新加坡国民一同在各种渠道通过广告和营销活动发布信息，还鼓动民众和旅游合作伙伴共同参与营销推广。同时，会展等大型活动也是新加坡城市旅游营销的重要举措。类似的城市还有伦敦、阿姆斯特丹、巴黎、巴塞罗那、东京、悉尼、首尔、米兰、维也纳、纽约、慕尼黑、威尼斯、雅典、迪拜等。

（二）多产业联动促进旅游城市升级发展——意大利米兰

1. 案例地概况

米兰是意大利的西北部大城市，位于阿尔卑斯山南麓，面积 164 平方公里，人口 130 万左右。米兰市是伦巴第大区的首府[①]，意大利第二大城市，米兰都会区生产总值占意大利国内生产总值的 4.8%，是欧洲人口最密集与工业最发达的地区，在经济上却超过罗马成为国内生产总值最高的城市，因此有"经济首都"之称。米兰的第三产业发达，服务业所占比重接近 3/4。米兰是欧盟和世界主要的金融中心之一，它有证券交易所和 105 家银行。除第三产业外，米兰的工业门类齐全，汽车、

---

① 符淼，张海虹，刘洋. 公共服务、产业集聚和产业网络——时尚之都米兰的城市辐射力构建之道［J］. 城市观察，2013（5）：77-85.

飞机、摩托车、电器器材、金属制造、纺织服装等相关企业的实力雄厚，化工、医药和食品等工业也十分发达。米兰在时尚业、商业、设计业、贸易、体育文化和工业等领域都有较强的影响力。时尚产业是米兰最突出的产业，意大利主要时尚企业的总部都设在米兰，因此米兰又有"时尚之都"的美誉，无处不透着浓浓的时尚气息。与之相配套，米兰的会展业十分发达，时装、家具和皮革展览会等都是国际领先的博览会之一。综上，米兰是一座因时装、设计、艺术、绘画、歌剧、经济、足球、商业、旅游、媒体、制造业、金融等闻名于世的城市[99]。

2. 案例地转型升级过程

发展至今，米兰旅游产业发展转型历了以下四个阶段。

（1）初期阶段（1970年以前）：米兰是一座工业城市。1950年以前，米兰是欧洲主要的工业城市之一，具有机械、汽车、冶金等产业基础。1950—1970年，由于工业向卫星城市迁移及人口的郊区化，米兰市中心的空心化和萧条程度不断加深。为了使城市重现繁华，加速产业与国际接轨，米兰市将针对城市中心区的更新提上了日程。

（2）转型发展阶段（1970—1990年）：米兰由工业城市向旅游城市转型。1980年后，米兰提出了针对博维萨区、比卡拉区和运河区的城市更新方案，提出保留城区中重要的历史建筑，包括工人公寓、广场、车站和古厂房等；对一些重要的广场，如巴维珊、乔万尼广场等周边的城市景观进行保护式的改造。同时，米兰制订了产业发展的计划，大力发展以时装、箱包、鞋帽、首饰、手表等高端商品为主的商业，举办与高端商品紧密相关的会展活动，并着重发展国际观光旅游产业。之后10年，米兰的城市面貌得到了极大的改观，城市历史文脉得到延续，城市变得日益繁荣，米兰的高端时尚商业开始引领国际的潮流。

（3）提升发展阶段（1990—2000年）：米兰的发展目标是成为一座商贸、文化城市。1990年以后，随着经济全球化的发展和欧洲经济格局的改变，米兰为了适应国际发展的潮流，对城市的功能结构进行了一定的调整——将博维萨区定位为知识产业和国际商务集聚的城区，将比卡拉区定位为国际会议、商务办公、高档居住为主的城区，将运河区定位为集聚了世界各国艺术家的工作室，以及大量的酒吧、餐厅、艺廊、古董店的国际文化城区。同时，政府与跨国公司不断签订合约，米兰的时装周和发布会上不断涌现出越来越多的国际高端品牌。在此后的 10 年中，米兰的城市面貌进步现代化，国际商务、国际物流配合米兰的时尚文化产业出现，并成为城市的主导产业。

（4）夯实积淀阶段（2000 年至今）：米兰逐步发展成为一座国际商贸、文化旅游城市。2000 年后，米兰市的城市更新运动已经基本完成，与此同时，米兰的国际化进程也进入了一个完成阶段。在这段时间里，米兰更注重与世界市场紧密联系的产业，如国际商务、会展和文化产业，时尚文化、艺术文化、历史文化成为米兰经济发展所倚重的文化品牌。米兰依托时尚文化在世界的扩散，使得与时尚相关的服装、箱包、鞋帽、首饰、手表等产业一直保持了旺盛的活力，为艺术文化的发展提供了广泛、多元化的空间，许多艺术家前来米兰设立工作室和设计室，从而大大提升了米兰的艺术品位，加快了艺术相关产业的发展。米兰在发展国际化城市的同时，并未忽视对历史文化的保护，许多历史建筑得到了修缮和保护，出现了现代建筑和历史建筑和谐并存的情景。新老文化的交流成为米兰的一大特色，印证了文化之都米兰对于国际文化的兼容并蓄。米兰以鲜明的时尚和商贸为标识，凭借城市得天独厚的经济贸易中心、金融枢纽地位和完善的商务服务体系，加上优美的城市环境和风光资源，发展成为世界知名的商贸型旅游城市[100]。

3. 案例地转型升级经验启示

米兰能够发展成为欧洲经济最发达的地区和世界著名国际大都市与其多产业综合联动发展密切相关。米兰的产业网络涵盖了研发设计、原料、专业机械、商业、贸易、体育文化、工业及支持性的公共服务业，具有极强的产业关联性，如制造业技术与时尚品牌的结合，商贸与物流的结合、商贸与旅游的结合、体育与旅游的结合等。城市经济的紧密组合，形成了其活力的综合性产业。作为第三产业的龙头，商贸旅游业是关联带动性很强的劳动密集型行业，其就业门槛低、包容性强的特点，使之对不同类型和层次的劳动力都有需求。米兰以商贸旅游业为代表的多产业联动的蓬勃发展态势，既增加了就业，又拉动了城市综合产业实力的发展壮大。其他类似的国家或者城市还有伦敦、巴黎、纽约、悉尼、迪拜等。

二、乡村旅游转型升级

（一）休闲农业助推乡村旅游发展——白滨町

1. 案例地概况

白滨町是日本和歌山县西牟娄郡的一町，面积有 201.04 平方公里，位于关西大都市圈区域内，距离日本第二大城市大阪府驾车 1 小时的距离。为了和千叶县南房总市的白滨（以前的安房郡白滨町）有所区别，因此通常被称为南纪白滨，白滨町是著名的温泉地，随着日本国民消费观念变化和休闲农业的发展，白滨町的旅游发展经历了转型升级的历程。

2. 案例地转型升级过程

第一阶段：20 世纪 50 年代末期，日本经济处于高速增长阶段，政府和民间致力于高级度假村的开发与经营。白滨町早期的乡村旅游主要依托附近的温泉、白良滨浴场、熊野古道等著名景区景点的二次客源开发民宿旅馆，以较低的价格和富有特色的旅游内容、接待设施满足游客，并与主要景区景点的旅游活动相互错位，成为其重要补充，吸引大批游客。

第二阶段：泡沫经济破灭后，生态旅游、农事体验型休闲农业与乡村旅游发展迅速。为了改善经济泡沫带来的恶劣旅游环境，日本认为乡村旅游是乡村传统产业的替代产业，甚至是乡村文化与整个社会的维系方式，因此各级政府制定政策，通过乡村旅游替代林业、种植业、渔业等滑坡产业，避免乡村衰落，保持乡村文化传承。从 1993 年开始，日本在全国范围内推进休闲观光农业的发展，而且放松对农地的政策管制：从《特定农业用土地出租付法》（1989 年）到《市民农场整备促进法》（1990 年），使农用土地住宿设施的建立变成可能，因而促进了乡村旅游业的发展。此外，日本于 1995 年 4 月开始实施《农山渔村旅宿型休闲活动促进法》，规定了"促进农村旅宿型休闲活动功能健全化措施"和"实现农林渔业体验民宿行业健康发展措施"，推动绿色观光体制、景点和设施建设，规范绿色观光业的发展与经营。在这样的发展背景下，针对乡村旅游消费的新特点，白滨町另辟蹊径，发展水果采摘型农业园区，把当地具有乡土特色的农产品经过包装改良建立直销售卖点，在满足周边城市居民周末休闲度假和回归自然的旅游需求的同时，为城市居民提供当地新鲜、安全的农产品，显现了乡村旅游的绿色化，提高了当地农产品附加值，一举多得。

3. 案例地转型升级经验启示

白滨町改变原有弊病百出、优势浸没的产业发展方式，充分挖掘自身的地理位置上的优势，发展瞄准相应的国家政策，从住宿接待为主到住宿、观光、休闲采摘等全面发展，改变原有单一的发展方式，带动本土经济发展。白滨町在旅游转型升级发展过程中，正确处理好农业生产与旅游开发之间的关系。休闲农业作为体验经济的一种重要形式，具有引导游客深入体验乡村氛围和田园生活的功能。这是休闲农业旅游产品及客源开发的优势之一。白滨町发展休闲农业与乡村旅游紧紧依托农业这一基础产业，在此基础上进行延伸开发，拓展新的产业链。因此，发展休闲农业必须针对旅游消费的新特点，增强互动参与性，创造性地开发出更加个性化、高附加值的体验型乡村旅游产品，以满足体验经济时代的旅游消费需求。

同时，白滨町在旅游发展过程中重视对当地环境及民风、民俗、乡土文化的保护，因此旅游转型升级发展切忌为了短期的经济利益而牺牲当地的资源、环境，影响地方的长远、持续发展。

此外，欧洲的农业小镇一直走在特色小镇发展的前列，其中以德国、荷兰及比利时等国较为成功，休闲农业助推乡村旅游发展的成功的案例还有德国吕德斯海姆、荷兰阿姆斯特丹库肯霍夫公园、荷兰宝斯普、荷兰羊角村、比利时布鲁日、德国海德堡等。

（二）创意产业助推小镇旅游发展——茜美纳斯小镇

1. 案例地概况

茜美纳斯（Chemainus）位于温哥华岛乃磨市以南 30 公里、维多利亚以北 80 公里处，小镇人口仅有 600 人左右，但镇上精致的小街、纯朴的民风让游客感到分外亲切。从 1858 年起，林木业就一直是这个小镇的血脉，然而随着林木业的萧条、城市化的加剧，到了 20 世纪 80 年代初，小镇最大的一家纸浆厂倒闭，人口急剧减少，几乎就要成为一座空城。

2. 案例地转型升级过程

20 世纪 80 年代，市议会启动城市复兴工程。一位名为卡尔·舒尔兹的加拿大人带头联合一批工商界人士提出一项小镇复兴计划，他们认为不能完全依赖传统产业来支撑小镇经济，发展观光产业是出路之一。

以低廉的成本在墙上绘画，而壁画主题定为陈述"小镇的过去所为"。这些壁画主要描述了这座百年老镇的伐木历史和风土人情，逐渐吸引了很多的游客来小镇游玩观光，也吸引了其他的艺术家陆续加入了绘制壁画的队伍。小镇因此成为世界最大的户外壁画和雕刻作品集聚地，这座"曾经繁荣的小镇"通过壁画实现了经济转型。每年7月第一个周末举行的"茜美纳斯嘉年华会"是小镇夏季最盛大的活动，吸引了无数的游客。壁画节的举办促进茜美纳斯小镇恢复生机[①]。

3. 案例地转型升级经验启示

茜美纳斯作为一个创意产业促进小镇旅游产业转型的案例，不仅可以实现历史文化和旧建筑的保护和再利用，而且对老建筑的艺术史料研究也具有一定的意义。在一些历史文化名城或者现代化都市中，单一的以自然风景观光、现代都市观光及历史追溯、文化体验等为主的都市旅游内容不足、挖掘不够，发展创意产业是城市旧工业区转型的新模式。传统产业尤其是工业城市通过制定发布相关政策，促进文化创意产业的发展，加大文化艺术区、创意街区、文化创意产业园、旅游文化产业园等的建设，将创意生产、艺术创作、现代气息与传统风貌、工作和休闲交融、渗透在一起，可吃、可住、可游、可玩、可购物、可创业，成为传统产业转型的新出路，重塑城市形象。

创意产业助推小镇旅游发展的成功的案例还有瑞士朗根塔尔、西班牙胡斯卡、比利时的边境小镇斯帕、葡萄牙法蒂玛等。

第二节　国内典型案例及经验借鉴

一、城市旅游转型升级

（一）文旅融合加快传统旅游城市转型——黄山市

1. 案例地概况

黄山市是安徽省省辖地级市，古称新安、歙州、徽州，地处皖浙赣

---

① 环游世界：茜美纳斯世界最大的壁画小镇_旅游中国_中国网［EB/OL］. http://www.chi-na.com.cn/travel/txt/2011－09/24/content_23484873_2.htm

三省交界处，被称为"三省通衢"。黄山市山川秀美，人文荟萃，是一个"八山一水一分田"的山区，旅游资源密度之丰、品位之高、种类之全举世罕见。黄山市境内群峰参天，岭谷交错，有深山、山谷，也有盆地、平原，到处清荣峻茂，风景秀美，自然旅游资源丰富。同时，徽派文化底蕴丰富，是我国三大区域文化（藏学、敦煌学、徽学）之一，涵盖了哲、经、史、医、科、艺诸多领域。

2. 案例地转型升级过程

1979 年邓小平的"黄山谈话"拉开了黄山乃至中国现代旅游业发展的序幕，奠定了黄山作为中国现代旅游业发源地的历史地位。凭借得天独厚的旅游资源，黄山市旅游开发较早，并且经过多年的发展取得了令人瞩目的成绩，旅游业已经成为黄山市国民经济增长的重要支柱。在黄山市旅游发展过程中，大致经历了三个阶段。

（1）第一阶段：1979—2000 年。邓小平同志肯定了黄山旅游的经济价值，提出把提高管理服务水平作为黄山创造名牌的起点和核心，加强旅游"硬件"建设，夯实旅游业发展的基础、加强环境保护，促进旅游业可持续发展，为黄山的旅游发展指明了方向。1979 年 10 月，中国国际旅行社黄山支社成立（当时安徽省仅 4 家旅行社），黄山旅游业开始由"接待型"向"市场经济型"转变；1982 年，黄山被列为首批国家重点风景名胜区；1986 年，黟县西递、黄山区山岔村农民勇开先河自办旅游，掀开了黄山市乃至安徽省乡村旅游发展的序幕。

这一阶段，黄山市旅游发展主要面临着地理交通不便，时空距离成为大多数主要客源市场旅游者来黄山市旅游的一大障碍；旅游产品质量欠佳，使黄山市旅游业面临着周边地区旅游业的激烈竞争；黄山市旅游市场宣传促销力度不足[101]等问题，这一阶段黄山市旅游发展主要是加强基础设施投入，"八五"期间黄山市固定资产投资达 8.75 亿元，其中设立了一类航空口岸，享有外贸进出口自营权；开通了十几条国内航线和到香港的包机，成立了两个一类旅行社，拥有外联组团权，设立了省级黄山旅游度假区和太平湖金盆湾旅游度假区；建立了黄山、徽州、齐云山三个国家级森林公园；建成了一批较高档次的宾馆酒楼，涉外宾馆发展到 20 家，标准客房 2000 多间，比建市前增长近 4 倍；一批"旅游搭台、经贸唱戏"的大型旅游节庆活动在海内外产生了较大影响；铁路贯通全市，公路四通八达，与江浙、闽赣一带旅游城市联成网络；水上黄金旅游通道——中法合资新安江梯级开发工程抓紧施工；建成了市话交换网、无线电通信网和计算机通信网；实现了市话交换程控化；一批建筑面积超过1万平方米的商贸设施投入运营；城市绿化覆盖率接近40%。

（2）第二阶段：2001—2014年。2001年5月，江泽民亲临黄山市视察，指出黄山是祖国大好河山中的瑰宝，是得天独厚的旅游资源，要切实保护好，同时要开发利用好，不仅要使之成为风光秀丽的旅游景地，而且要使之成为进行爱国主义教育的重要场所，再次谱写了黄山市旅游业发展的新篇章，黄山市在旅游产品开发、旅游产业发展、旅游城市建设上取得了一系列重要突破。

这一阶段，黄山市提出了建设旅游大市、文化大市、生态大市和现代经济强市（"一强三大"）的奋斗目标，把旅游业放在首要性、牵动性、全局性的位置统筹安排、重点发展。在"十一五"开局之年，黄山市出台了《关于加快黄山旅游国际化的决定》《关于大力发展乡村旅游的若干意见》《关于强力推进旅游国际化，迅速掀起黄山旅游发展第三次高潮的决定》。特别是2008年，出台了《关于实施"十大工程"加快建设现代国际旅游城市的意见》，黄山市进入了全面建设现代国际旅游城市的新阶段。

黄山市旅游业围绕建设现代国际旅游城市的战略目标，坚持"打好黄山牌，做好徽文章"，加快推进黄山旅游"六个转变"，加速旅游产业规模化、品牌化、网络化、国际化进程，构建了囊括旅游六要素的多功能、多层次的现代旅游产业体系，形成了以观光旅游、文化旅游、生态旅游、乡村旅游、休闲旅游为主的旅游产品体系，旅游产业规模不断扩大，具体采取了以下几方面的举措。

黄山市不断拓展区域合作深度，加强省内外旅游合作，构建了多层次的旅游发展平台。2009年，安徽省省政府批准设立"皖南国际旅游文化示范区"，黄山市凭借与池州、宣城二市共同打造以"两山一湖"为核心的大皖南国际旅游区，大力发展旅游；并且借助长三角旅游城市合作机制，推出并不断完善名山（黄山）—名湖（西湖）—名城（上海）国际黄金旅游线路；与张家界市、阿坝州、乐山市签订了旅游发展合作协议；同九寨沟、峨眉山签订战略合作协议；完善了古徽州乡村旅游联盟，与婺源实现合作发展；积极对接上海世博会，被列为"长三角世博主题体验之旅示范点"城市，承办了省政府在黄山举办的2010年"世博论坛"，"徽文化让生活更多彩——无徽不成镇"成为上海世博会安徽馆的主题，"世界遗产经典""古韵徽州""和谐休闲徽州"3 条线路成功入选"世博主题体验之旅"示范点线路。

黄山市将乡村旅游发展与徽文化元素相结合，依托深厚的徽州文化、优美的自然风光和一流的生态环境，以旅游专业村、"星级"农家乐为抓手，大力发展乡村旅游，发起并成立了跨省区域（含绩溪、婺源）的古徽州乡村旅游联盟，举办了首届中国乡村旅游节，全力打造"中国乡村旅游第一品牌"，已经形成了环黄山乡村旅游圈、沿新安江乡村旅游带、古徽州乡村旅游片 3 个功能板块的乡村旅游区和景观依托型、农事参与型、文化体验型、休闲度假型 4 种类型的乡村旅游发展模式，乡村旅游已从最初农户自发兴起的农家乐发展为规范、健康、可持续发展的乡村旅游业，正成为黄山旅游的新品牌、新增长点。

黄山市采取多样化方式，出台多项促销措施，强化旅游形象宣传，实施创新营销。坚持政府引导、企业主体、区域联动的营销策略，在全国首创旅游"三进"（进社区、进企业、进校园）营销模式，不断提升黄山市城市品牌形象，相继荣获多项称号，包括中国旅游竞争力百强城市、感动世界中国品牌城市、中国旅游品牌十大目的地、公众心目中的中国和谐名城等。

黄山市围绕"旅游观光、休闲度假、文化体验、康体养生、节庆赛事、商务会展"六个方面，不断促进旅游业态创新，重点开发并推出了温泉、高尔夫等休闲度假旅游产品；打造了黟县山地车训练基地、东黄山户外拓展训练基地和太平湖摩托艇训练基地等运动型旅游产品；乡村旅游新业态发展取得突破，已经形成了乡村节庆、民居客栈、主题乡村度假村、乡村体育休闲旅游、乡村生态体验旅游、专项旅游等新型业态[102]。

黄山市着力丰富旅游内涵，提升文化软实力，积极挖掘文化旅游资源，发挥"非物质文化遗产"品牌效应，推出制作"徽州六绝"旅游表演项目；重点推广"徽韵"大型多媒体歌舞演出、黄梅戏会馆专场演出等文艺演出，其中"徽韵"入选国家文化旅游重点项目名录；进一步深入开发徽州文化旅游产品，培育了状元文化、潜口民宅非物质文化遗产、谢裕大茶叶博物馆、祁红博物馆等旅游文化产品；加快宏村（秀里）等影视基地文化产业区建设；着力打造新四军军部旧址、陶行知纪念馆等红色旅游景点。

（3）第三阶段：2015 年至今。2015 年 7 月，黄山市委市政府召开了第一次黄山风景区改革发展座谈会，面对黄山旅游的发展瓶颈和旅游市场日趋激烈的竞争，开始了新的探索和"二次创业"的再出发之路。2016 年，中国旅游日安徽分会场上，国家旅游局提出"中国旅游，从黄山再出发"。作为国家级旅游业改革创新先行区和国家全域旅游示范区创建单位的安徽省黄山市，牢固树立"绿水青山就是金山银山"的理念，以旅游供给侧结构性改革为主线，以全域旅游示范区创建为抓手，全面推进旅游"品质革命"，深入实施皖南国际文化旅游示范区建设，开启了"中国旅游黄山再出发"的崭新篇章。

为加快建设一批具有国际水准的精品景区，黄山市出台《旅游景区品质提升方案》，全面落实全市 A 级旅游景区整治提升专项行动。围绕创建大黄山国家公园这个核心，全面启动黄山东部开发，完成东黄山国际旅游小镇规划编制工作。宏村、西递分别成功入选国家"第一批特色小镇"和省级"第一批特色小镇"序列。除此之外，黄山市加快打造一批融入国际大循环的旅游精品线路。为东盟市场量身定制了"名山—名湖—名村"、古徽州文化旅游区、"两山一湖"、仙境佛国天堂游等精品线路；主动对接池州、杭州、上海等周边城市，联合推出"名山名湖名城"等一批跨区域旅游精品线路。同时，黄山市注重规划布局，坚持把市域全境作为一个大的景区来打造，编制了《黄山市全域旅游发展规划》，出台了《加快推进黄山市全域旅游发展的实施意见》，以国际化标准规划建设大黄山国家公园，实施黄山东部开发，加快齐云山 5A 级旅游景区、太平湖国家级旅游度假区创建；完成皖浙 1 号、世界遗产、徽州文化、醉美 218 等 10 条旅游风景道资源普查，目前正在加快编制旅游风景道总体规划，构建"山（黄山）、水（太平湖）、村（宏村）、窟（花山谜窟）"全域发展新格局。

同时，围绕创建国家全域旅游示范区，黄山市大力实施旅游服务标准化引领战略，优化提高服务标准，发布了旅游标识牌、厕所、自驾游、美丽公路、生态停车场、导游服务、智慧旅游、徽州古村落、徽州民宿 9 项市级地方标准。在全国率先系统建立了覆盖旅游全链条、涵盖服务游客各要素的全域旅游标准化体系，以标准化促进行业发展的规范性、提升行业发展的自律性。此外，黄山市在安徽省内首推高速公路服务区旅游化改造工作，以皖浙 1 号、世界遗产、醉美 218 等 10 条旅游风景道为主线，完善沿线旅游公共服务设施，近三年内黄山市新增旅游标牌 555 块，新改建游客服务中心 38 个、旅游咨询点 20 个、服务驿站 54 个、旅游休憩点 58 个，深入推进旅游厕所革命，荣获"全国厕所革命综合推进奖"①。

为了促进旅游"二次创业"，黄山市大力实施"旅游＋"战略，推动旅游与文化、体育、生态农业、扶贫等融合发展，丰富产品业态，着力打造黄山旅游核心竞争力，全面推进旅游资源整合和跨界融合，推出一批有颜值、有气质、有品质的乡村旅游新业态、新产品。下一步，该市将按照高质量发展要求，深入实施旅游"品质革命"，大力发展优质旅游，加快推进旅游转型升级，积极创建全域旅游示范区，加快把黄山打造成为美丽中国先行区、世界一流旅游目的地。此外，黄山市进一步激发多元市场主体活力，大力培育龙头旅游企业；扎实推进黄山旅游"二次创业"，计划到 2020 年，培育一批年产值超 1 亿元的旅游集团、知名旅游企业，发展一批旅游规划设计、旅游创意、旅游商品加工、旅游电商等新型特色旅游企业②。

3. 案例地转型升级经验启示

黄山市作为一个传统旅游城市转型发展的案例，在其旅游转型升级过程中紧紧围绕"提质增效，转型升级"主题，积极创新旅游营销手段，打造旅游新业态，追求旅游市场品质化发展，优化资源配置，加强重点景区转型升级。

黄山市旅游转型升级取得显著成效的重要原因是明确把"旅游＋"作为旅游转型升级的核心思想，充分挖掘旅游发展潜力和活力，全力推进旅游全域化发展、全产业联动、全要素整合、全民化参与，加快开发一批既有地域特色又有时尚元素的旅游新业态、新产品、新商品，着力构建"大旅游、大市场、大产业"，推动旅游产业向观光、休闲、度假复合型转变，不断提升黄山旅游的影响力、辐射力、带动力。

文旅融合加快传统旅游城市转型，为旅游型城市可持续发展提供了新思路和新方向，国内类似的城市转型还有天津、韶关、抚顺、宝鸡、南充等。

---

① 安徽黄山：发展优质旅游加快推进旅游转型升级_中国网［EB/OL］. http://travel. china. com. cn/txt/2019－01/21/content_74392599. htm.

② 安徽黄山：发展优质旅游加快推进旅游转型升级_社会_中国小康网［EB/OL］. http://news. chinaxiaokang. com/shehuipindao/shehui/20190121/602998. html.

（二）全域旅游助推旅游转型升级——盘州市

1. 案例地概况

盘州市，贵州省直辖、六盘水市代管县级市，是贵州的西大门，全国最美生态旅游示范县、美丽中国示范县、全国百强县，被称为"世界古银杏之乡"，有"滇黔锁钥、川黔要塞"之称。盘州市地处滇、黔交界，东邻普安，南接兴义，西连云南省富源、宣威，北邻水城；属亚热带气候，有盘县大洞、古银杏等风景名胜区。盘州是贵州省少数民族聚居最多的地区之一，共有 27 个少数民族。有彝族火把节、回族古尔邦节、布依族歌节等民族节日，有"海马舞""羊皮鼓舞""耍马舞""芦笙舞"等民间舞蹈。盘州旅游文化产业从无到有、从小到大，旅游基础设施和配套设施日益完善，旅游接待能力和服务质量显著提高，旅游文化产业乘数效应日益明显，逐渐成为推动盘州经济发展转型发展的重要支点和推动力量。

2. 案例地转型升级过程

1965 年 7 月，国家"三线建设"开发盘县煤田，在盘县（今盘州市）设立盘县矿区，三线人"献了青春献终身，献了终身献子孙"，轰轰烈烈拉开了盘州煤炭产业发展的大幕。经过半个世纪的发展，盘州成为全国的重点产煤县和重要电源点，煤炭产量位列中国县（市）第 11 位，是长江以南最大的产煤地，煤炭也一直是盘州经济的最大支柱产业。经济高速增长的背后还伴随着各类煤矿事故高发，环境污染不断加剧，产业结构严重失调，社会矛盾集中爆发。

"立足煤、做足煤"是盘州的聚合思维，聚焦核心产业，做大、做强、做深、做精；而"不唯煤"则是盘州的发散思维，探寻新路径开启一片新蓝海。近年来，盘州在立足煤、做足煤的基础上，立足自身特点和优势，将目光从地下的黑色"宝库"转移到了地上的绿色"银行"。全域旅游成为多元发展的"新拐点"。

2017 年是"旅游质量服务提升之年"。这一年，盘州市以创建"国家全域旅游示范区"为总抓手，以打造"国际山地特色大健康旅游目的地"为目标，推进旅游项目建设、力促乡村旅游发展、提升旅游服务质量、扩大旅游品牌营销，全市旅游业持续快速发展。盘州这座曾经有着"江南煤海"称号的城市，围绕"打造大健康山地特色国际旅游度假目的地"目标，构建全域发展格局，将所有资源都作为旅游资源来开发和利用，开启了全域旅游助推城市转型"新纪元"，实现从"江南煤海"到"金彩盘州"的华丽转身。盘州规划建设16个核心旅游景区，形成了温泉养生、滑雪体验、体育运动、农事体验、低空游览、避暑度假等业态类型及相应的旅游产品；高标准建设连接各景区的旅游大环线，把珍珠串成项链，形成北部、中部、南部全域旅游环线；加强自然环境保护，坚守生态保护红线，进一步规范林地征占用、野生动植物资源保护等核心生态资源管理工作，推进全域旅游环境治理。2019年4月24日，贵州省人民政府正式批准盘州退出贫困县序列。

3. 案例地转型升级经验启示

全域旅游成为盘州这座工业城市转型发展的有效途径，推动了盘州的产业发展升级改版。通过"点、线、面"全方位、立体式的全域旅游推进，旅游成为盘州市的战略性支柱产业。

打破壁垒，促进改革创新发展，这是盘州市全域旅游发展的重要启示，具体表现在"人""机制""服务"三方面。盘州通过"三变"改革，探索将农民、资源、资金等通过"三变"改革参与景区建设，大力发展旅游产业，打造特色山地农旅观光旅游，让旅游产业发展"有米下锅"，让群众在旅游产业中"共建共享"，形成了"旅游景区＋企业＋公司＋农户"等多种利益链接方式，给盘州旅游可持续发展提供动力，让"农村"变成了"景区"，"农舍"变成了"旅馆"，让群众真正实现了从旅游产业的"旁观者"转变为"参与者"。

同时，通过强化体制机制改革，打破以往旅游发展的"壁垒"。旅游执法大队、景区管理处、旅游警察和旅游工商分局等专门市场管理机构的设立，推动了旅游市场规范化管理；采取自主经营模式，通过委托代管、租赁经营和经营权转让等多种方式确保景区项目增质增效。此外，盘州通过统一规划、整合资源，凝聚全域旅游发展新合力，构建全域旅游共建共享新格局，坚持以问题导向，通过创新产业产品业态、完善旅游配套设施、提升旅游服务质量、整合旅游市场监管，使得全域旅游的服务得到了高水平的提升。

通过发展全域旅游助推旅游城市转型的旅游目的地逐步增多，其他较为成功的城市有井冈山、尤溪、三亚等。

（三）工业旅游促进资源型城市转型——攀枝花

1. 案例地概况

攀枝花市位于中国西南川滇交界部，是四川省省辖市，是长江上游第一城，金沙江与雅砻江在此交汇。攀枝花地处在长江流域经济带上，在整个经济带中起着重要的交通枢纽作用，是四川与云南经济、文化、物资等方面交流的重要媒介，是"南方丝绸之路"上关键的交通枢纽和商贸物资贸易地。攀枝花从河谷到高山具有南亚热带至温带的多种气候类型，冬无严寒、夏无酷暑，因此，四季都是旅游的好季节，特别适宜冬季避寒旅游。

中华人民共和国成立后，1953年开始了我国第一次地质普查工作，攀枝花矿区成为普查勘探重点，普查找到了康滇地轴中段钒钛磁铁矿呈带状分布的规律，确认攀枝花及其周围地区是一个巨型铁矿，具有很高的综合利用价值。攀枝花市是"中国钒钛之都"，钛储量世界第一、钒储量世界第三，钒、钛储量分别占全国的63%和93%。这里还拥有多种稀有金属和非金属矿产资源，石墨探明资源储量全国第三，是"中国苴却砚之乡"；风、光、水能资源丰沛，风电和光伏发电可开发装机分别达184万千瓦、508万千瓦，水电装机已超过700万千瓦①。

攀枝花旅游资源也十分丰富，考古发现证明，攀枝花是人类活动较早的地区之一，除邻近地区已发现的"元谋人""蝴蝶人"遗迹外，在攀枝花市内发现了距今约1.2万~1.8万年前的回龙洞古人类遗址。以民俗风情、自然景观而独具特色，攀枝花是我国具有世界影响力的资源富集区和我国优势资源开发的重点区域。

2. 案例地转型升级过程

攀枝花市因其丰富的矿产、森林资源，稀有的水能资源及独特的气候资源而闻名于全国。攀枝花的城市建设中，最初是工业基地建设，其城市发展过程从来就与国家层面的制度与政策、大范围内的国际政治经济格局紧密相关的。1965年，中央着重发展攀枝花，成立了经济特区，用以开发矿产资源，更名为渡口市，后改为攀枝花市。攀枝花目前已成为我国著名的资源型城市，工业发展是全国城市的佼佼者，经济发展水

---

① 走进攀枝花［EB/OL］. http://www.panzhihua.gov.cn/zjpzh/index.shtml

平也持续提高，攀钢企业也成为中国特大型钒钛钢铁企业集团。攀枝花由国家大型工业基地这样的单一工业城市逐步向综合性方向发展，其中旅游转型升级发展为攀枝花城市发展注入强大的动力。从攀枝花城市旅游发展历程来看，其大致经历了以下两个阶段。

（1）旅游初步发展阶段（2000—2011 年）。进入新世纪，以党的十六大提出全面小康目标为标志。其间，全国基础设施建设与城镇化快速推进，钢铁行业得以迅猛发展，攀钢等企业抓住机遇，不断扩大产能，市委、市政府加快推进产业升级、城市转型和环境改善，此时攀枝花旅游发展处于初级阶段。

2005 年攀枝花市开始启动旅游产业战略，也将"大三线工业探秘之旅"作为四大旅游品牌来打造，但实际投入很少。攀枝花 2005 年直接投资 10 万元主要用于每个景点的中英文标识牌和中英文路牌等的建设和完善，间接投资 1000 万元用于厂区道路、绿化和安全走廊的建设。攀钢工业旅游项目在 2005 年的第二批次"全国工业旅游示范点"通过国家旅游局评定并授牌。攀钢工业之旅主要由攀钢（集团）公司下设攀钢国际旅游开发有限公司经营，游客客源以本地市场的学生市场为主，其次是企事业单位的职工。

攀枝花工业旅游发展规模小，且发展缓慢。旅游产品开发水平低，攀钢的"钢铁是怎样炼成"为主题的工业之旅，在产品线路设计和旅游要素组合上就是千篇一律的从原材料开采、投料、冶炼、锻成等七个景点的组成，产品及产品组合较单一，只有简单的企业生产流程观光，产品文化价值展示挖掘创新就更不够了，也未深度开发其他任何旅游商品、纪念品等，十分缺乏吸引力，导致工业旅游的经济效益很不理想。从攀钢工业旅游接待的游客数量来看，一直约占攀枝花市全市游客总量的 0.5% 左右，并且由于国家政策性原因，这一阶段只有两个景点开放，攀枝花旅游发展处于初级观光游览阶段，把工业旅游视为攀钢企业的副业，一直未主动作任何市场宣传与营销。

（2）旅游转型发展阶段（2012 年至今）。新时期内面对经济下行压力增大，钢铁、煤炭等行业产能严重过剩的严峻形势，攀枝花开启了城市转型升级、科学发展的新征程，塑造了阳光花城、康养胜地的新形象，迈入 GDP "千亿俱乐部"。这一时期，攀枝花将全市的工作思路优化完善为"一二三五"：一即"一个目标"，奋力推进高质量发展，建设美丽繁荣和谐攀枝花；二即"两篇文章"，做好"钒钛、阳光"两篇文章；三即"三区联动"，推动攀西经济区、国家战略资源创新开发试验区、攀枝花钒钛高新技术产业开发区产业融合、政策互惠、联动发展；五即"五个加快建设"，加快建设国家战略资源创新开发试验区、现代农业示范基地、国际阳光康养旅游目的地，以及川西南、滇西北区域中心城市和四川南向开放门户。2017年，攀枝花市发布13项康养产业地方标准，并且相继制定了《关于支持医养融合产业发展的实施意见》《攀枝花市旅品牌创建补贴办法》《攀枝花市拓展旅游市场补贴办法》等一系列政策措施，为发展康养旅游产业提供了项目、品牌、土地、税收、融资等方面政策支持，促进攀枝花康养产业发展质量"有标可依"，标志着攀枝花市向建设"全国阳光康养旅游目的地"目标又迈出了坚实的一步。

为了突出绿色主题，提升中国阳光花城品质，攀枝花打造绿色转型发展示范城市，大力发展"康养+农业""康养+工业""康养+医疗""康养+旅游""康养+运动"，引导康养产业快速发展，积极创建中国阳光康养产业发展试验区。2015年攀枝花中国三线建设博物馆建成，成为攀枝花新地标。截至2017年，攀枝花通过了国家卫生城市、省级环保模范城市复审，荣获中国阳光康养示范城市等称号，跻身全国十佳养老城市、全国呼吸环境十佳城市，"阳光花城·康养胜地"品牌成功打响。下一步，攀枝花将进一步处理好"康养"和"钒钛"两者的辩证关系，引进大企业一起将康养行业做大、做出品质，走一条不同于自然放养式的康养产业发展之路。

3. 案例地转型升级经验启示

攀枝花实际上是一个攀西经济区、国家战略资源创新开发试验区、攀枝花国家级钒钛高新技术产业开发区"三区覆盖叠加"的区域。在叠加过程中，攀枝花的产业发展、产业聚集以及科研生产销售带动等支撑作用就都凸显了出来。

为了促进城市转型升级，攀枝花要做好钒钛和阳光"两篇文章"。它们看似矛盾，其实既互为环境、互为条件，又互为支撑、相得益彰。产业的发展必须依靠整个社会的配套、服务功能的提升，同时，纯粹的康养产业发展难以支撑起一个地区的经济发展，需要工业来支撑。攀枝花要想长期成为康养胜地，不仅要消费阳光和自然，更要消费人力的创造、建设、管理和社会服务。攀枝花旅游转型升级就是要通过建设钒钛产业基地，壮大经济实力来支撑康养产业的发展，又要用康养产业的发展来约束和要求钒钛等工业企业升级和换代，共建环保之城，实现康养产业与钒钛产业的互补共赢。

我国早期的工业旅游项目主要集中在省会城市和工业发达城市，在全面进入工业化时代的背景下，许多原本以传统经济为支柱的中小城市纷纷提出"工业立市"的战略思想。由于工业旅游能带来额外的效益，工业旅游项目也向中小城市扩散，通过发展工业旅游推进城市转型升级的案例还有湖北黄石、河北唐山、山东青岛等。

（四）智慧旅游助推旅游转型升级——昆明市

1. 案例地概况

昆明，别名春城，云南省省会，是中国面向东南亚、南亚开放的门户城市，是国家历史文化名城，是我国重要的旅游、商贸城市，也是西部地区重要的中心城市之一。2019 年 1 月，昆明市入选"2018 年 WFBA 世界特色魅力城市 200 强"榜单。同月，昆明市入选"2018 年 WFBA 中国最具投资潜力城市 50 强"榜单。

2. 案例地转型升级过程

自 2009 年开展"数字旅游"信息化建设以来，昆明通过构建一个"云端大数据中心"，围绕智慧管理、智慧服务、智慧营销三大体系，全力建设"产业监测及大数据应用平台、智慧旅游公共服务平台、智慧旅游行业监管平台、旅游目的地智慧营销"四大平台，推动涉旅企业和县区旅游智慧化。

2018 年，"一部手机游云南"全域旅游智慧平台正式上线。截至 2019 年 6 月，数字旅游平台已经累计包含景区、酒店、旅行社等涉旅企业在内的 2300 余家企业基本信息。收集出境、国内、省内等团队行程信息 1017 万余条，1500 万条调度信息，备案通过在售旅游线路产品 2.99 万个，签署旅游电子合同 6.1 万份，签署合同金额 8.4 亿元。昆明将按照建设 1 个"云端大数据中心"，围绕智慧管理、智慧服务、智慧营销三大体系，建设"产业监测及大数据应用平台、智慧旅游公共服务平台、智慧旅游行业监管平台、旅游目的地智慧营销平台"四大平台。沿两个轴线推动"涉旅企业智慧化""区县旅游智慧化"。近期，昆明拟开展合作的智慧旅游项目包括建设以"交通出行"为基础，线上线下资源整合运营的旅游集散中心；引入互联网商品销售企业共同打造一批诚信购物市场和诚信购物店；拟引入 5G 技术和 VR/AR 虚拟现实和增强现实等最新技术，提升一批博物馆、规划展览馆、非物质文化遗产项目的游客游览体验，进一步促进文旅融合，提升产品附加值，以文塑旅，以旅彰文，使文化繁荣和旅游发展相互促进发展①。

3. 案例地转型升级经验启示

当前，昆明旅游正按照"国际化、高端化、特色化、智慧化"的发展目标和全域旅游发展理念，全力推进昆明"旅游革命"，促进旅游转型升级。

智慧旅游是一种全新旅游形态，昆明希望通过智慧旅游的建设助力昆明"旅游革命"，同时解决三大问题：一是实现旅游产品升级，通过平台化运营实现资源整合和产品创新，解决旅游产品老化、停留天数少和消费低的问题，努力将昆明从旅游中转站变为旅游目的地；二是规范旅游管理，引入新技术、新手段进一步规范经营行为，强化对产业发展的监测能力；三是提升城市旅游品牌，实现目标市场的精准营销。

借鉴昆明市智慧旅游发展经验，城市发展转型升级要加强顶层设计，邀请国内外智慧旅游知名专家和企业，编制智慧旅游发展相关规划。同时，按照政府主导、企业主体、商业化运营的模式，探索智慧旅游融资、建设、运营、偿债一体化的良性循环模式，实现智慧旅游项目快速实施、专业维护和长久运营的发展目标。

文旅行业正在踏入转型升级、优质发展的快车道，智慧科技在升级文旅产品形态、优化服务体验、提高供给侧运管效能等方面的作用愈加明显。通过发展智慧旅游推进旅游转型升级的成功案例还有：北京市、武汉市、南京市、湖北黄石、苏州市、洛阳市等。

二、乡村旅游转型升级

（一）特色小镇促进乡村旅游发展——弥勒

1. 案例地概况

自云南省开展特色小镇创建工作以来，弥勒市从 2017 年 9 月聚集产

---

① 云南首个智慧文旅体验中心落户昆明_昆明信息港［EB/OL］. https://www.kunming.cn/news/c/2020-01-02/12792484.shtml

业、特色、企业 3 个核心要素，抓紧抓实特色小镇项目建设，促进红河水乡小镇、"东风韵"小镇、太平湖森林小镇、可邑小镇 4 个特色小镇发展，促进区域内旅游转型升级发展。

（1）红河水乡。红河水乡位于弥勒市区城南片区，规划面积 3.54 平方公里、核心区 1.6 平方公里，规划总投资 46.28 亿元。红河水乡依托便利的交通、宜人的气候、优美的生态，围绕"运动休闲、高端度假、旅游商贸"三大主题，融入源宿酒店、非遗传承体验区、古建筑博览群等项目，打造出人们梦想的运动休闲胜地和文化创意地。

（2）"东风韵"小镇。东风韵小镇位于弥勒市城区南部，规划面积 3.69 平方公里、核心区 1.6 平方公里，规划总投资 40 亿元。素有东方波尔多、滇中"普罗旺斯"之称的东风韵，是一座文艺小镇，一个用红砖渲染情怀的地方。在东风韵小镇里，用红砖砌出的一栋栋建筑，像是红土地里长出来的艺术品，带着魔幻主义色彩，宛如法国图卢兹。

（3）太平湖森林小镇。太平湖森林小镇总体规划面积 4500 亩，建成区面积 1500 亩，该项目围绕"生态、健康、度假"，规划建设森林花海休闲旅游区、滨水湿地涵养区、高新木屋博览园、小太平村美丽乡村民俗区等内容。截至 2018 年 6 月，累计完成投资 5.68 亿元。太平湖森林小镇依托特有的高原森林湖泊风貌，结合当地人文景观，致力于打造成为以木屋为主体，人与自然和谐共生的智慧生态圈。

（4）可邑小镇。可邑小镇有着"西部后花园"的美誉，小镇规划面积 15 平方公里，通过近几年的创建，可邑小镇已成为以阿细民族文化为核心，集阿细文化创意产业、阿细民族文化体验、阿细民俗展演、生态宜居度假等功能为一体的省级民族风情特色小镇。

2. 案例地转型升级过程

（1）乡村旅游兴起阶段。2014 年弥勒市荣获"全国休闲农业与乡村旅游示范县（市）"称号，弥勒按照"做特民居、做美乡村、做魅集镇、做靓城市"的总体要求发展乡村旅游，经过初步的发展，这一阶段弥勒市乡村旅游的发展整体上处于成长期，各个景点正按照"食、住、行、游、购、娱"旅游六要素进行功能配套，争取形成"一村一景、连点成片"的特色乡村旅游景区，让这些小村庄联系大世界，实现小投入、大回报。但是作为弥勒旅游的一大板块，乡村旅游发展因其特殊性，还存在很多不足。由于没有特色定位，弥勒市旅游业对外影响力、传播力不足。弥勒市的游客以本地游客基多，省内游客少、省外及国外游客寥寥无几的局面。

（2）特色小镇发展阶段。2017年根据云南省政府发布《关于加快特色小镇发展的意见》，弥勒市抓住机遇，在省、州统一部署下，建立项目库，论证储备一批、申报审核一批、开工建设一批、投产运营一批；红河水乡列入全国一流特色小镇创建名单，红河"东风韵"小镇、弥勒可邑小镇、弥勒太平湖森林小镇列入全省一流特色小镇创建名单。其中，红河"东风韵"小镇按照全国一流标准打造，在具体创建工作开展中，弥勒市以项目为载体引导各类政策、资金、要素向特色小镇集聚。按照"政府引导、企业主体、市场化运作"的模式，4个特色小镇全部由本地企业打基础先期开发建设，充分发挥市场在资源配置中的决定性作用，吸引和撬动民间资本参与建设。

截至目前，4个小镇已明确年度投资计划、建设项目，产业类投资比重均在60%以上。太平湖森林小镇将现代木结构建筑研发与康养产业作为双引擎产业进行融合发展；红河东风韵小镇采取"艺术家＋企业家"模式，辐射带动双创产业、红酒文化产业、电子商务产业等融合发展；红河水乡小镇成功与国际汽车联合会、国际摩托车赛车协会和万豪国际强强联手，每年举办不少于12场国际汽摩赛事运动，吸引全球高端客户，促进高端酒店餐饮、会展商贸产业融合发展；可邑小镇在国家非物质文化遗产阿细跳月、阿细先基发源地和盛行地推动文旅融合，带动周边农户发展餐饮住宿、民族刺绣、三弦制作等。目前，4个特色小镇核心区基本建成，今年以来，累计接待游客193万人次，经济效益逐步显现①。

3. 案例地转型升级经验启示

弥勒市乡村旅游转型升级发展的初步经验在于，突出产业支撑。坚持"一个小镇、一个特色、一项主导产业"，培育特色鲜明、优势突出、带动性强的特色小镇主导产业，其产业完全按照市场规律发展起来，并根据产业定位谋划支撑性项目，小镇特色产业精准定位、错位竞争、差异发展，在自发成长中实现产业迭代，而这正是特色小镇之特色和生命力所在。

同时，弥勒进一步规范旅游市场秩序，优化旅游服务环境，维护旅游企业和广大游客的合法权益，全面推进依法治旅、依法兴旅，提高全

---

① 弥勒市特色小镇建设成为推动全市高质量快速发展新载体_中国财经新闻网［EB/OL］. http://www.prcfe.com/web/2019/0628/357214.html

市旅游市场治理能力，推进旅游产业转型升级。

（二）产业融合促进乡村旅游转型——安吉

1. 案例地概况

安吉县是我国第一个国家级生态县，树林覆盖率达到71.11%，生态产业健康快速发展。安吉以其交通便捷的区位优势、得天独厚的生态环境、悠远凝重的文化底蕴、生富多姿的旅游资源，成为长三角区域乃至全国颗璀璨的"生态旅游"之星，更为自驾游添翼助飞。

近年来，安吉积极发展大旅游，树立大品牌，建设大景区形成大产业，生态旅游迅猛发展，建成了一批具有全国影响力的生态型景区，包括亚洲第一、世界第二的天荒坪电站，世界规模最大的安吉竹子博览园、奥斯卡获奖影片《卧虎藏龙》的拍摄地大竹海、黄浦江源龙王山、长三角知名品牌中南百草园、明代净土宗佛教祖师滴溢大师圆寂地千年古利灵峰寺、近代艺术大师吴昌硕故居等，国家4A级景区、全国工农业旅游示范点总数达5家。"中国竹乡，生态安吉"旅游大品牌知名知名度不断提高。

2. 案例地转型升级过程

（1）第一阶段：从"上海村"到"大竹海"（1998—2007年）。1998年8月，上海师范大学教授陶康华带领上海14所大学的40多名夏令营队员沿黄浦江逆流而上到达安吉龙王山。营员们分析研究发现，黄浦江主源来自太湖，而入太湖的70%的水来自苕溪，苕溪又分为东、西两支，苕溪的水60%又来自于西苕溪，西苕溪的发源地来自于龙王山，于是认为龙王山是上海黄浦江的正源。1999年9月，上海市地理学会组织专家再次实地探源考证，认定安吉龙王山是上海黄浦江的发源地，这一结论让上海市原市长汪道涵欣然命笔题写了"黄浦江源"四个大字，并镌刻在龙王山马峰瀑的一块巨石上。上海安吉一江水，源远流长一家亲，于是，安吉成了上海人出游的首选之地，安吉由此有"上海村""上海街""上海店"，游客纷至沓来。同年4月，《卧虎藏龙》摄制组到吉安拍摄，随着《卧虎藏龙》获得4项奥斯卡大奖，"中国大竹海"美名远扬，拍摄地由此变成景区，一批又一批的游客常常让景区水泄不通。安吉由此又成为中国生态影视拍摄基地，每年有数十部影视剧在安吉拍摄，来安吉的游客络绎不绝。

凭借"黄浦江源"的品牌效应和《卧虎藏龙》的宣传效应，安吉旅游由此开启了新篇。

（2）第二阶段：从"大竹海"到全域旅游（2007年至今）。大众旅游时代，自助游、休闲游、乡村游正受到越来越多人的喜爱。为了适应游客的这一变化，早在2007年，安吉县率先在全国开展了以"村村优美、家家创业、处处和谐、人人幸福"为核心内容的"中国美丽乡村"建设，把一个县当作一个景区来规划，把一个村当作一个景点来设计，把一户人家当作一个小品来打造，10年来县财政累计投入以奖代补资金66.5亿元，带动社会资本投入中国美丽乡村建设110多亿元，使得全县各村呈现出一村一景、一村一品、一村一韵的风貌。

安吉把各种非物质文化资源、社会资源、产业资源都变成了重要的旅游资源。将全县213个非遗文化的民俗艺术项目组成67个民间艺术团，平时在91个文化礼堂表演，节假日受邀在各大景区献艺；散落在城乡的1个生态博物馆、12个专题馆和26个地域文化展示馆的生态博物馆群令人眼界大开。

同时，以《安吉县休闲农业与乡村旅游规划》和《安吉县休闲旅游业规划》为引领，进行了"一环四带六区"的经营布局，即覆盖全县各乡镇的国家级美丽乡村精品旅游环线；黄浦江源、中国大竹海、昌硕故里、白茶飘香4条精品观光带；灵峰山休闲度假区、中国大竹海观光旅游区、黄浦江源原生态旅游区、昌硕故里文化体验区、白茶飘香休闲农业观光区、田园风光观光体验区。让游客由点到线、由线到面，使得承接旅游产业的全域延展的空间。在扶持政策上，县财政每年安排600万元对乡村旅游示范村进行补助和贴息，安排200万元用于精品农家乐的提升补助，安排3000万元用于旅游业发展。

安吉县努力推进旅游创新，在安吉吃得特——竹林鸡、天赋鱼、"百笋宴"；住得特——零碳酒店、帐篷客酒店、老树林酒店，原始、生态、新奇；购得特——竹工艺品、白茶、竹饮料；玩得特——江南天池彰显天荒地老的爱情浪漫，"熊出没""凯蒂猫"让孩子走进了乐园，大竹海、清心谷更是让老人洗心洗肺，安吉由原来的"＋旅游"，变成了现在的"旅游＋农业、旅游＋文化、旅游＋健身、旅游＋体育、旅游＋园区、旅游＋工业……"无业不游在安吉早已变成了现实。

3. 案例地转型升级经验启示

安吉通过建设"中国美丽乡村"，形成了特色鲜明的以改善农村人居环境为主要内容的新农村建设"安吉模式",走出了一条新农村建设、旅游产业开发和生态文明建设互促互进的可持续发展之路。

安吉的乡村生态发展之路有其典型性和代表性:一方面,安吉作为浙西北的山区县,特殊的地理位置决定了安吉不能走传统工业立县道路。在十年的探索发展道路中,安吉通过持续推进生态建设、改善生态环境、发展生态产业、加快旅游产业发展升级,倚靠山区生态文化优势,初步建成"黄浦江源""中国大竹海""昌硕故里""白茶飘香"等多条精品旅游线路,打响了"中国美丽乡村"品牌。可以说,"安吉模式"的成果可为我国广大欠发达山区的新农村发展道路提供宝贵的借鉴经验。另一方面,安吉生态博物馆群同时也是多社群、多行业并存的复杂实例,安吉旅游资源丰富,一、二、三产业分布纵横交错,在人口分布方面,安吉境内除汉族外,另有畲族、黎族、回族等少数民族,其境内以章村镇郎村与报福镇中张村两个少数民族村为代表的少数民族风俗展示馆也颇具特色。从建立伊始至今的五年发展历程中,安吉生态博物馆以"美丽乡村、一村一景"为指导原则,确立了"中心馆(暨资料信息中心)+专题展示馆+村落文化展示馆(点)的'安吉模式'"。在运营方面,安吉生态博物馆几乎包含县域大部分地区,多行业并存、多民族交融的复杂情况决定了"安吉模式"在操作层面将面临更多更大的挑战。

安吉旅游转型成功之处在于没有照搬西方发达国家的经验,而是在充分借鉴外来先进经验的基础上,发掘自身优势特色,创造性地走出了一条水土相契的安吉道路,也为我国其他广大地区提供了可供借鉴的成功范例。

越来越多的乡村旅游经营者开始借鉴产业融合理论,实现乡村旅游与其他产业的融合,以催生新的乡村旅游产品,产业融合促进乡村旅游转型,类似的案例还有莫干山裸心谷、山西许村国际艺术公社、江苏盐城"七彩阜宁"国家农业公园、河南汝阳大虎岭户外运动基地、山东省淄博市中郝峪村、陕西袁家村等。

(三) 全域旅游助推乡村旅游转型——石林

1. 案例地概况

石林彝族自治县(下称石林县)是云南省昆明市下辖的远郊县,原名路南彝族自治县,因境内的石林地质公园而改名。昆明市石林风景区，又称为云南石林，昆明市石林风景区开发为游览区的主要是：石林风景区、黑松岩（乃古石林）风景区、飞龙瀑（大叠水）风景区、长湖风景区。昆明市石林风景区已经被联合国文教科评为"世界地质公园"，"世界自然遗产"，是国家5A级旅游景区、全国文明风景旅游区。2019年，石林县被认定为首批国家全域旅游示范区，如今的石林县旅游业早已从单一依靠石林景区，向全域旅游发展。

2. 案例地转型升级过程

第一阶段：萌芽阶段（1950—1977年）是石林风景名胜区的建设开发初期。这一时期的旅游主要是外事接待型，石林景区免费游览，石林旅游尚未列入产业建设。

第二阶段：破土阶段（1978—1992年）是石林旅游产业初始时期。以1978年4月1日石林卖出第一张门票为标志至1992年6月石林管理局和旅游局成立，这一时期旅游经济逐渐成为国民经济的增长点，在县域经济中已开始占有一席之地。

第三阶段：成长阶段（1993—2000年）是石林旅游产业建设时期。依托石林培育旅游支柱产业，实现了全县经济社会的跨越式发展。

第四阶段：转型阶段（2001年至今）是石林旅游业二次创业阶段。围绕打造国际知名旅游胜地目标，实现旅游由单一观光型向观光、休闲、度假、康体、生态、科考、会展综合型旅游转变[1]。石林县围绕"转型、扩城、种树、育人、修路、富民"6项重点工作，推进旅游转型与城镇、文化、产业和乡村建设的融合发展，再显石林"天生丽质"。石林县大力推进旅游与文化、城市、农业、工业的融合发展，坚持文旅一体、产城一体发展，强化项目支撑、品牌提升，努力实现旅游产业全域辐射带动，促进旅游转型升级。

石林县实施招商引客工程，加强与国内外著名景点景区联合发展。万家欢蓝莓庄园、杏林大观园、耀奇香草谷、喀斯特地质博物馆、银瑞林国际大酒店、冰雪海洋世界等一批带动力强的旅游项目落户石林，先后打造了阿着底村、糯黑村、和摩站村等一批乡村旅游示范点。通过景区带动型、园区带动型、产业扶持型等方式，解决了就业问题、增收渠

---

① 石林致力全域旅游发展 促进旅游转型升级_新浪旅游_新浪网[EB/OL]. http://travel.si-na. com. cn/domestic/news/2016 – 12 – 16/detail – ifxytqax6228914. shtml

道多，确保村民有稳定的收入来源，通过旅游转型发展解决贫困问题。

3. 案例地转型升级经验启示

丰富、独特的旅游资源让石林县成为全国乃至全世界为数不多的、拥有多种类型自然景观的旅游胜地，目前已开发、开放的景区（点）有10余处，很多景区（点）和旅游资源尚待开发和尚待深度开发，石林县也因此正行走在景区带动全域旅游的发展道路之上。

以全域旅游为抓手，石林县以石林景区为依托，推动县域范围内的旅游与农业、工业、文化和其他服务业的高度融合，全力打造国际知名的游客聚集地、集散地和目的地。石林县促进旅游与农业融合：连续两年举办的石林人参果旅游文化节，打响了"石林人参果"的品牌，把单纯的人参果种植，打造和培育成集生态、休闲、观光、品牌营销等为一体的生态旅游产业项目。石林县促进旅游与服务业融合：以万家欢、印象烟庄为龙头的现代都市农庄，以锦苑、大汉为龙头的花卉产业园，以生龙、龙晖为代表的特色养殖中心，以杏林大观园、莎多堡汽车酒店为代表的养生度假中心，台创园构建了以农产品加工、休闲旅游、特色种植、生物技术等为主导产业的新格局。石林县促进旅游与文化融合：依托阿诗玛文化，大力推广民族文化旅游活动。石林促进旅游与健康养老融合：泡温泉、品药膳等一系列旅游项目活动。"旅游＋"产业融合为县域经济转型发展开辟了更大的空间。通过培育"旅游＋农业""旅游＋文化""旅游＋养生养老"等项目，石林旅游业的业态创新成效初显。石林县发展全域旅游不仅成为驱动县域经济转型的动力，更成为驱动县域经济升级的动力。

三、景区旅游转型升级

（一）创新发展加快传统景区旅游转型——"三孔"景区

1. 案例地概况

山东曲阜的孔府、孔庙、孔林，统称曲阜"三孔"，是中国历代纪念孔子，推崇儒学的表征，以丰厚的文化积淀、悠久历史、宏大规模、丰富文物珍藏，以及科学艺术价值而著称。

"三孔"（孔庙、孔府、孔林）先后获评联合国列入世界文化遗产名录，国家首批5A级旅游区，中国最令人惊叹的十大遗迹遗址博物馆，

"中国特色文化旅游示范基地",最具价值文化旅游目的地,其中孔庙被评为国家级海峡两岸交流基地。

2. 案例地转型升级过程

1979年以前,对曲阜对"三孔"来说,旅游还是一个比较陌生的字眼,只将旅游简单理解为吃、喝、玩、乐。随着曲阜县委、县政府提出了"旅贸工农型"发展道路、"强农重工,活商兴旅"的经济发展战略以及"旅游兴市"的发展思路等,改革开放以来,"三孔"景区旅游发展可以分为以下两个阶段。

(1)第一阶段:缓慢增长阶段(20世纪70年代后期至90年代中期)。改革开放后,国家、山东省市各级党委政府、业务主管部门高度重视曲阜"三孔"景区的文物保护工作,在人力、物力、财力上均给予鼎力支持,在一代代曲阜文物人的持续努力下,县域文物安全得到有效保障。

2004年,曲阜市提出了"文物安则全市安"的指导思想,先后两次出台了《曲阜市关于进一步加强文物工作的意见》,在安全保卫、文物巡查、执法审批、考古勘探、宣传教育等方面形成了一套制度完备、行之有效的运行体系。"三孔"在这一阶段处于全面保护状态,1994年12月"三孔"景区正式被联合国教科文组织列入世界文化遗产名录。

(2)第二阶段:快速增长阶段(20世纪90年代至今)。伴随着全国、山东及曲阜市的旅游业的快速发展,"三孔"景区的旅游业发展在20世纪90年代之后明显加快,尤其是"十五"以来,"三孔"景区致力于基础设施改造工程、打造大型节事活动、创新营销模式,发展文化旅游。景区围绕孔子与儒家文化,深入实施"景区活化"举措,策划推出了许多大型主题活动,如打造晨钟开城、暮鼓关城、孔庙祭孔展演、孔府大戏台等景区演艺项目,形成"一天一场祭孔典礼、两场开(关)城仪式、六场戏曲演出"的演艺格局;连续35年举办中国(曲阜)国际孔子文化节,这一活动被原国家旅游局确定为国家级、国际性"中国旅游节庆精选"之一,并于1989年起成为全国性公祭活动;自2008年首次恢复清明祭孔活动以来,"清明祭孔"已经发展成为曲阜文化旅游的一张重要名片。2015年为继续深化修学游,《曲阜市政府工作报告》提出将完善提升中华成人礼、"背《论语》免费游三孔"和景区演艺项目,办好孔子文化节、修学旅游节等活动。并加强与国家汉办和海外孔子学院的合作，进一步拓展海外修学旅游市场。同时，研究制定《曲阜修学游基地管理办法》，完善修学游基础设施，推出一批精品线路和课程，形成修学游的"曲阜范本"，打造儒学文化研修高地。

2013 年，景区启用门禁安检系统，开设了市民、残疾人游览专用通道，增设了直饮机、手机充电等服务设施，全面禁用扩音设备，重新安置 200 条游客休息凳等；积极开展"厕所革命"，实现了景区卫生间改造升级；打造先进的监控指挥系统，实现景区 Wi-Fi 全覆盖；持续升级门票系统和售票大厅设施，实现门票有效期由 2 天延长为 7 天……重新核定景区最大承载量，确保游览安全与舒适度。此外，景区科技化、智慧化水平全面提升，为景区文物旅游发展创造了良好条件。

2016 年，山东曲阜"三孔"景区与阿里旅行签署合作战略协议，"三孔"景区接入包括信用游、扫码支付、码上游、地图导览等在内的阿里旅行"未来景区"全线产品，为在阿里旅行平台购票的用户开辟专门的入园通道。"三孔"景区将逐步实现从线下到线上、从在线预订到景区消费的有效转变，并通过移动终端实现无缝对接，进一步优化提升游客体验与服务，实现线上线下产品结合与互动，让游客感受到智慧旅游模式的游玩乐趣。"三孔"景区加入"未来景区"后，游客只需一部手机，即可通行畅游并完成景区内所有消费的支付；信用良好的游客还能享受"信用游"，即先游玩，后付款，入园 12 小时后再统一通过支付宝结算。"三孔"旅游服务公司总经理尹洪福表示，加入未来景区是传统景区在"互联网＋"大环境下的创新之路，

在打造品牌活动、大力宣传营销方面，为弘扬和传承民族优秀传统文化，推动《论语》及儒学知识的传播普及，2013 年 5 月，曲阜市创新推出了"背论语免费游三孔"活动，陆续策划实施了背论语免费游"三孔"走出去战略，现足迹已遍布各大高校、社区、全国文庙和国学机构等近 70 个活动分会场。2013 年，曲阜在全国率先倡导发起了"美德游客"评选活动。向导游员发放了《文明行为手记》，随时发现游客的德行善举，并及时记录。评委会每月对收集的文字资料和影像资料进行整理核实、评选。该活动不仅受到新闻媒体和社会各界的广泛关注和好评，也受到游客的欢迎。2014 年 12 月，还推出了外国游客背 5 句论语免费游三孔活动。以"三孔"古建筑为依托的曲阜古建博物馆古建筑技艺研学体验活动引发社会广泛关注，"孔府赐福""集六艺晒幸福"荣获原山东省旅游发展委员会颁发的十佳优秀网络营销案例奖。据统计，

2016 年 1 月 1 日起,"三孔"景区正式对全国教师和 60 岁以上老年人免费开放,旅游惠民力度继续升级。目前,景区年均免费接待各类人群达 140 万人次。2018 年,"三孔"景区在全国范围内率先推出降价举措,实施"三孔 + 外围文物景区"的"3 + N"新联票优惠政策,充分发挥了曲阜文化遗产在服务社会、满足人民日益增长的美好生活需要方面的重要作用。值得一提的是,2018 年央视春晚曲阜分会场、央视中秋晚会尼山主场活动,都充分彰显了东方圣城曲阜的魅力,同时再次强化了曲阜、"三孔"景区的知名度和美誉度。

3. 案例地转型升级经验启示

20 世纪 80 年代末,依托"三孔",曲阜开发设计了孔子家乡修学游产品,并积极向海外尤其是欧美旅游市场进行宣传推介,立即受到欧美等国家和地区的青睐,成为中国修学目的地中的宠儿。但兴起于 20 世纪 80 年代的孔子家乡修学游,其产品相对简单、粗放、零散,远远不能满足国内外对修学旅游的需求。在经过了短暂的市场繁荣后很快退潮,曲阜修学游市场开始在徘徊中艰难前行。经过思考与研究,曲阜在修学游产品的打造上将精力转向了深入挖掘圣地文化内涵,突出传统文化展示与体验功能,使孔子修学游迎来了大发展的春天。

同时,在"互联网 + 旅游"模式推动下,"三孔"景区的科技化、网络化、智慧化水平加快提升,依托互联网平台构建支撑旅游综合管理、游客出游服务、旅游产品营销等智慧化综合应用,促进旅游管理与服务模式的创新,满足游客多元化的信息需求和体验需求,深度落实全域旅游理念,"三孔"景区旅游发展实现了新一轮的转型升级。

类似的通过旅游创新促进旅游目的地转型升级的案例还有延安宝塔山景区、无锡惠山古镇景区、张家界等。

(二)夜经济加快传统景区旅游转型——大唐不夜城

1. 案例地概况

大唐不夜城项目位于陕西省西安市曲江新区举世闻名的大雁塔脚下,是陕西省、西安市重点建设项目。该项目总占地面积 967 亩,总投资 50 亿元;北起大雁塔南广场,南至唐城墙遗址,东起慈恩东路,西至慈恩西路;南北长 1500 米,东西宽 480 米。该项目以盛唐文化为背景,以唐风元素为主线,以体验消费为特征,着力打造集购物、餐饮、娱乐、休闲、旅游、商务为一体的一站式消费天堂。

2. 案例地转型升级过程

（1）初期阶段。20 世纪 90 年代末，西安市政府拟建曲江旅游景区，由著名工程院院士张锦秋大师规划设计曲江核心区"七园一城一塔"布局，其中"一塔"就是大雁塔，"一城"就是大唐不夜城。2009 年，大唐不夜城建成运营，一条现代化的"盛唐天街"展现在世人眼前。2010年 9 月 26 日，大唐不夜城开元广场盛大开放，标志着长达 1500 米的景观步行街全线贯通。大唐不夜城以满足多元化消费为目标，现代商业需要集合国际百货、超级市场、步行街、休闲餐饮、时尚餐馆、家电卖场、数码卖场、KTV 歌城、电玩城、国际影院、酒店式公寓、写字楼等多种建筑形态和商业业态于一体，为客户提供全方位服务，至此大唐不夜城发展成为西安著名的 CBD。

（2）转型升级阶段。2018 年西安市实施《关于推进夜游西安的实施方案》以优化提升西安夜游经济布局，大唐不夜城迎来了更好的发展机遇。大唐不夜城以"不夜"的独特创意，改变乃至颠覆了西安的生活方式和城市形态。2018 年，西安市委市政府主办"西安年·最中国"活动，让主场大唐不夜城火了一把。但人车并行制约了街区发展，改造升级势在必行。

2018 年 6 月，西安市将大唐不夜城正式改为步行街区，12 月 25 日步行街开街亮相。在第二届"西安年·最中国"活动期间，街区共接待市民游客 1689.42 万人次，元宵节当日总客流量突破 84.7 万人次，大唐不夜城驱动西安"夜经济"向纵深发展。目前，大唐不夜城步行街已成为集购物、餐饮、文娱、旅游于一体的超高人气步行街和"80 后""90 后"年轻时尚消费人群的打卡胜地。

2019 年春节，在为期 66 天的"西安年·最中国"活动期间，大唐不夜城步行街共接待市民和游客近 1700 万人次，元宵节当日客流突破 80 万人次。同时，引进国际一流团队创排《再回大雁塔》《再回长安》两大常态驻场演出，并连续举办西商大会、丝绸之路国际电影节、国际模特大赛等时尚文化活动。随着"不倒翁小姐姐"的走红，很多消费者专门前往大唐不夜城打卡。百度指数显示，大唐不夜城在手机和 PC 端的搜索量，在 2019 年 12 月的 30 天内同比上涨 1158%，11 月的搜索量达到了有史以来的最高值。马蜂窝数据显示，大唐不夜城旅游热度同比上涨 420.77% ①。根据由中国旅游研究院和芜湖市政府共同主办的"2019 中国夜间经济论坛"评比结果，大唐不夜城步行街成功入选游客喜爱的"十大历史文化、商业街区及网红步行街"。

3. 案例地转型升级经验启示

丰富多彩的表演为大唐不夜城吸引了庞大的客流量，而深邃的历史文化内涵成为其发展"夜经济"的精神内核。作为承载盛唐文化的重要区域之一，在大唐不夜城不远处，便是著名的两大盛唐文化景区——大雁塔和大唐芙蓉园。在景区的辐射带动下，以大唐不夜城为核心区域的"夜商圈"逐步成型。大唐不夜城步行街只是西安发展"夜经济"的"冰山一角"，根据西安《关于推进夜游西安的实施方案》，西安将在2020 年完成五大类别的夜景亮化工程，特色夜游街区达到 30 个，预计新增社会消费品零售总额 500 亿元以上。

夜游经济作为一种创新文旅业态，正成为优化文化旅游产业结构、挖掘增量消费市场空间的重头戏。夜游发展为旅游目的地带来了提质升级和挖掘文化旅游潜力的机会。发展夜间旅游不仅要关注亮化工程和灯光氛围营造，还要以品牌建设为目标，充分考虑城市已有资源，特别是空间条件，确定夜间游的核心功能，开发符合城市定位和气质的夜间旅游产品，形成景区或者城市独有的吸引力。

第三节　国内外转型升级案例对云南的借鉴价值

一、国内外旅游转型升级的主要特征

通过对国内外省级、县域、小镇、景区等多维度、多类型旅游目的地的旅游发展过程和转型升级经验分析表明，旅游目的地在发展到一定的阶段之后，随着社会经济环境、区域竞争、旅游政策、旅游者行为偏好、旅游消费等主要影响因素发生变化，旅游目的地都会面临转型升级的难题。在转型升级的探索过程中，国内外旅游目的地根据自身发展基础条件，主要通过强化产业融合、推动新技术应用、优化旅游管理模

---

① 传统文化＋新型运作 大唐不夜城火爆全网＿旅游［EB/OL］. http://www.sohu.com/a/362988996_99914252

式、创新旅游产品开发、加强基础设施建设等措施，通过长期的转型升级过程，逐步提升游客旅游品质和旅游形象，最终成为国内外旅游发展的成功典型。

值得注意的是，国内外旅游目的地在转型升级过程中也呈现出不同的特征。国外无论是旅游小镇还是旅游城市的转型，多注重以当地资源为根基的多样化产品创新和打造，结合当地自身的或人文或自然资源特色，通过创意产业或产业融合，形成区别于其他地方的独特旅游吸引力。例如，美国一号公路丹麦小镇和加拿大温哥华茜美纳斯小镇等，由于其旅游文化和产品根植于当地社区和居民的文化体系，能够得到当地居民的认同和支持，也往往具有旅游可持续发展和不断创新的蓬勃生命力。对许多地方而言，发展旅游并不是其初衷，只是当地文化和社会建设发展的一个结果，当目的地的生态、文化和社会治理等形成独特的吸引力时，游客的到来就是一种最后选择结果。

国内旅游目的地的转型升级过程表明，在中国改革开放40多年来的社会经济快速发展背景下，多数旅游目的地经历了从起步、发展、转型的过程，并产生了许多独具旅游产业特色的理念和业态，在此过程中形成了以下特征。

第一，面对国内外旅游的激烈竞争及新的旅游消费观念的形成，国内旅游转型升级已经成为一种共识，否则已经无法满足人们日益增长的美好生活需要。近年来旅游主要消费群体、旅游消费观念、旅游目的地选择、旅游产品喜好等影响旅游产业发展方向的主要影响因素都发生了重大变化，传统的旅游产品打造、项目开发、宣传营销和管理体制等方面都面临较大的挑战，尤其是国内各主要旅游目的地纷纷通过各种途径开展转型升级，转型升级已经成为一种共识，以适应旅游者日益增长的旅游需求和未来旅游产业发展趋势。

第二，国内各旅游目的地面临较为相似的转型升级问题，且都处于探索的过程中，但在转型升级路径选择上都需要根植于自身旅游发展条件下进行特色发展。在国内旅游发展大环境下，国内许多旅游目的地由于起步时间大致相当和发展时间相对较短，以及目的地之间相互的借鉴和推广，各旅游目的地在旅游发展过程中面临的很多问题是相似的，如旅游产品设计雷同、旅游行业管理、旅游市场混乱、旅游形象不深入等。在转型升级路径选择方面，虽然采取了不同的路径和措施，如文旅融合促进转型升级、乡村旅游促进升级、全域旅游发展促进转型等，但有一个共同特征就是：都立足于自身旅游发展内外环境进行充分的考量，从而选择最适合本地文化、市场、基础的转型升级路径，最终实现转型升级，适应新的市场环境。

第三，"市场带动、政府主导、企业主体、地方能动"依然是转型升级的主要模式。旅游业转型升级首先是要符合市场发展需求，因此纵观国内外转型升级案例，都是带动旅游市场或按照市场需求开展转型升级，设计不同的转型路径。旅游产业发展受政策影响较大，政策的出台往往会推动较大范围内的旅游发展方式转型，如新发展理念、全域旅游、文旅融合、智慧旅游等，体现出较强的政策导向性，因此目前国内旅游转型升级依然需要以政府为主导，制定旅游发展规划和转型升级措施，带动更大范围内旅游目的地转型升级。企业天然对市场具有高度敏感性，掌握旅游市场需求，是旅游供给的主体，在各类旅游目的地转型升级过程中旅游企业都居于主体地位，从而促进旅游目的地转型升级顺利推进。

二、对云南旅游转型升级的借鉴意义

结合云南旅游发展实际来看，依托绚丽多姿的自然风光、丰富多彩的民族风情、古朴悠远的历史文化、地绿水净的生态环境，云南塑造了"七彩云南，旅游天堂"的旅游形象。自20世纪70年代开始，先后经历了起步发展、加快发展、支柱产业建设、旅游"二次创业"和旅游强省建设等重要发展阶段，已经成为云南的"名片"和富有影响力的支柱产业。在旅游管理体制、旅游市场监管、旅游产品打造、旅游目的地管理、旅游形象塑造等多方面总结形成了云南旅游经验，其发展成果成为全国争相学习和研究的典范，一度成为中国旅游业发展的领跑者和排头兵。但是近年来，旅游业发展面临的竞争环境加剧，同时又面临众多传统旅游产品转型升级、新业态培育不足、公共服务建设滞后等突出问题，导致游客对云南旅游的投诉量居高不下，旅游行业的违法违规行为得不到抑制，这些都严重削弱了云南旅游品牌形象，云南旅游的转型升级迫在眉睫。

当前云南旅游发展处于转型升级的关键时期，总结分析国内外典型案例地的旅游转型升级成功经验，对云南旅游转型升级具有重要的借鉴价值。

第一，树立正确的旅游发展理念，尊重旅游发展的客观规律，引导旅游发展转型升级。国内外旅游长期发展的经验表明，旅游发展不仅要注重先进旅游经济发展理念和新业态，密切关注国内外旅游发展的新动向，同时需要结合地方社会经济发展规律，注重于当地本土文化的结合，选择适合当地旅游发展的旅游发展模式和运行机制。在国家提出新发展理念的背景下，云南旅游发展要根据多样化的旅游发展现状，制定符合不同发展环境的旅游转型升级政策，既要加强宏观指导又要激发地方的主动性，克服旅游发展中急功近利的思想，稳扎稳打，久久为功，引导云南旅游产业步入健康快速发展轨道。

第二，立足于自身优势资源，制订差异化转型升级策略。云南旅游经过长期的发展形成了自身的比较优势，持续的市场变动和地区竞争中，云南旅游必须充分利用自身优势资源和体制优势，如民族旅游、边境旅游、古镇旅游、探险旅游等独特资源及旅游业支柱性产业地位，充分发挥我们在旅游行业管理、旅游资源丰富多样、旅游市场口碑等方面的积累，针对不同的旅游目的地和旅游资源，分类制订差异化的转型策略，从激烈竞争的区域旅游发展格局中脱颖而出，实现云南旅游产业转型升级和增强云南"旅游革命"的成效。

第三，理顺云南旅游管理体制机制，为旅游转型升级提供机制保障，为旅游业长远发展创造良好环境。云南旅游发展中的市场管理不规范及部门管理互相推诿问题，反映出了云南旅游管理体制机制存在的突出问题。国内外的旅游发展经验表明，畅通的旅游管理体制机制是旅游业健康发展的前提。当前，云南正致力于推动"旅游革命"，集全省之力整治旅游市场秩序，重构旅游管理机制，重塑云南旅游形象。在强化属地管理、加强综合监管和考评的同时，下大力气理顺旅游管理体制机制，规范旅游市场管理秩序，从源头上找准阻碍旅游管理效率提升的根源，形成可推广的管理模式和经验，能够为全国其他旅游目的地管理提供示范样板。

第四章
云南省旅游转型升级演化过程及态势研判

本章首先从国家和省级两个层面阐述云南省旅游转型升级的必然性、可能性、必要性等转型升级背景；进而通过对云南省旅游发展的时间序列梳理，总结概括形成起步阶段、发展阶段、支柱产业建设阶段、二次创业阶段、旅游强省建设5个典型阶段，对其发展过程、阶段特征进行分析，并提出云南省旅游转型升级规律特征；在此基础上，对现阶段云南省旅游转型升级所面临的内外部环境进行研判，为后续提出转型升级思路、机制、任务、路径做准备。

第一节　云南省旅游转型升级背景

目前，我国经济已由高速增长阶段转向高质量发展阶段，经济发展正处在转变发展方式、优化经济结构、转换增长动力的攻关期。服务业领域的效率和竞争能力的提升，将成为目前我国推动经济发展质量变革、效率变革、动力变革的关键。以旅游业为代表的第三产业必须适应经济发展对供给侧结构改革、经济结构优化及数字经济发展的新形势。与此同时，我国居民消费也进入了需求多元发展、规模持续扩大、结构优化升级的发展新阶段；消费对经济增长的贡献率稳步提升，充分发挥了"稳定器"和"压舱石"作用；居民消费出现结构性变化，基本的物质消费比重在下降，新兴热点不断释放消费潜力，引领产业结构的调整。随着信息化时代和大众旅游时代的到来，旅游市场呈现出需求多样化、消费品质化、供给全域化、产业融合化、服务智能化、竞争国际化等新的趋势和特点。

旅游产业是国家重点支持发展的幸福产业，也是云南省着力培育打造的战略性支柱产业。绚丽多姿的山水风光、丰富多彩的民族风情、深厚悠久的历史文化、舒适宜人的生态环境和面向南亚东南亚开放的区位条件，构成了云南旅游产业发展的综合优势。2015 年 1 月，习近平总书记考察云南时指出，云南旅游资源丰富，要大力发挥比较优势，大力发展旅游业，同时提出了要把云南建设成为我国民族团结进步示范区、生态文明建设排头兵、面向南亚东南亚辐射中心的"三个定位"，进一步明确了旅游在云南产业发展中的地位和作用，为推进旅游强省建设注入了强劲动力。2018 年 3 月，云南省委省政府提出全力打造世界一流的"绿色能源""绿色食品""健康生活目的地"这三张牌，成为云南加快产业转型升级，推动全省经济高质量发展，闯出一条跨越式发展新路径的重要抓手。

然而，当前云南省旅游产业还没有完全跳出传统资源开发和运作模式，还没有根本摆脱粗放发展的格局。云南省旅游产业结构不合理、质量带动效益不强，以及部分旅游产品有效供给相对不足、高端供给不足，旅游和基础设施配套建设不足，传统观光产品占比较高，休闲度假和新业态新产品较少，高品质旅游文化活动匮乏，国际国内大型旅游企业偏少，自创、自主品牌不够，旅游市场秩序屡见失范，旅游人才不足，管理水平不高，旅游与文化结合不够紧密，乡村旅游、全域旅游发展不快，基础设施与配套设施建设相对滞后，信息化与新科技应用落后等问题和短板日益凸显，旅游产业面临着不进则退、慢进也是退的严峻形势。尤其是随着旅游市场秩序整治工作的深入推进，传统发展方式和管理模式难以为继，不仅严重制约着云南持续健康的发展，也远不能适应国内外旅游市场不断变化的需求。

为了顺应旅游发展由观光旅游为主向休闲、度假旅游综合发展的新趋势；满足个性化、时尚化、高消费化的旅游需求；发展和丰富旅游产业发展的"云南模式"；避免在当前旅游市场格局调整中被边缘化；进一步促进云南旅游产业提质增效，必须用发展的办法来解决前进中的问题，立足优势和特色，突出规划引领，积极创新转型升级的方式和方法。加快推进旅游产业转型升级步伐，着力推进旅游业与互联网、大数据、人工智能的深度融合，打造高端化、国际化、特色化的旅游产品，提升旅游者对旅游体验的独特性、体验性、功能性、品质性需求，净化旅游市场环境，转变管理模式，不断增加产品和服务的有效供给，按照

"国际化、高端化、特色化、智慧化"的发展目标和"云南只有一个景区，这个景区叫云南"的全域旅游理念，从"旅游景区功能性""旅游主体延展""管理体制重构""科技支撑"等方面出发，全面提升旅游产业的发展质量和综合效益。

第二节　云南省旅游转型升级演化阶段及特征分析

纵观云南旅游发展历程，云南旅游由最初的外事接待型转向经济产业型，到如今已成为云南经济的支柱型产业，旅游产业发展经历了从"跟着资源走"到"跟着市场走"的转变。通过不断的市场探索和实践，以及国家大环境影响，旅游产业转型升级的重要性日渐凸显[103]。按照时间序列，将云南省旅游发展历程划分五个阶段，探讨云南省旅游产业随时间变化的过程和规律，以及在转型升级过程中各个阶段的特征，如表4-1所示。

表4-1　云南省旅游发展历程[104]

阶段	时间	政策/事件	内容
旅游起步阶段 （1978—1988年）	1978年	成立云南省旅行游览事业局；旅游资源纳入国家管理体系	以外事接待为主，"非经济性"的事业特征仍然是旅游行业的基本属性
旅游发展阶段 （1989—1995年）	1991年	召开滇西北旅游发展大会	云南省正式以政府宏观调控来促进旅游业的产业化发展，由此确定政府主导型旅游发展模式
	1992年	国家旅游局在西双版纳召开全国旅游工作会议	
	1994年	召开滇西北旅游发展大会	
	1995年	成立旅游产业领导小组和旅游行政机构；省第六次党代会上做出培育旅游业成为全省四大支柱产业的决策	
支柱产业建设阶段 （1996—2004年）	1996年	《云南省旅游发展总体规划》《关于加快四大支柱产业建设的决定》《云南省旅游产业转型升级三年行动计划》	

阶段	时间	政策/事件	内容
支柱产业建设阶段（1996—2004 年）	1999 年	举办"中国昆明世界园艺博览会"	云南省确立旅游业在国民经济体系中支柱产业的重要地位
	2000 年	《中国西部大开发云南行动计划总体构想》	
旅游"二次创业"阶段（2005—2012 年）	2009 年	《云南省旅游产业发展和改革规划纲要》	旅游产业类型由观光游览型旅游方式为主，向观光休闲度假型等复合发展方式转变 正式提出要把旅游产业培育成云南省战略性支柱产业 确定国民经济战略性支柱产业地位
旅游强省建设阶段（2013 年至今）	2013 年	《关于建设旅游强省的意见》	由旅游大省向旅游强省发展迈进，确立了旅游强省建设目标
	2016 年	《云南省整治"不合理低价游"专项行动方案》	
	2017 年	《云南省加快推进旅游产业转型升级重点任务》《云南省旅游市场秩序整治工作措施》	
	2018 年	《云南省旅游条例》《云南省旅游景区管理暂行办法》《关于促进全域旅游发展的实施意见》《关于加快推进旅游转型升级的若干意见》	

一、旅游起步阶段（1978—1988 年）

1931 年，石林名胜管理处的成立标志着云南旅游事业的开端，而旅游开始受到重视却是在改革开放以后。旅游作为外事接待是我国旅游业的开篇标志，同时也标志着云南省旅游正式进入起步阶段，因此，接待事业型旅游阶段成为云南旅游发展的起步阶段。这一时期旅游相关的基础性设施还未建立完善，接待设施非常薄弱，全省仅有中国国际旅行社昆明分社进行旅游业务办理，能够承担旅游住宿业务的仍以政府招待所为主，旅游供给单一，旅游业务仍以外事接待为主，全省旅游接待人数统计以国际旅游者人次为统计依据，1978年接待国际旅游者人次为1299人，外汇收入为83万美元。经过改革开放时期政府政策导向，云南省旅行游览事业局成立，旅游资源被纳入国家管理体系，1988年云南省计划全面实施旅游产业开发建设，力争将旅游产业建设成为云南省域经济发展的重要组成部分，故将1988年作为云南旅游产业起步发展的尾节点。到80年代末期，云南省国际旅游人数增长到12万人次，旅游外汇收入增长到1300万美元。总体来看，云南省旅游发展态势良好，旅游经济为云南整体经济做出了一定贡献。

在云南旅游起步阶段时期，从市场层面来看，旅游市场呈现"非经济性"特征，政府开始重视旅游业的发展，开始对外宣传和业务往来，旅游接待对象为以外事接待为主的国际旅游者，旅游供给单一，国内旅游需求意识薄弱，因此主要旅游收入来源为入境旅游外汇收入。从政策角度，云南旅游发展走向的宏观政策导向特征相对明显，每一阶段，国家根据旅游发展情况制定相关政策法规，以应对复杂多变的旅游市场大环境。

二、旅游发展阶段（1989—1995年）

1989—1995年是云南省旅游产业开始以经济产业形态发展的阶段，也是整个中国旅游产业快速发展的时期。在国家大力推动旅游业发展的大背景下，云南逐步将旅游业纳为经济产业的重要组成部分，要进一步把旅游业培育成为国民经济的重要产业，一系列的战略决策、会议部署、政策措施等，推动云南旅游积极健康发展。具体体现在：旅游行政机构设置增多，旅游企业数量和规模进一步扩展，国内逐渐打开旅游市场，人们对旅游产业的物质文化需求逐渐增大。此阶段"事业接待型"的发展特征逐渐被"经济产业型"特征所替代。从旅游统计可知，1990年国内旅游人次已达到129万，国内旅游收入达到0.46亿元，海外旅游人次达到14.8166万，旅游外汇收入为1643万美元，表明国内旅游市场逐渐扩大，国民开始有意识地参与旅游活动，旅游接待主体仍是国际旅游群体；到 1995 年时，国内旅游人次达到 1622 万，国内旅游收入达到 47.46 亿元，海外旅游人次达到 59.6942 万，旅游外汇收入达到 16503 万美元，相比 1990 年，国内旅游人次增长了 92%，海外旅游人次也增长了 75%，表明外事接待型旅游活动不再成为国内旅游主体，逐渐被自发性的旅游活动取缔，旅游产业逐渐向旅游经济产业发展。

云南旅游发展阶段，势头迅猛，此阶段旅游发展特点是：政府主导型的旅游发展模式确定，国内旅游市场逐渐打开，旅游企业发展由起步向企业数量快速增长转变，产业集聚明显，市场供给逐渐增强，旅游六要素基本配备齐全，旅游产业管理与开发逐步实现"政企分开"。旅游交通等基础设施建设得到有效改善，旅游开发以旅游景区、旅游餐饮、旅游酒店为重点，云南旅游资源优势凸显，观光型旅游产品开始受到追捧。此阶段云南旅游业发展走出了一条"富有云南特色的政府主导型"的发展路径。

三、支柱产业建设阶段（1996—2004 年）

1996—2004 年是云南培养旅游业成为支柱型产业的关键期，也是推动各项战略决策落地实施的重要阶段。借助"中国昆明世界园艺博览会"这一契机，加大云南省旅游开发建设和宣传促销，促进了云南旅游业在国内国际两个市场上的重要地位。同时依托世界旅游组织编制的《云南省旅游发展总体规划（2001—2020）》，为云南旅游产业发展确定了目标和工作开展重点，进一步明确了旅游支柱产业的发展蓝图，为全省旅游产业再次实现快速增长奠定基础。到 2004 年，全省旅游总收入已达到 369.27 亿元，相比 1996 年旅游收入的 73.38 亿元，增长了 80%，进一步确立经济发展路线，将旅游业作为云南省的支柱型产业。

这一期间，云南省旅游产业的数量增长放缓了速度（见图 4-1），更多地体现为注重质量提升，强调品牌建设。旅游企业在数量快速增长的基础上，逐渐进入内涵型发展，即聚焦于企业核心竞争力的提升。云南旅游产业在空间布局上也逐渐出现集聚现象，主要以昆明、丽江、大理、西双版纳为核心聚集。同时，旅游产业内部企业之间的整合重组开始增多，各种标准化与个性化的酒店都得到了极大的丰富，旅游产业内的各种细分市场更加具体和专业，有意识地打造精品高端旅游产业，加强"旅游景区—旅游线路—旅游企业—旅游品牌"精品旅游产业一体化开发，促进市场多元化、国际化发展。

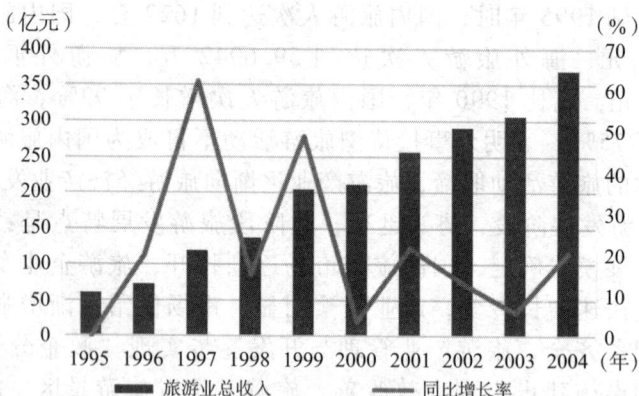

图4-1　1996—2004年云南省旅游总收入及其增速

四、旅游"二次创业"阶段（2005—2012年）

云南旅游业作为全省的支柱型产业后，旅游规模扩张型增长带来旅游品质的松懈，旅游发展进入瓶颈期。为进一步打开旅游市场，规范旅游行业秩序，促进旅游转型升级、企业提质增效，云南旅游业发展在战略上做出新的部署，进入"二次创业"阶段。在此阶段，云南省正式提出要把旅游产业培育成云南省战略性支柱产业。为加快本省旅游"二次创业"发展步伐，按照"大产业、大文化、大服务、大市场、大环境"的发展思路，着力加强旅游自主创新能力，进一步优化旅游发展格局，夯实旅游产业基础，一系列政策相继落实，全省全面开展旅游"二次创业"各项工作，将旅游大省向旅游经济强省建设全面推进，持续保持云南旅游业的竞争优势和在全国旅游产业中的重要地位。到2012年，全省共接待海内外游客20088.12万人次，同比增长20.3%，旅游总收入达到1702.54亿元，同比增长30.94%，相比支柱产业创业阶段（1996—2004年），旅游"二次创业"阶段旅游收入翻倍增长（见图4-2），增长幅度大、数额高，旅游产业综合带动作用进一步凸显，为云南旅游发展带来新机遇。

此阶段的特点是：全省旅游开发方式围绕转型升级、提质增效进行，旅游产业类型由浅层次的观光游览型旅游方式为主，向观光休闲度假型等复合发展方式转变，旅游开发范围由以旅游要素为主向与其他行业融合转变，出现旅游小镇、工农业旅游、综合改革等旅游新模式和新业态。在保持前期旅游规模扩张型增长的基础上，注重旅游产业结构转型、内涵式发展，着力提高旅游产业发展的质量和水平，以及产业综合带动能力。

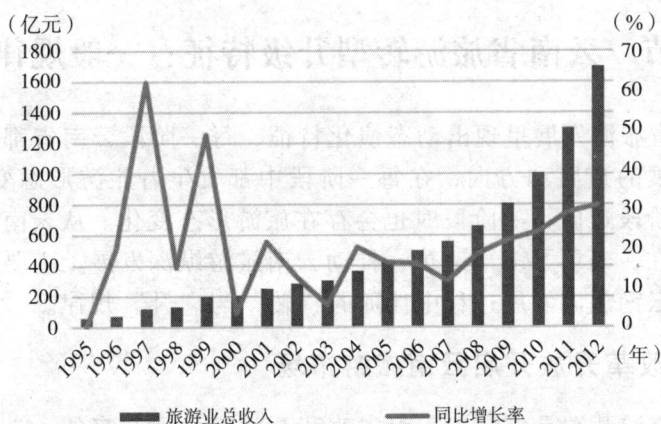

图4-2　1996—2012年云南省旅游总收入及其增速

五、旅游强省建设阶段（2013年至今）

2013年以来，云南旅游业发展进入国家战略平台，全省紧紧围绕建设"两强一堡"、与全国同步全面建成小康社会的战略要求，提出了建设旅游强省的目标。在习近平总书记对云南考察后进一步明确了旅游在云南产业发展中的地位和作用，推进云南旅游大省向旅游强省迈进[105][77]。加上《国民旅游休闲纲要》《旅游法》等法律法规的相继出台，为旅游发展提供了保障和方向。为加快云南旅游强省建设，将云南旅游发展实际与国际国内旅游发展的趋势和变化相结合，将国家总体部署与旅游产业发展相结合，将旅游产业的发展与其他产业融合发展相结合。云南不断调整产业结构，优化空间布局，推动项目建设，壮大要素主体，加快推动旅游业转型升级，实施产业融合发展，拓展旅游产业发展空间，增强旅游产业发展动力和活力，完善管理服务，全面提升旅游服务质量。其间，旅游改革既受国家政策导向影响，也在市场的检验中不断更新，不断摸索适合云南旅游发展的道路。

此阶段的特点是：立足云南旅游"二次创业"发展新起点，云南省旅游管理从规制型向服务型逐步转变，云南省也由旅游大省向旅游强省建设迈进。在提高产业整体实力的同时，更加注重服务质量、市场知名度、美誉度等软实力的提升和打造，逐步摸索出符合云南旅游产业发展的本质规律。

第三节　云南省旅游转型升级特征：一般规律分析

云南省旅游发展呈现出动态演化特征，每一阶段云南省都在不断探索旅游发展的道路和方向，在每一阶段中都发生着旅游形态变化过程，同时每一阶段迈向下一阶段时也会存在旅游形态变化。从云南旅游开启之初到现在，经历了多次改革，推动云南旅游纵深发展。主要从以下几方面探讨云南旅游发展过程中伴随的"转"与"升"规律。

一、改革开放开启云南旅游市场

云南旅游开端是伴随着云南省改革开放而发展起来的，是以接待外宾为主的有组织、有计划的开展旅游活动，并带来了一定经济效益，由此云南省政府开始重视旅游业的发展，有意识地主动对外宣传和进行旅游业务往来，使得云南旅游由无人赏识的、本地人无意识的、自发性活动逐渐向外事接待的政治性官方旅游活动转变，旅游市场特征由"非经济性"向"经济性"转变，是云南旅游市场从无到有的一个过程变化，同时也标志着云南旅游市场正式开启。

二、政府单方主导向政府—市场共同发挥作用转变

纵观云南旅游发展历程，总体来说云南旅游发展与国际国内旅游发展的大趋势和变化是相吻合的，最初是由政府主导型的旅游开发模式，随着市场经济的日益成熟，市场发挥的作用越来越大，在保证市场有序健康发展的同时，政府逐渐由引领作用转向辅助作用，行使监管职能，云南旅游发展模式也由"政府主导型"向"政府主导与发挥市场主体作用相结合"的总体发展模式转变。

三、重大事件节点推动云南旅游转型

在云南旅游转型发展的质变过程中，一系列重大事件、活动往往发挥了重要的推动性作用，无论是在政策导向方面还是市场带动方面，借助重大事件和活动的影响力这一契机，加大旅游开发建设和宣传，促进

云南在国际国内市场上的重要地位，使得云南获得了绝好的转型发展机遇，成为其转型发展的重要推进引擎。

四、旅游企业关键性作用逐渐凸显

随着市场主体作用逐步增强，国有资本、民企资本等在云南转型升级中的关键作用逐步显现，起到重要的主导作用及旅游集团发展模式的示范作用。为适应市场需求和政策导向，国有大型旅游集团重组革新，与其他企业联合发展，民营旅游企业不再生搬硬套，开始立足云南特色进行本土化旅游实践，共同成为推动云南旅游业发展的重要力量。

五、旅游产业转向多产业联动发展

云南旅游产业角色经历着"接待事业型旅游—经济产业型旅游—支柱产业型旅游"的转变[2]，在这转变中，旅游业和相关产业的关联越来越紧密，旅游产业地位得到提高，旅游产业重要程度日益凸显，产业影响力越来越大，由原来相关产业推动旅游业的发展，开始过渡到旅游业发挥龙头带动作用，带动相关产业的发展，旅游产业积聚的能量开始释放。

六、粗放型旅游发展向精细型旅游转变

伴随着旅游业发展的新问题、新矛盾，旅游产业转型发展精细化特征逐步凸显，旅游发展针对性逐步下沉，更加注重旅游产业发展的科技化、规范化。旅游功能性由经济发展带动的"单一型"逐步转向"多功能带动型"，旅游业态由单一粗浅、走马观花式的观光游览型旅游方式向集观光休闲度假等于一体的复合发展方式转变，旅游产业管理从规制型向服务型逐步转变，更加注重服务提升、品牌建设等软实力打造。

第四节　云南省旅游转型升级环境分析及态势研判

一、内外部环境形势分析

（一）国际环境态势分析

1. 国际发展环境复杂多变，旅游经济增速趋缓

受贸易摩擦、美元增值以及周边各国之间的冲突等大环境因素影响，

全球制造业、进出口贸易等经济遇到了多重风险和挑战，全球经济发展不稳定性增强。全球旅游业受影响程度也随之波动，但整体而言，旅游经济仍处于不断增长阶段，增长幅度有所减缓。分析 2006—2018 年间全球旅游统计数据（见图 4-3 至图 4-5）可知，全球旅游总收入、总人次增速波动由剧烈到趋于稳定，GDP 增速与全球旅游收入增速的差距逐步缩小，外部环境的逐渐稳定对旅游经济影响逐渐减缓。2006—2018 年间，全球旅游总收入增速在 2007 年和 2011 年出现两个高点，分别达到 11.4% 和 17.8%。此后，受金融危机和全球经济影响，2009 年和 2015 年全球旅游总收入出现负增长，增速分别为 - 8.3% 和 - 4.4%，其原因在于国际外部环境的不稳定性。2012 年之后，增速波动明显减小，全球环境相对稳定，2018 年旅游总人次达 121 亿，较上年增速下降 0.7%，全球旅游总收入达 5.34 万亿美元，全球旅游总收入、总人次增速波动均逐渐减小。全球旅游收入和人次增速波动减小的同时，全球 GDP 增速与全球旅游收入之间的差距也在逐步缩小。图 4-5 所示的 2009 年、2011 年数据显示，全球 GDP 微小变化都会引起全球旅游总收入的剧烈变化，全球旅游经济表现出高度敏感性，而逐步缩小的差距表明外部环境的相对稳定直接影响着旅游经济的发展走势。综上，全球旅游发展受国际环境影响很大，对经济、政治、社会、自然等因素较为敏感，旅游经济涨势会随着全球经济的影响而波动不断。

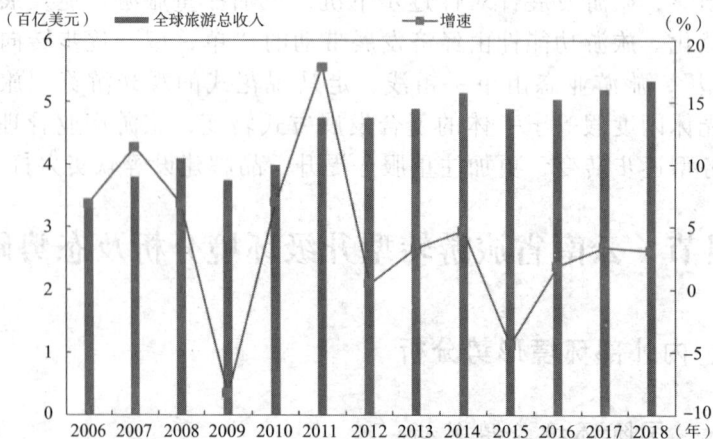

图 4-3 2006—2018 年全球旅游总收入及其增速①

———————————

① 数据来源：《世界旅游经济趋势报告（2017—2018）》。

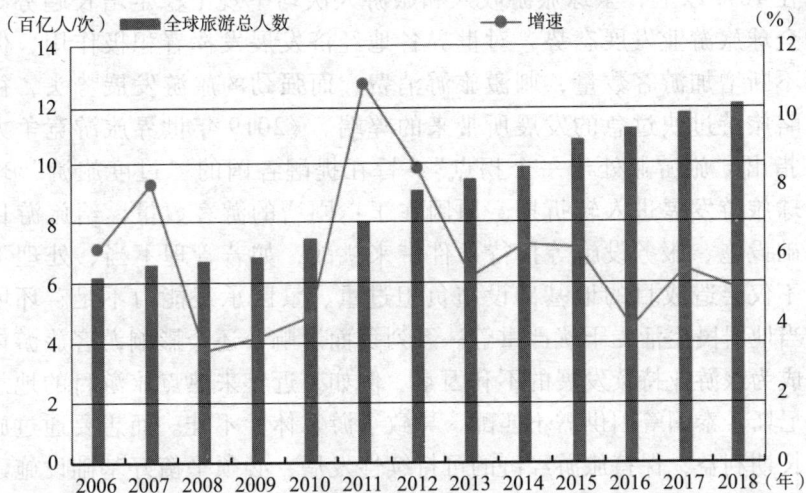

图4-4 2006—2018年全球旅游总人数及其增速①

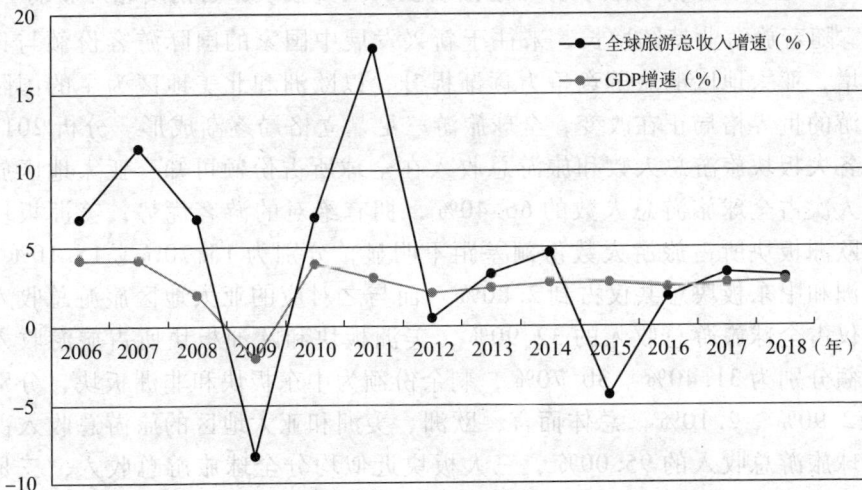

图4-5 2006—2018年全球旅游总收入与GDP增速②

2. "过度旅游"经济显现，旅游业进入拐点阶段

一系列全球旅游统计数据表明，旅游业对全球GDP和就业贡献率均

保持在 10% 以上，全球旅游收入和旅游人次均呈现出稳定增长趋势。良好的全球旅游业发展态势，对世界各地经济发展发挥着积极作用，促使各国不断增加游客数量，刺激旅游消费，而强劲的旅游发展势头，往往会忽略旅游过快过急的发展所带来的弊端。《2019 年世界旅游竞争力报告》指出"旅游业处于一个拐点"，旨在提醒各国的"过度旅游"现象让全球旅游发展进入转折期。原因在于：剧增的游客数量，给旅游目的地基础设施、服务设施等接待条件带来挑战，如若管理不当、处理不及时，不仅会造成目的地基础设施负担过重、景区承载能力不足、环境破坏、当地居民生活受干扰严重等一系列负面影响，还会影响游客旅游体验感，成为旅游业持续发展的不利因素。例如，近年来热点旅游目的地意大利威尼斯、泰国等因供需不匹配，导致了游客体验不佳。而想要通过旅游获得长期利益，保持旅游经济的可持续性发展，必须平衡好基础设施建设和环境保护的关系，保证旅游需求与目的地供给达到一个动态平衡。

3. 全球区域旅游板块分布逐渐明显，亚太板块旅游消费相对较弱

随着旅游业持续增长，来往于新兴发展中国家的国际游客份额与日俱增，亚太地区的旅游竞争力逐渐提升，以欧洲和北美地区为主的国际旅游的世界格局正在改变，全球旅游三足鼎立格局逐渐成形。分析 2018 年各大板块旅游总人数和旅游总收入在全球所占份额可知：亚太地区旅游人次占全球旅游总人数的 66.40%，拥有绝对的游客优势；美洲板块和欧洲板块所占旅游人数份额差距不明显，分别为 15.70%、15.10%，非洲和中东板块总共仅占到 2.80%。而与之对应的亚太地区旅游总收入却仅占全球旅游总收入的 32.90%，美洲板块和欧洲板块所占旅游收入份额分别为 31.40%、30.70%，剩余份额为中东板块和非洲板块，分别为 2.90%、2.10%。总体而言，欧洲、美洲和亚太地区的旅游总收入占全球旅游总收入的 95.00%，三大板块近似均分全球旅游总收入，三足鼎立格局逐渐显现，如图 4-6、图 4-7 所示。

相比 2017 年，五大区域旅游人次和旅游收入占比波动幅度不大，欧洲、美洲和亚太市场三大板块在旅游收入方面仍是三足鼎立格局，全球区域旅游板块分布相对稳定。而在旅游人次方面亚太板块仍占主导地位，同时也说明亚太地区具有足够的旅游吸引力，而亚太区域旅游发展呈现出的"高人次、低收入"特点，说明亚太区域整体旅游消费程度不高，旅游供给有待改善。

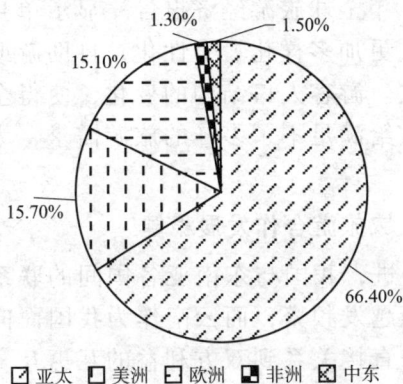

图 4-6　2018 年各大板块旅游
总人数占全球份额①

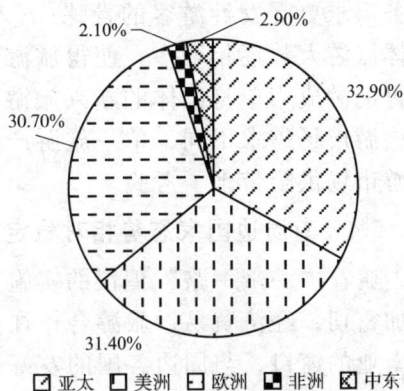

图 4-7　2018 年各大板块旅游
总收入占全球份额②

4. 全球旅游便利化程度持续提升，游客结构变化影响旅游发展格局

全球旅游的便利化取决于各国签证的开放程度、支付方式的快捷转变以及交通设施的发达程度等因素。根据世界旅游组织最新发布的《签证开放度报告》可知，在旅行前需要获取签证的游客比例持续下降，各国为推动本国旅游经济发展，积极推进签证开放度和便利化程度的提升，使国际游客享受更加宽松便利的签证政策。同时，国际航空、国际公路、铁路等交通设施的完善，进一步缩短了全球各国之间的旅游距离。此外，支付方式由金钱实物的来往向电子支付的转变也让全球旅游更加方便，为全球经济的良性发展起到积极的助力作用。

一系列的便民措施，带动游客出游热潮，刺激旅游消费。而不同类型游客影响旅游需求的变动，促进旅游供给市场结构的改变。就游客结构变化而言：各国不同阶段的婴儿潮造就了如今的旅游需求高峰，形成不同的市场结构，以亲子旅游为代表的旅游热潮凸显；现阶段全球人口老龄化趋势加强，老年人口的旅游需求成为各国旅游发展的关注重点，使得养生休闲、养老旅游、家庭游、隔代游等多样旅游形式的需求潜力增强；各国中产阶层规模不断扩大，亚太地区尤为明显，品质旅游成为需求热潮；在女性出游规模不断增长的背景下，高安全、人性化的旅游

---

① 数据来源：《世界旅游经济趋势报告（2017—2018）》。
② 同①。

服务需求更受女性游客的青睐；《2016年全球旅游经济报告》显示单身群体旅游人数逐年增多，使得旅游形式更加多样化、个性化，自助游或半自助游成为单身群体的新兴旅游方式。游客人口结构的变化，使得全球旅游市场需求不同，单一旅游产品供给满足不了多样的旅游需求，为旅游市场供给带来了考验。

5. 云南周边国家态势相对稳定，区域旅游合作发展稳健

随着"一带一路"倡议的实施与推进，我国与东南亚各国间的联系更加密切，经济贸易、旅游合作往来等越发频繁，而云南作为我国面向东南亚的窗口，与周边各国的友好往来直接关系到双方利益的互惠互赢及双方合作的良性互动。近些年，云南周边东南亚地区局势总体平稳，为加快各国接壤区域经济共同发展，各国之间就共同经济发展接洽较多，虽然有不和平的因素，但在共求和平的大环境下，动荡局势都逐渐趋于缓和，这对各方面的经济活动顺利开展有一定的助力作用。而云南作为边境旅游发展省份，不能仅仅着眼于本省内部的旅游发展，还应树立长远意识和大局意识，转变云南旅游发展思路，借助"一带一路"倡议和周边国家的稳定局势，秉承互利共赢理念，加快云南省与周边国家的旅游合作，扩大云南旅游发展圈层，将云南旅游内围发展圈逐步向云南与周边国家共同发展的外围发展圈转变，不断推进边跨境旅游合作区建设的可行性。

（二）国内环境形势分析

旅游业作为国民经济和现代服务业的重要组成部分，依托其较强的综合性和显著的关联带动性，已成为推动贫困地区脱贫致富、促进区域经济平衡发展及改善生态环境的重要助推器。然而，当前旅游业发展与新时代人民群众的旅游美好生活需要相比，还存在城乡旅游发展不平衡、旅游产品有效供给不充分、旅游产品结构不合理、旅游基础设施与人才队伍建设不完善等诸多问题，推动旅游业转型升级已成为实现旅游业优质发展的重要途径。

1. 旅游相关政策不断完善，为旅游健康发展提供保障

自我国旅游业开篇以来，国家出台了一系列重大政策促进我国旅游业的发展，将旅游业由最初的"旅游事业接待"向"旅游经济产业"转变，从外交入境旅游逐渐走向"国内、入境、出境"三大旅游类型均衡发展格局[2]。自 1998 年旅游业被确立为国民经济新的经济增长点以来，旅游产业地位得到国家战略层面的确立和提升。2000 年在西部大开发战略背景下，提出《关于深入实施西部大开发战略若干意见》，为西部地区发展旅游业的支持力度进一步加大。在将旅游业确立为国家战略性支柱产业后时，同时《国民旅游休闲纲要》《旅游法》《关于促进旅游业改革发展的若干意见》等政策陆续出台，高品质、多元化的旅游供给成为旅游发展的重要方向；2015 年 1 月，习近平总书记考察云南时指出"云南旅游资源丰富，要大力发挥比较优势，大力发展旅游业"，进一步明确了旅游在云南产业发展中的地位和作用，为云南旅游产业转型升级发展带来了新机遇。近年来国家对推动旅游业改革发展、实现旅游业发展提质增效、加快旅游业供给侧改革的重视与关注程度不断提升，推动旅游业转型升级，主动适应旅游需求的新变化，不断增加优质旅游供给，推进旅游业结构优化和增长动能转换，是适应人民群众消费升级和产业结构调整的必然要求。

2. "一带一路"倡议为西部旅游发展带来新机遇

2013 年习总书记在出访中亚和东南亚国家期间，先后提出共建"丝绸之路经济带"和"21 世纪海上丝绸之路"的战略构想，在全球经济缓慢复苏的大背景下，加强区域合作无疑是推动世界经济发展的重要动力。旅游产业作为开放性、综合性的产业，是加快推进"一带一路"建设的有力推手，而丝绸之路沿线作为中国重要的精品旅游带，恰好能将西部异域文化、自然风光等带给全世界。

在不断加强与"一带一路"沿线国家的旅游合作中，先后建立中国—东盟、中国—中东欧等一系列双边、多边旅游合作机制，为西部旅游发展创造条件。为打造出享有高知名度的丝绸特色旅游之路，提出要加快"一带一路"旅游产业转型升级步伐，大力发展文化体验、探险旅游、商务旅游等旅游新业态；在优化"一带一路"国际旅游发展环境，推动国际的旅游合作，开展旅游市场联合监管，大力推动跨境旅游合作区和边境旅游试验区设立工作。云南作为"一带一路"的重要节点和面向南亚东南亚辐射中心，具有良好的区位优势，与周边国家国际大通道建设的持续推进和旅游发展环境的不断优化，将为云南加强与南亚东南亚国家和大湄公河区域旅游合作，打造特色化、国际化、高端化旅游产品和线路，融入和服务国家"一带一路"建设中，促进国际化发展带来重大机遇。

3. 旅游需求日益多样化、个性化

随着我国经济快速发展，人民生活品质不断提高，旅游消遣成为人们主要的休闲方式，旅游消费需求也不断多样化，传统的观光旅游已经满足不了游客日益增长的旅游需求。为进一步改善旅游环境，提升消费质量，2016年国务院出台了《关于进一步扩大旅游文化体育健康养老教育培训等领域消费的意见》，提出要扩大新兴消费、稳定传统消费、挖掘潜在消费。与此同时，全域旅游、厕所革命、大众旅游、"旅游＋"等工作也在稳步推进中，这一阶段，自助游、自驾游逐渐成为人们出行的主要方式。

《2016—2017年中国旅游消费市场发展报告》显示，在不断升级的旅游需求推动下，以邮轮、海岛游、冰雪游等为代表的高品质休闲度假旅游消费比重加大。在自由行、品质游、乡村游、度假休闲等旅游市场规模逐步扩大的同时，品质游、定制游等个性高端化旅游成为旅游消费升级新标志。旅游消费需求向大众化、多样化、家庭化个性化发展，如以亲子游、爸妈游为主的家庭游成为旅游消费市场的主力，促进了商、养、学、闲、情、趣等旅游新要素的发展，促使旅游新产品、新业态不断涌现，为旅游转型升级带来了新机遇。

（三）云南旅游发展环境分析

1. 旅游资源优势显著

云南旅游资源分布广泛、种类多样。自然风光资源丰富且独特，除了拥有北半球最南端的冰川雪景景象外，还有高原高山、纵深峡谷、原始森林、喀斯特地貌、高山湖泊等自然资源，形成"三江并流"、虎跳峡、昆明石林、玉龙雪山等自然奇特景观。文化方面，云南拥有特色鲜明的民族文化资源、宗教文化资源、历史古迹等，云南还拥有25个少数民族，众多民族文化的碰撞，形成风格各异、类型多样的民风民俗、节日节庆、民族服饰、特色建筑等，构成了云南独特的民族文化旅游资源，形成云南文化旅游核心吸引力。此外，云南省也因其独特的气候条件吸引游客前来度假游览，而独特的地貌和气候特征也孕育了丰富的生物多样性，具有极高的观赏价值、科研价值以及科普文教价值。

2. 区域旅游经济运行良好

随着国家"一带一路"倡议的提出，云南省的旅游产业呈现出"多核、多轴、多域面"空间结构，发展成为以滇西北、滇西南、滇中、滇东北、滇东南为主的旅游圈[106]。从市场角度看，国内旅游市场高速增长，入出境市场平稳发展，2017 年云南共接待境内外游客 5.73 亿人次，同比增长 32.95%，其中接待境外游客 667.69 万人，同比增长 11.21%，接待国内客 5.67 万人，同比增长 33.29%。实现旅游业总收入 6922.23 亿元，旅游产业增加值达到 46.46 亿元①。总体来说，云南旅游经济继续保持良好运行态势。

3. 信息网络技术的发展迅速

我国信息化产业体系已逐步完善，信息技术应用不断深化，"互联网＋"的作用在现代化建设全局中的引领作用日益凸显。为加快旅游信息化发展进程，促进全域旅游发展，2017 年云南省推出"一部手机游云南"智慧旅游项目，将资源、产品、酒店住宿、特色餐饮、导游导览、投诉、公共服务、购物及诚信等核心产品同时录入一款 App 中，让外来或者本地游客通过一部手机了解云南全貌，以便游客出游安全、便利，为旅游市场整治做出了重要贡献，也为云南旅游产业发展更智能化、加快云南旅游转型升级的步伐提供了便利。而且全省各州市均已开启"一部手机游云南"建设工作，昆明、西双版纳率先建设完成，其他景区也加快智慧景区建设的步伐，在力争实现免费 Wi-Fi 全覆盖的同时，建立景区微信公众服务平台 App，以此强化全景智慧旅游建设，为云南旅游营造一个智慧旅游形象。

4. 旅游交通设施环境提升

在推进旅游转型升级的发展背景下，云南省积极改善交通条件，为解决距离远、耗时长等问题，云南省着重发展航空路线，编制了《云南省航线网络规划（2014—2016）》，在国家和云南省政府的大力支持下，目前已拥有 17 个机场，扩大了国内、国际的旅游客源市场，极大解决了交通难的问题。公路方面，已经初步形成了以昆明为中心辐射全国及周边的"七出省、五出境"的高速公路网，为云南自驾游的兴起奠定了基础。自 2016 年昆明南站高铁开通后，云南省铁路事业得到进一步发展，铁路骨架网初步形成，为云南省旅游客流输送起到越来越大的作用。云

---

① 数据来源：《云南统计年鉴（2018）》。

南省形成的以航空为先导、以铁路和公路为骨干的互通互联、高效便捷的现代化综合交通运输体系，为云南省旅游发展提供了便利条件，大大提高了云南省旅游目的地之间的可进入性和通达性，也为云南旅游转型升级提供基础设施保障。

5. 政策助力云南旅游发展

为将旅游作为云南支柱型产业发展，云南省先后出台加快推进旅游业转型升级步伐的文件和政策措施。2016 年《云南省旅游产业转型升级三年行动计划（2016—2018 年）》《云南省旅游产业"十三五"发展规划》等，明确提出"通过融合发展等措施，实现旅游产业转型升级"，"进一步推动旅游产业转型升级，做强做大做精做优旅游产业"；2017年发布《云南省加快推进旅游产业转型升级重点任务》，明确指出"……推动旅游产品从观光型为主向观光、休闲、度假、专项旅游并重的复合型产品转变"；2018 年提出《云南省人民政府关于加快推进旅游转型升级的若干意见》，旨在"提升旅游供给能力、完善旅游管理机制，推动'旅游革命'，实现转型升级"，在全省范围内掀起一轮旅游革命的热潮。可以看出，对云南旅游业来说，只有通过转型升级，才能破解长期积累下来的问题和深层次矛盾，才能满足人民群众日益多元化的旅游消费需求，才能实现旅游业发展提质增效，才能为云南跨越发展提供新动能。

二、云南省旅游发展态势研判

近年来，云南省依托天然的资源优势，大力发展交通运输、信息网络等基础设施建设，使得云南旅游业得到了快速发展，旅游发展规模不断扩大，旅游对全省经济的贡献率逐年攀升，旅游发展的综合带动效应日益显著，成为全省经济社会发展的重要动力和有力支撑。然而，全省旅游产业还没有根本摆脱粗放发展的格局，转型升级进程相对缓慢，旅游产业结构不合理、产品质量不够高、带动效益不强，以及部分旅游有效产品供给相对不足、基础设施与配套设施建设不完善、信息化与新科技应用相对落后等问题和短板日益凸显。

现采用 SWOT 分析表对云南省旅游发展环境进行分析，由此提出云南旅游发展问题见表 4-2。

表 4-2　云南省旅游发展 SWOT 分析

云南旅游发展优势	云南旅游发展劣势
1. 云南资源优势显著，自然资源、文化资源丰富 2. 云南旅游产业呈现出"多核、多轴、多域面"空间结构，区域旅游经济运行良好 3. "一部手机游云南"智慧平台的落实，加大游客出游安全、便利，加快云南旅游转型升级的步伐 4. 形成了以航空、铁路、公路为主要干线的现代化综合交通运输体系，可进入性和通达性大大提高，为云南旅游转型升级提供了基础设施保障 5. 出台的一系列有关加快推进旅游业转型升级步伐的文件和政策措施促进了云南旅游转型升级的落地实施	1. 旅游发展还没有完全跳出传统资源开发和运作模式，总体仍处于粗放式发展阶段 2. 云南省空间发展不均衡，旅游经济发展差异化明显 3. "一部手机游云南"App 还存在着很大的改进空间，用户体验有待改善 4. 省内交通设施环境亟待改善，仍存在旅游途中大部分时间是在车上度过现象 5. 文旅融合后，旅游管理体制还未能很好地适应旅游发展需要，旅游市场监管仍有待提高
云南旅游发展机会	云南旅游发展面临的挑战
1. "一带一路"倡议带动云南旅游业发展，推动云南旅游融入东南亚旅游圈、大湄公河次区域旅游圈，促进云南旅游跨越式发展 2. 国家政策调控促进云南旅游转型发展，旅游产业结构调整的相关政策措施逐步得到落实	1. 经济形势复杂多变，不平衡、不协调、不可持续问题仍然突出，影响旅游发展 2. 云南旅游市场与周边西部省份相比，同质化现象严重，与东部发达省份相比，竞争力不足 3. 受土地、资金、科技力量等资源要素供给短缺，云南旅游发展后劲不足

（一）旅游资源粗放式开发现象仍然存在

云南旅游资源优势明显，但总体仍处于粗放式发展阶段，旅游发展还没有完全跳出传统资源开发和运作模式，重建设、轻管理，重硬件、轻软件，重规模、轻品质，重开发、轻保护等突出问题在旅游建设发展中普遍存在。如高品质旅游活动依然匮乏，休闲度假设施建设薄弱，富有本地民族文化特色的元素挖掘不够，特色旅游商品种类偏少、档次偏低，观光旅游产品占主导的格局还未发生根本性转变，不足以满足旅游产品精细化、个性化、高端化的市场需求，导致转型升级步伐缓慢，旅游综合效益不高。

（二）区域旅游经济发展差异明显

由于各个圈层旅游发展受到开发时间、资源禀赋、地理区位、基础设施、接待设施等客观因素影响，各个旅游区发展存在不均衡、差异明显等特点。从 2017 年云南各州市旅游人次和旅游收入来看，以昆明为核心的滇中圈、以大理丽江为代表的滇西南、以西双版纳为主的滇南圈，因其突出的旅游中心地地位、资源优势等，成为境内外游客主要旅游目的地。而以红河为代表的滇东南、以腾冲为代表的滇西及滇东北因发展较晚、交通不便等原因，旅游发展相对滇中、滇西北、滇西南等地略显不足。而云南各个区域间的空间发展不对等、旅游业态不丰富、旅游要素发展不均衡等客观存在问题，迫使云南需要寻找一个突破口，缩小差异，均衡发展。

（三）信息网络平台用户体验有待完善

"一部手机游云南"是云南推广智慧旅游的核心项目，旨在通过手机端（App、微信小程序等）为游客提供一体化的目的地旅游服务，属于旅游综合服务平台，服务对象不局限于旅游群体，但软件设施并未全面覆盖，在被市场逐渐接受与用户使用后，还存在着很大的改进空间。其一是 App 推广渠道单一，初来云南旅游者在线上搜索云南旅游，很难找到 App 平台入口和宣传，只有到达景区景点后，才能在线下的使用场景中接触到该应用，并未实现其所宣传的游前游中游后旅游全程覆盖。其二是用户友好性差，从产品内容来看，游云南的产品类型不够全面，比起携程、去哪儿网等 OTA 平台，在特殊人群的针对性、产品种类的丰富性等方面，依然存在一定的差距。对于售后处理，线上互动少，有问题找客服、有咨询无落实等现象频繁出现。

（四）内部旅游交通设施环境有待提升

云南旅游发展有效地解决了云南省与外省之间互通有无的交通障碍，在安全、舒适、时效等方面都有了极大改善，而省内因地势高、山脉纵横、资源分散等问题给陆路交通设施建设带来了困难，同时交通信息闭塞、交通选择有限，造成旅游行程大部分时间在路途中，加上高原山路，颠簸崎岖，使得游客在云南旅游的体验满意度大大降低。因此，在如何缩短各个资源点之间的距离问题、解决行车途中设施环境舒适问题等仍是亟待解决的重点任务。

（五）体制机制创新不足，市场规范不够

文旅融合后，旅游管理体制还未能很好地适应旅游发展需要，行业管理力度偏弱、综合试点改革缓慢、资源环境保护"多头管理"等问题仍较突出。旅游建设环境不优，发展机制不够健全，旅游项目建设在立项审批、用地供给、金融支持等方面还存在环节多、周期长、手续复杂等制约因素，招商引资、鼓励引导国内外企业参与投资开发、经营管理的优惠扶持政策和公平市场环境亟须进一步强化和完善。旅游市场综合管理、联动执法的长效机制尚未完全建立起来，行业监管队伍建设滞后，旅游市场监管合力不强，监管手段创新完善不足，侵害旅游者和导游的合法权益、扰乱旅游市场秩序、非法经营行为及旅游安全问题等时有发生。因此，加快机制体制改革、规范旅游市场是云南旅游转型升级的革新点。

（六）旅游市场竞争激烈，云南旅游优势未凸显

云南与周边省区相比较，目前国内客源市场主要以大西南和沿海发达城市为主，国际客源主要以东南亚、日韩和我国港澳台地区客源市场为主。随着国内各省区加快旅游业发展，再加上部分旅游产品和旅游资源与周边省区具有同质性，在基础设施、旅游环境、旅游服务水平、旅游经济等方面与周边的省份相差不大，使云南虽然在入境旅游方面还具有比较优势，但在国内旅游市场上已经退居西部几个旅游发达省区之后，面临"前有标兵、后有追兵、不进则退、慢进也退"的激烈市场竞争挑战。而与东中部发达地区相比，云南省经济发展相对落后，在旅游资源开发利用、基础设施的建设、旅游宣传与推销等方面投入不够，限制了旅游产业发展，市场竞争力稍显不足。因此云南亟须突破现阶段旅游发展瓶颈，寻找旅游发展突破口。

（七）资源要素供给短缺，发展动力不足

受资源要素短缺限制，许多旅游重大重点项目难以实现落地建设，极大影响了旅游用地建设和产业发展。而项目落地的前提是需要有专业的旅游规划人才引领和项目资金投入，就项目资金来说，旅游项目落地建设涉及旅游基础设施、公共服务设施、安全保障设施、土地利用等建

设，虽然省级财政加大了旅游建设发展的支持力度，启动资金依然短缺，部分旅游项目实施虽由政企合作共同完成，大多数变成房地产开发，对旅游发展的支撑较为薄弱。同时，缺乏旅游专业人才对实地项目的正确引导，导致一些落地项目无法产生经济效益。此外，科技应用相对薄弱，旅游信息化投入不足，现代科技对旅游发展的推动力不强，以及各种地震、疫情、森林火灾等不可抗力的自然因素对旅游发展造成了一定的影响。

第五章
云南省旅游转型升级影响因素
识别及驱动机制分析

区域旅游转型升级研究因涉及主体多样、产业要素广泛等特点，其影响因素和驱动机制较为复杂。本部分首先使用 DEMATEL 决策实验室法对旅游转型升级影响因素进行识别分析；在此基础上，构建起旅游消费需求变革、旅游目的地供给能力、管理体制与服务、科技创新为核心因子的驱动机制；最后，通过灰色关联度分析对云南旅游转型升级驱动机制进行实证分析与评价。影响因素识别和驱动机制构建将为云南旅游转型升级任务解构与基本实现路径等提供重要的学理依据和实践指导。

第一节　旅游转型升级影响因素识别

一、影响因素识别方法及指标选择

（一）影响因素识别方法

DEMATEL（Decision Making Trial and Evaluation Laboratory）决策实验室法是由美国学者 A. Gabus 和 E. Fontela 于 1971 年在日内瓦的 Battelle 协会上提出的一种基于矩阵与图论工具进行系统因素分析的方法[107]。该方法通过分析系统中各个因素间的逻辑关系及影响强弱程度来对各因素进行定量评价，进而建立综合影响矩阵。通过矩阵模型计算，得出每个因素对其他因素的影响力度及被影响力度，最终得出每个因素的中心度和原因度。DEMATEL 评价通过原因度分析指标因素的作用方向，通过中心度分析指标因素的重要性，以此两方面的综合分析弥补传统单一的对指标因素分析而产生的信息缺失，从而达到对关键性因素进行归纳分类和研究分析的目的。该评价方法对因素之间的逻辑关系分析的较为透彻，尤其对因果关系复杂不确定的指标系统更为有效，因此广泛应用于工程技术、企业决策管理、风险评估、经济分析、市场战略、教育等多个领域。在旅游转型升级影响因素的识别中，由于指标的复杂性和不确定性，本部分将采用 DEMATEL 决策实验法对各评价指标进行分析处理，辨识各评价指标内外的联系，进而明确评价因素之间的相互影响程度。

DEMATEL 的实施步骤分为：①通过文献研究和专家咨询进行影响因素初选，确定影响因素指标集；②对各指标之间是否产生影响进行打分，确定各指标之间的关系；③根据指标打分结果形成初始化影响因素直接影响矩阵 M；④计算形成正规化矩阵 N，在此基础上形成影响因素综合影响矩阵 T；⑤通过综合影响矩阵求解影响度、被影响度、原因度、中心度等指标进行影响因素分析，识别关键影响因素[108]。

相关计算公式如下：

$$M = (ajj)_{n*n}，其中\ ajj\ 取值为\ 0,1 \tag{5-1}$$

$$Maxvar = \max\left(\sum_{j=1}^{n} aij\right) \tag{5-2}$$

$$N = \left(\frac{ajj}{Maxvar}\right)_{n*n} \tag{5-3}$$

$$T = N(I - N)^{-1}，其中\ I\ 为单位矩阵 \tag{5-4}$$

（二）确定影响因素指标集

在已有研究成果的基础上，结合旅游转型升级内涵和旅游业的综合性特点，充分考虑旅游目的功能价值、旅游产业主体延展、体制机制重构、科技支撑四个方面收集整理国内外现有文献，提炼整理出旅游转型升级影响初始指标22项，为保证研究的科学性，通过专家调研进行进一步的指标筛选、剔除与补充，最终构建出由17项旅游转型升级初始影响指标组成的影响指标集（见表5-1）。指标集中14项源于文献整理并获专家肯定，3项源于相关专家补充。

表 5-1 旅游转型升级影响因素指标集

序列	指标名称	指标释义	指标来源
F1	A 级旅游景区数量	反映地区旅游资源禀赋和供给状况	根据潘冬南（2017）文章修改[109](P45)
F2	旅行社数量	反映地区旅游接待能力和市场化水平	根据潘冬南（2017）文章修改[109](P45)
F3	星级饭店数量	反映地区旅游接待能力	根据潘冬南（2017）文章修改[109](P45)
F4	博物馆数量	反映地区公共文化服务水平	根据崔雪丽（2016）文章修改[110](P28)
F5	旅客周转量	反映地区可进入性和市场潜力	根据田纪鹏等（2015）文章修改[111](P63)
F6	航线运输里程	反映地区对外联系紧密程度	根据崔雪丽（2016）文章修改[110](P29)
F7	高速公路里程	反映地区内部交通发达程度	根据崔雪丽（2016）文章修改[110](P29)
F8	旅游院校数量	反映地区旅游发展人才储备程度	根据崔雪丽（2016）文章修改[110](P28)
F9	旅游从业人数	反映地区旅游人才供给和就业能力	根据崔雪丽（2016）文章修改[110](P28)
F10	科研获奖数量	反映地区科技研发能力	根据杨坚（2013）文章修改[112]
F11	旅游政策发文量	反映地区政府旅游管理调控程度	根据钟玲（2013）文章修改[113](P26)
F12	专利获取数	反映智力储备和创新能力	根据韩欢乐（2015）文章修改[114](P35)
F13	一般公共预算支出	反映地区公共服务资金投入	参考专家咨询意见
F14	旅游接待人次	反映地区旅游吸引力和市场规模	参考专家咨询意见
F15	高等院校在校生增长率	反映地区旅游转型升级的技术潜力	根据韩欢乐（2015）文章修改[114](P35)
F16	游客人均日消费	反映地区旅游消费能力	参考专家咨询意见
F17	旅游业增加值	反映旅游产业资本增长水平	根据吴盼等（2014）文章修改[115]

二、影响因素识别与分析

在旅游转型升级影响因素初始指标集建立的基础上，为综合检验指标的代表性和影响力并识别其中的关键因素，首先将以（0，1）二进制进行专家打分确定旅游转型升级影响因素直接影响矩阵。如果指标集中的某个指标 F_i 与指标 F_j 存在直接影响关系，则相应直接影响矩阵中第 i 行第 j 列元素记为 1，若指标 F_i 与指标 F_j 不存在直接影响关系或影响关系较弱，则相应直接影响矩阵中第 i 行第 j 列元素记为 0。通过两两指标之间的对比打分构建起 13×13 旅游转型升级直接影响矩阵（见表5-2）。在直接影响矩阵的基础上进行矩阵正规化 [公式（5-2）、（5-3）]（见表5-3），并通过 MATLAB R2018a 计算生成旅游转型升级影响因素综合影响矩阵 [公式（5-4）]（见表5-4）。

表5-2 旅游转型升级影响因素直接影响矩阵

	F1	F2	F3	F4	F5	F6	F7	F8	F9	F10	F11	F12	F13	F14	F15	F16	F17
F1	0	1	1	0	0	0	0	0	1	0	0	0	0	1	0	0	1
F2	0	0	0	0	0	0	0	0	0	0	0	0	1	0	0	1	1
F3	0	0	0	0	0	0	0	0	1	1	0	0	0	0	0	1	1
F4	0	0	0	0	0	0	0	0	0	1	0	0	1	0	0	0	0
F5	0	0	1	0	0	1	1	0	0	0	0	0	1	1	0	0	0
F6	0	0	0	0	0	0	0	1	0	0	0	0	0	0	0	0	0
F7	0	0	0	0	1	0	0	0	0	0	0	0	1	0	0	0	0
F8	0	0	0	0	0	0	0	0	1	1	0	1	0	0	0	0	0
F9	0	0	0	0	0	0	0	1	0	0	0	0	0	1	0	0	0
F10	0	0	0	0	0	0	0	0	0	0	0	1	0	0	0	0	1
F11	1	1	1	0	0	0	0	0	0	0	0	1	1	0	0	0	0
F12	0	0	0	0	0	0	0	0	0	1	0	0	0	0	0	0	1
F13	0	0	1	1	1	0	1	0	0	0	0	0	0	0	0	0	1
F14	0	1	1	0	0	0	0	0	0	1	1	0	0	0	0	0	1
F15	0	0	0	0	0	0	0	1	0	0	0	0	0	0	0	0	0
F16	1	0	1	0	0	0	0	0	1	0	1	0	0	0	0	0	1
F17	1	1	1	0	1	0	0	1	1	1	0	1	0	0	0	0	0

表 5-3　旅游转型升级影响因素直接影响正规化矩阵

	F1	F2	F3	F4	F5	F6	F7	F8	F9	F10	F11	F12	F13	F14	F15	F16	F17
F1	0.000	0.125	0.125	0.000	0.000	0.000	0.000	0.000	0.125	0.000	0.000	0.000	0.000	0.125	0.000	0.000	0.125
F2	0.000	0.000	0.000	0.000	0.000	0.000	0.000	0.000	0.125	0.000	0.000	0.000	0.000	0.125	0.000	0.000	0.125
F3	0.000	0.000	0.000	0.000	0.000	0.000	0.000	0.125	0.125	0.000	0.000	0.000	0.000	0.000	0.000	0.125	0.125
F4	0.000	0.000	0.000	0.000	0.000	0.000	0.000	0.000	0.125	0.000	0.000	0.000	0.125	0.000	0.000	0.000	0.000
F5	0.000	0.000	0.125	0.000	0.000	0.125	0.125	0.000	0.000	0.000	0.000	0.000	0.125	0.125	0.000	0.000	0.000
F6	0.000	0.000	0.000	0.000	0.125	0.000	0.000	0.000	0.000	0.000	0.000	0.000	0.000	0.000	0.000	0.000	0.000
F7	0.000	0.000	0.125	0.000	0.125	0.000	0.000	0.000	0.125	0.000	0.000	0.000	0.125	0.000	0.000	0.000	0.000
F8	0.000	0.000	0.000	0.000	0.000	0.000	0.000	0.125	0.000	0.125	0.000	0.000	0.000	0.000	0.125	0.000	0.000
F9	0.000	0.000	0.000	0.125	0.000	0.000	0.000	0.000	0.000	0.000	0.000	0.125	0.000	0.000	0.000	0.000	0.125
F10	0.000	0.000	0.000	0.000	0.125	0.000	0.125	0.125	0.125	0.125	0.125	0.125	0.125	0.125	0.000	0.000	0.125
F11	0.125	0.125	0.125	0.000	0.125	0.000	0.000	0.000	0.000	0.125	0.125	0.000	0.000	0.000	0.000	0.000	0.000
F12	0.000	0.000	0.000	0.000	0.000	0.000	0.000	0.000	0.000	0.000	0.000	0.125	0.125	0.000	0.000	0.000	0.125
F13	0.000	0.000	0.000	0.000	0.000	0.000	0.000	0.000	0.125	0.000	0.125	0.000	0.000	0.000	0.000	0.000	0.125
F14	0.000	0.125	0.000	0.000	0.000	0.000	0.000	0.125	0.000	0.000	0.125	0.000	0.000	0.000	0.000	0.000	0.125
F15	0.000	0.000	0.000	0.000	0.000	0.000	0.000	0.000	0.125	0.000	0.000	0.000	0.000	0.000	0.000	0.000	0.000
F16	0.125	0.000	0.125	0.000	0.000	0.000	0.000	0.000	0.000	0.000	0.125	0.000	0.000	0.000	0.000	0.000	0.125
F17	0.125	0.125	0.125	0.000	0.000	0.000	0.000	0.125	0.125	0.000	0.125	0.000	0.125	0.000	0.000	0.000	0.000

表5-4 旅游转型升级影响因素综合影响矩阵

	F1	F2	F3	F4	F5	F6	F7	F8	F9	F10	F11	F12	F13	F14	F15	F16	F17
F1	0.043	0.191	0.199	0.013	0.036	0.005	0.017	0.101	0.254	0.023	0.068	0.015	0.101	0.167	0.032	0.025	0.252
F2	0.033	0.055	0.059	0.010	0.031	0.004	0.014	0.068	0.204	0.017	0.055	0.011	0.083	0.147	0.025	0.007	0.202
F3	0.049	0.040	0.058	0.008	0.012	0.001	0.009	0.193	0.203	0.034	0.052	0.028	0.063	0.019	0.025	0.132	0.203
F4	0.009	0.011	0.015	0.020	0.025	0.003	0.023	0.032	0.146	0.008	0.027	0.005	0.162	0.009	0.018	0.002	0.046
F5	0.021	0.040	0.178	0.026	0.081	0.135	0.161	0.052	0.077	0.015	0.058	0.008	0.205	0.150	0.010	0.022	0.090
F6	0.003	0.005	0.022	0.003	0.135	0.017	0.020	0.006	0.010	0.002	0.007	0.001	0.026	0.019	0.001	0.003	0.011
F7	0.008	0.012	0.032	0.021	0.156	0.020	0.040	0.015	0.022	0.006	0.029	0.003	0.166	0.026	0.003	0.004	0.035
F8	0.010	0.011	0.012	0.004	0.005	0.001	0.004	0.031	0.144	0.149	0.012	0.148	0.030	0.005	0.018	0.002	0.064
F9	0.029	0.034	0.038	0.022	0.027	0.003	0.025	0.183	0.068	0.032	0.047	0.027	0.173	0.017	0.134	0.005	0.178
F10	0.024	0.028	0.030	0.004	0.006	0.001	0.005	0.033	0.040	0.024	0.027	0.132	0.032	0.011	0.005	0.004	0.166
F11	0.162	0.203	0.213	0.029	0.058	0.007	0.036	0.226	0.287	0.169	0.080	0.049	0.234	0.188	0.036	0.027	0.191
F12	0.024	0.028	0.030	0.004	0.006	0.001	0.005	0.033	0.040	0.135	0.027	0.021	0.032	0.011	0.005	0.004	0.166
F13	0.047	0.058	0.081	0.141	0.170	0.021	0.162	0.070	0.102	0.032	0.173	0.013	0.124	0.056	0.013	0.010	0.190
F14	0.064	0.204	0.229	0.033	0.178	0.022	0.055	0.128	0.278	0.045	0.206	0.022	0.264	0.081	0.035	0.029	0.277
F15	0.001	0.001	0.002	0.000	0.001	0.000	0.001	0.129	0.018	0.019	0.002	0.018	0.004	0.001	0.002	0.000	0.008
F16	0.178	0.079	0.210	0.010	0.019	0.002	0.012	0.094	0.128	0.035	0.173	0.016	0.078	0.056	0.016	0.026	0.226
F17	0.171	0.199	0.208	0.028	0.042	0.005	0.034	0.234	0.283	0.057	0.186	0.036	0.226	0.075	0.035	0.026	0.160

　　为了进一步进行影响因素分析，计算出旅游转型升级影响因素综合影响矩阵中的行和与列和。行和即影响度，表示各行指标对其他指标的综合影响值；列和即被影响度，表示各列指标受其他指标的综合影响值。影响度与被影响度之差为该指标的原因度，表示该指标与其他指标的因果逻辑关系强弱程度；影响度与被影响度之和为该指标的中心度，表示该指标在指标集中的重要程度（见表5-5）。原因度越大，说明该指标对于旅游转型升级的作用效果越明显，是旅游转型升级的关键影响因素。原因度 >0 表明该指标对其他指标影响大，称为原因要素，原因度 <0 表明该指标受其他指标影响大，称为结果因素；中心度越大，说明该指标在指标体系中的位置越接近中心，所起到的作用越大[116]。分别以中心度、原因度为横纵坐标轴，以中心度、原因度均值坐标为原点，绘制出旅游转型升级影响因素关系图（见图5-1）。

表5-5 旅游转型升级影响因素影响指数

影响因素	被影响度	影响度	原因度	中心度	影响因素	被影响度	影响度	原因度	中心度
F1	0.878	1.544	0.666	2.421	F10	0.801	0.572	-0.229	1.374
F2	1.201	1.024	-0.177	2.225	F11	1.229	2.196	0.967	3.425
F3	1.616	1.132	-0.484	2.747	F12	0.554	0.572	0.019	1.126
F4	0.375	0.563	0.187	0.938	F13	2.003	1.462	-0.541	3.464
F5	0.989	1.329	0.340	2.318	F14	1.037	2.149	1.112	3.186
F6	0.249	0.291	0.042	0.540	F15	0.413	0.206	-0.207	0.619
F7	0.624	0.599	-0.025	1.223	F16	0.327	1.360	1.033	1.687
F8	1.628	0.648	-0.980	2.276	F17	2.465	2.006	-0.459	4.471
F9	2.304	1.040	-1.263	3.344					

　　由图5-1可以看出，F1（A级旅游景区数量）、F5（旅客周转量）、F11（旅游政策发文量）、F14（旅游接待人次）位于坐标系的第一象限，即上述指标在指标集的原因度与中心度都比较高，是旅游转型升级的关键因素。A级旅游景区数量直观反映了旅游目的地的资源禀赋状况，是目的地发展的重要基础。随着旅游消费偏好的变化，"唯景区论"已经无法适应旅游发展现实。然而A级旅游景区在旅游转型升级中的作用

仍然是关键性的。无论是新兴市场主体培育、多元业态植入，还是品牌形象创新、综合效益评估，景区都是最佳的排头兵和试验田，承载着目的地和游客的共同价值需要；旅游接待人次和旅客周转量分别在一定程度上表征着旅游目的地现实和潜在的旅游需求规模。这两项指标作为关键指标，体现了旅游需求驱动对旅游目的地的突出意义，在旅游转型升级中将作为内生驱动力量为目的地注入发展活力；旅游政策发文量反映了政府对地区旅游发展的重视程度和调控力度。旅游转型升级的过程，是矛盾凸显、问题显现的过程。目的地需要调和特色需求与固有供给的矛盾、需要面对传统旅游企业与互联网旅游企业激烈竞争的现实、需要规划更丰富的要素投入、需要进行区域资源整合和诸多利益协调，这些非个人或企业之力能够完成，必须有政府、行业协会等综合力量的充分参与和科学引导。相关旅游政策的出台将为旅游转型升级发挥重要的调控作用，是旅游转型升级的关键影响因素。

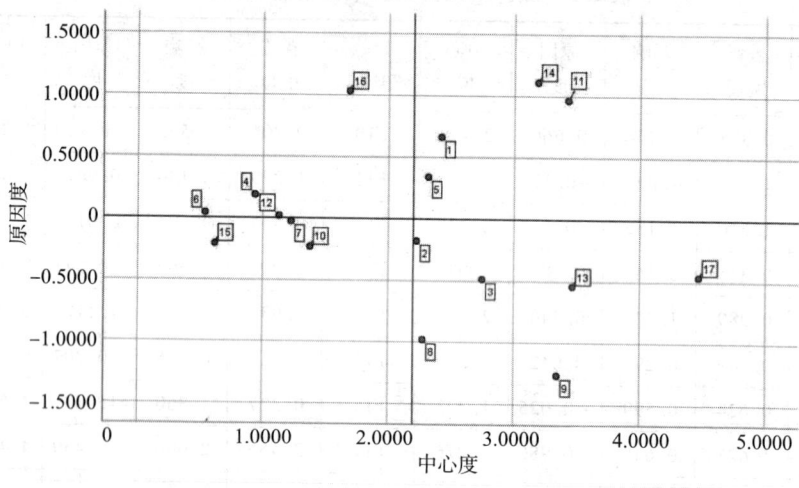

图 5-1 旅游转型升级影响因素关系

F4（博物馆数量）、F6（航线运输里程）、F12（专利获取数）、F16（游客人均日消费）位于坐标系的第二象限，原因度较高，但中心度稍稍偏低，这些指标远离关键因素，但对其他因素有不可忽视的影响。博物馆数量在一定程度上代表了某区域文化、艺术发展状况水平。目的地对游客的吸引力已不仅仅体现在 A 级景区数量或传统旅游资源上。在文旅深度融合的发展趋势下，目的地的文化底蕴彰显了其旅游发展的独特优势。博物馆等公共文化设施不仅丰富着当地居民的文化活动，也拓展了新的旅游业态和旅游功能；航线运输里程表明了地区可进入性和对外联系密切程度，在旅游转型升级过程中，这将直接影响其吸引客源的范围，进而影响到该地方旅游产业的空间竞争能力[110]；专利获取数是地区创新能力的反映。从产业研发到宣传营销等各个环节，创新创意都是永续的动力之源；游客人均日消费是旅游消费能力的重要反映，对精准把握现阶段旅游需求和未来旅游发展趋势，实现提质增效，促进目的地转型升级具有重要价值。

F7（高速公路里程）、F10（科研获奖数量）、F15（高等院校在校生增长率）位于坐标系的第三象限，原因度和中心度都偏低，相比之下对旅游转型升级的影响较小。从当前的旅游发展态势和游客需求来看，不管是高速公路里程所表征的地区内部通达性还是科研获奖数量、高等院校在校生增长率所表征的人才科技实力等，都是旅游转型升级的有利因素。然而从某种意义上说，地方的基础设施和人才科技实力更偏向于作为支撑条件存在，是旅游转型升级不可或缺的一部分，但却不作为主要的驱动因素存在。

F2（旅行社数量）、F3（星级饭店数量）、F8（旅游院校数量）、F9（旅游从业人数）、F13（一般公共预算支出）、F17（旅游业增加值）位于坐标系的第四象限，原因度较低但中心度较高，这些指标受指标集内其他因素影响较低，但对旅游转型升级仍具有重要意义。当前我国旅游产品结构转型已从"观光产品"为主向"观光休闲产品"转变，受旅游个性化消费趋势的冲击，标准化的产品服务逐渐成为旅游企业的短板。旅行社和星级饭店集中反映了目的地的接待能力，当游客将旅游作为异地的生活方式，渴望在目的地有更多的停留时间去参与目的地生活的观念逐渐兴起，旅行社和星级饭店的角色能否发生变化将影响目的地能否成功打造新的旅游消费增长极；旅游院校数量和旅游从业人数代表着旅游专业化人才储备和科技创新能力，旅游专业人才是旅游转型升级创造力的直接提供者，促进旅游服务标准化和特色化的结合、精细化和人性化、专业化与智能化的结合需要专业化人才的深入参与[117]；一般公共预算支出反映了政府在公共事业方面的投入。旅游的发展需要资金支持，更需要一个科技、教育、文化、生态等各种要素协调共存的发展环境。政府的投入将形成示范，推动建立并完善多元投资体系[113]，促进旅游转型升级；旅游业增加值的大小是企业投资、业态拓展、政府管理与服务的风向标，反映着旅游产业的经济效益，将会影响旅游转型升级的步伐。

综上，通过 DEMATEL 分析方法，本研究对旅游转型升级初始影响指标集中的 17 项指标进行了系统分析。综合来看，A 级旅游景区数量、旅客周转量、旅游政策发文量、旅游接待人次、博物馆数量、航线运输里程、专利获取数、游客人均日消费、旅行社数量、星级饭店数量、旅游院校在校生数量、旅游从业人数、一般公共预算支出、旅游业增加值等 14 项指标对旅游转型升级具有关键性或重要影响。相比之下，高速公路里程、科研获奖数量、高等院校在校生增长率 3 项指标对旅游转型升级的影响较小。旅游转型升级是多种因素综合作用的结果，下一部分将在影响因素识别分析的基础上，深入探究其驱动机制以为实践提供指导。

第二节　旅游转型升级驱动机制的理论分析

旅游转型升级是多重因素作用的结果。已有研究认为旅游转型升级与政治政策、市场需求和供给、产业体系结构、科技创新及其他外部环境等因素有关[73][118]。结合系统理论及所识别旅游转型升级影响因素，从旅游转型升级任务现实的视角将旅游转型升级的驱动因子识别为内生驱动因子（旅游消费需求变革）、原生驱动因子（旅游目的地供给能力）、调控因子（管理体制与服务）、支撑因子（科技创新），并从上述四类因子出发探究旅游转型升级的驱动力关系（见图 5-2）。

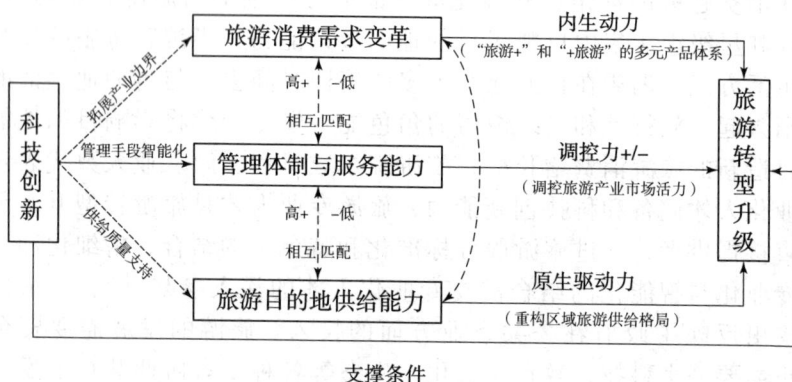

图 5-2　旅游转型升级的驱动因子及驱动关联机制

一、旅游消费需求变革是旅游转型升级的内生动力

随着经济社会的发展和人民生活幸福感的提高，旅游消费需求从传统观光消费向多元休闲消费转换，旅游消费日益呈现多元化、情感化、深度体验性和边界扩大化特征，我国已进入大众旅游新时代，旅游成为一种异地的生活方式。游客对旅游产品的需求趋向于追求精致生活与高度的自我一致性。游客在目的地选择时，既渴望愉悦度，也追求融入度，既希冀满意度，亦崇尚难忘度，既需要审美、享乐，也需要社交、学习，尤其呈现出追求自我完善和发展的倾向，游客对目的地的新要求是一个可以与地方居民共享共感的综合消费空间，一个异地的生活空间。这将使得旅游消费决策、购买行为、组织方式、消费结构和游后评价等方面产生质的变化[119]。为了适应大众旅游新时代下的旅游消费变革，满足游客与居民创建共享共感生活空间的诉求，目的地各种旅游产品、要素、业态都将进行全面的转型升级，促进目的地有效供给能力提升。

二、旅游目的地供给能力是旅游转型升级的原生驱动因子

旅游目的地供给的单调化与标准化，难以满足优质旅游新需求，亦难以应对区域旅游目的地强烈的竞争威胁。强烈的市场需求和生存需要有效刺激了目的地各旅游要素、业态在优化存量、培育增量、淡化边界、加速融合等多个方面强化其供给能力。目的地需要加快旅游产业横向联动，促进文化休闲、旅游演艺、休闲体育、户外运动、医疗养生、商务会展等多业态共生共融，推进"旅游＋"和"＋旅游"的多元产品体系形成。旅行商、旅游景区、旅游住宿机构、个体经营户及其他涉旅企业必须与政府、社会力量一道紧盯目标市场需求，创新旅游产品服务、优化旅游产业环境、培育新兴市场主体、建设个性化品牌，进行全域、全时、全季的要素提升，重构投资、技术、创意、生产、服务综合发展的区域旅游供给体系和供给格局，实现旅游产业转型升级。

三、管理体制与服务是旅游转型升级重要调控力

管理体制和服务能力可以加速或减缓产业转型升级步伐，是旅游转型升级的润滑剂，在旅游企业引导、旅游招商引资、旅游实验区建

设、旅游新业态发展、旅游市场治理、旅游安全防范、旅游目的地营销等方面发挥着独特的作用。旅游产业发展过程中，管理体制和服务与经济基础匹配水平的高低是降低或提高旅游产业管理效率关键因素，高匹配管理体制与服务能力可以有效调控旅游产业市场活力，助力旅游科学化、规范化和高效率发展。积极有效的旅游政策在协调各市场主体、各产品要素方面的战略效应在全域旅游布局和"旅游革命"深入推进的过程中体现出了重要的政策乘数效应，也将在旅游转型升级过程中资源有效配置、旅游需求导向、目的地管理水平提升、美好生活空间构建等问题上通过政府、企业、行业协会之间的协调合作成为重要的调控力量。

四、科技创新是旅游转型升级的重要支撑条件

科学技术是第一生产力。在云计算、物联网、大数据、人工智能、5G通信等新兴科技日益渗透到我国经济社会多个领域的今天，人们对智慧旅游的需求日渐成为趋势，智慧旅游成为未来旅游的发展方向。总体来讲，科技创新为旅游体验、旅游产业供给、旅游管理体制与服务等各个方面带来了革命性的突破和意义。以人才建设和创新驱动为核心进行旅游科技研发有效拉近了游客与旅游目的地之间的距离，改变了传统的旅游时空概念，实现了旅游体验的智慧化升级；在拓展旅游的产业边界，强化旅游产业相互渗透性，精准化了解游客偏好并预测旅游消费行为，提升区域旅游产业供给能力与供给质量等方面也具有重要意义[35]。此外，科技创新还为旅游管理体制与服务提供了新的手段，在舆情监控、投诉处理、环境监测、安全预警等服务管理环节彰显着信息化和智能化优势。科技创新是促进旅游转型升级的重要外部支撑力量。

第三节 云南旅游转型升级驱动机制实证分析

为深入分析云南省旅游转型升级的内外部环境态势及其转型升级驱动机制，识别其中的薄弱环节并为优化提升提供指导，本部分在旅游转型升级影响因素识别和驱动机制理论初探的基础上，对云南旅游转型升级驱动机制进行实证分析，以便诊断云南旅游转型升级中存在的问题。

一、云南旅游转型升级驱动机制实证模型构建

(一)方法确定

旅游转型升级驱动机制是一个动态灰色系统。尽管旅游需求变革、旅游目的地供给能力、管理体制与服务、科技创新四类因子存在一些与其密切相关的量化指标,但整个机制中各因子作用力的强弱及变化趋势等难以直观把握。因此可以运用灰色系统的理论和方法来进一步阐释云南旅游转型升级中四类因子与旅游转型升级的关联性。

对两个系统或两个因素之间关联性大小的量度称为"关联度",灰色关联度分析是灰色系统理论的核心内容之一,是对运行机制与物理原型不清晰或者根本缺乏物理原型的灰色关系序列化、模式化,进而建立灰色关联分析模型,并对系统变化发展态势进行定量描述和比较的分析方法。灰色关联分析的思路是先进行变量选取并确定系统参考序列和比较序列,然后计算关联系数得到关联矩阵及关联度,最后根据关联度数值的大小对相关因素序列进行排序[120]。

(二)变量选取

测评指标的选取是进行灰色关联总和评价的基础,也会直接影响到分析结果。根据前述旅游转型升级影响因素识别和驱动机制理论初探分析,区域旅游产业转型发展会受到旅游需求变革、旅游目的地供给能力、管理体制与服务、科技创新四类因子和多重因素的综合影响,依据综合性、系统性、间接性、可量化、可操作性等原则,以旅游转型升级驱动因子为基础构建包括旅游需求规模、旅游供给能力、旅游管理体制与服务、旅游科技支撑为一级指标的云南省旅游转型发展评价指标体系。考虑到现有统计数据尚不完善,尤其是历时性数据存在统计口径不一致、统计指标变化等问题,对指标体系中的某些指标使用代理变量进行表征,具体情况如下。

旅游需求状况:旅游需求状况能够反映旅游目的地旅游发展潜力,其动态变化对于捕捉旅游需求变革特征具有重要意义。旅游接待人次是最直接的需求规模衡量指标,体现了一定时期的旅游吸引力;游客的消费能力在一定程度上反映了有效需求,能够为政府和旅游企业决策提供重要参考,由于相关统计不完善,以旅游产业增加值、入境游客(过

夜）人均日消费进行表征[121]。此外，旅游需求状况还需进行科学预测为相关决策提供依据，旅客周转量尽管不是直接的旅游统计指标，但能在一定程度上反映地区旅游需求潜力。综上所述，以旅游接待人次、旅游产业增加值、入境游客（过夜）人均日消费、旅客周转量4个指标作为旅游需求状况的测算依据。

旅游供给能力：在前述旅游转型升级影响因素识别中，A级旅游景区数量是旅游转型升级具有关键性意义的影响因素，反映出目的地的资源潜力和产品优势。星级饭店数量、旅游从业人数和旅行社数量在衡量目的地供给尤其是接待能力的衡量上，已经被诸多研究证实[109]。因此，以A级旅游景区数量、旅行社数量、星级饭店数量、旅游从业人数4个指标作为目的地旅游供给能力的测算依据。

管理体制与服务：管理体制与服务的量化指标选取存在一定的难度。在前述分析中，旅游政策发文量是旅游转型升级的关键因素。政策在一定程度上反映了目的地管理体制与服务特征，政策发文量越大，说明旅游转型升级中政府管理与服务的调控作用发挥越强[111]。此外，前述分析结果显示一般公共预算支出中心度较大，亦是旅游转型升级的重要因素。公共预算支出尽管难以直观衡量政府在旅游发展中的投入力度，但随着旅游消费的不断提升，目的地公共事业、公共服务等的优化将对目的地形象产生重要影响。因此，选取旅游政策发文量和一般公共预算支出2个指标对管理体制与服务进行测算衡量。

旅游科技支撑：科技支撑是旅游转型升级的重要潜在动力。在知识经济时代，人才资本和创新能力日益成为关键。专利获取数、旅游院校数量不仅体现了目的地创新能力，也在一定程度上反映出创新人才规模。在前述分析中，科研获奖数原因度与中心度较低，但在专业化旅游人才和科技创新实力的衡量方面，该项指标仍具有不可替代性，尽管其不是驱动旅游转型升级的关键力量，但却构成了旅游转型升级的重要支撑。因此，选取专利获取数、科研获奖数、旅游院校数量3个指标作为科技创新支撑的衡量指标[113]。

综上所述，建立起由旅游需求状况、旅游供给能力、管理体制与服务、旅游科技支撑4个一级指标和分属四类一级指标的13个二级指标共同组成的云南旅游转型升级驱动机制评价指标（见表5-6）。指标体系中的数据来自2009—2018年的《中国旅游统计年鉴》《云南统计年鉴》和北大法宝网（www.pkulaw.cn）公布的数据。

表5-6　云南省旅游转型升级驱动机制评价指标体系

层次	一级指标	二级指标	指标符号	数据来源
参考序列	旅游产业转型水平	旅游总收入	x_0	《云南统计年鉴》
比较序列	旅游需求状况	旅游接待人次	x_1	《云南统计年鉴》
		旅游产业增加值	x_2	《云南统计年鉴》
		入境游客（过夜）人均日消费	x_3	《中国旅游统计年鉴》
		旅客周转量	x_4	《云南统计年鉴》
	旅游供给能力	A级旅游景区数量	x_5	《中国旅游统计年鉴》
		旅行社数量	x_6	《中国旅游统计年鉴》
		星级饭店数量	x_7	《中国旅游统计年鉴》
		旅游从业人数	x_8	《中国旅游统计年鉴》
	管理体制与服务	旅游政策发文量	x_9	北大法宝网
		一般公共预算支出	x_{10}	《云南统计年鉴》
	旅游科技支撑	专利获取数	x_{11}	《云南统计年鉴》
		科研获奖数	x_{12}	《云南统计年鉴》
		旅游院校数量	x_{13}	《中国旅游统计年鉴》

（二）计算步骤

1. 权重计算

考虑到各数据列的统计单位或初值不同，为使各项数据具有可比性，需要对原始数据进行无量纲化处理，以便比较不同量纲或不同量级的数据，常用的是数据的初值化或均值化，本研究采用初值化进行处理。计算公式为：

$$X'_i = \frac{X_i}{x_i(1)} = (x'_i(1), x'_i(2), \cdots, x'_i(n)) \qquad (5-5)$$

式中，$i = 0, 1, 2, \cdots, m$

2. 灰色关联分析

（1）确定系统参考序列和比较序列。首先，确定反映系统行为特征的参考序列和影响系统行为因素组成的比较序列，本研究将云南旅游转型升级看作是一个灰色系统。由于在现在的统计制度下，尚未有旅游产业转型的针对性统计指标，而旅游总收入水平在一定程度上是反映区域旅游整体发展水平的一个重要指标，因此文章选择云南省旅游总收入作为系统行为特征的参考序列，而将旅游需求状况、旅游供给能力、管理体制与服务、旅游科技支撑 4 个一级指标和分属四类一级指标的 13 个二级指标作为影响系统行为因素组成的比较序列。

（2）参考序列与比较序列的绝对差计算。记 $\Delta ij(k)$ 为比较序列的各个指标与参考序列的绝对值；绝对差值矩阵中的最大数和最小数即为两极最大差值 M 和最小差值 m。

（3）灰色关联分析方法。根据灰色关联度计算公式，计算云南省旅游转型升级影响因素关联系数记关联度，灰色关联度系数计算公式如下：

$$\xi_i(k) = \frac{\min_s \min_t |x_0(t) - x_s(t)| + \max_s \max_t |x_0(t) - x_s(t)|}{|x_0(k) - x_i(k)| + \rho \max_s \max_t |x_0(t) - x_s(t)|} \quad (5-6)$$

式中，(t) 为 x_i 和 x_j 在 t 时刻的关联系数；$\xi_i(k)$ 为比较数列 x_i 对参考数列 x_0 在第 k 个指标上的关联系数；ρ 是分辨率系数，一般来讲，分辨率系数 ρ 越大，分辨率越大；ρ 越小，分辨率越小，且分辨率系数 $\rho \in [0, 1]$，通常取值为 0.5；$\min_s \min_t |x_0(t) - x_s(t)|$，$\max_s \max_t |x_0(t) - x_s(t)|$ 分别为最大和最小二级差值；

计算灰色加权关联度，计算公式为：

$$r_i = \sum_{k1}^{n} w_i \xi_i(k) \quad (5-7)$$

式中，r 为关联度，其中 r_i 就是第 i 个指标的灰色加权关联度[122]。

二、云南旅游转型升级驱动机制分析评价

根据计算公式（5-6）、（5-7），得到各影响因素的灰色关联度大小，并对其进行排序，建立关联序（见表5-7）。在灰色关联度中，关联度越大说明该指标对结果的影响效应越显著。总体而言，云南省旅游需求状况、旅游供给能力、管理体制与服务、旅游科技支撑 4 个一级指标和分属四类一级指标的 13 个二级指标中有 12 个指标的关联度均在 0.6 以上，一方面说明旅游转型升级驱动机制评价中的指标选取较为合理，另一方面反映出云南省旅游转型升级过程中，驱动机制中的绝大部分因

子在发挥着重要作用。然而在关联度中"旅游政策发文量"指标关联度仅为0.232，与此同时，涉及旅游消费需求变革、旅游目的地供给能力、管理体制与服务、科技创新四类因子的驱动系统经过关联度排序也呈现出了不同的特征，需要进行进一步分析。

表5-7　云南省旅游转型升级灰色关联影响程度评价

一级指标	二级指标	关联度	关联序
旅游需求状况	旅游接待人次	0.840	2
	旅游产业增加值	0.809	3
	入境游客（过夜）人均日消费	0.719	9
	旅客周转量	0.725	8
旅游供给能力	A级旅游景区数量	0.749	7
	旅行社数量	0.773	5
	星级饭店数量	0.691	12
	旅游从业人数	0.749	6
管理体制与服务	旅游政策发文量	0.232	13
	一般公共预算支出	0.804	4
旅游科技支撑	专利获取数	0.857	1
	科研获奖数	0.708	10
	旅游院校数量	0.705	11

具体来看，涉及旅游需求状况的4个指标中，有2个在总体关联度排序中位列前3。这体现出云南旅游转型升级过程中，旅游消费需求变革作为关键性的内生驱动因子已经发挥了重要作用，旅游消费的带动作用日益明显。与此同时，入境游客（过夜）人均日消费、旅客周转量与旅游产业转型水平关联度相对较低，表明在旅游消费变革因子内部，各种要素所起到的具体作用有所差异。入境游客（过夜）人均日消费和旅客周转量作为旅游消费能力和潜在需求量的重要衡量，在云南旅游转型升级现实中尚未形成关键的驱动效应，这也间接说明了云南旅游转型升级还需要在供给侧进行深入改革，有效提升供给能力，通过产业要素的全面提升以及精准的宣传营销刺激游客消费，拉动潜在旅游消费市场，形成综合效益。总之，作为旅游转型升级内生驱动因子的旅游消费需求

变革在云南当下的旅游实践中具有关键性作用，涉及旅游消费的诸多因素需引起足够的重视，协调各方面利益需求，进而推动云南旅游转型升级的步伐。

涉及旅游供给能力的 4 个指标与旅游产业转型水平关联度均在 0.7 左右，但关联度排序不高。一定程度上说明目前云南旅游转型升级过程中旅游目的地供给能力作为原生驱动因子的驱动作用得到了一定程度的发挥，但在作用力的重要程度上要弱于旅游消费需求变革等其他因子。对目的地发展而言，供给能力是至关重要的一环，影响着旅游需求的实现和旅游体验的品质，更决定了目的地发展。在大众旅游新时代，云南在诸多供给要素方面难以适应新兴需求，需要有效发挥资源禀赋和发展基础方面的优势，以 A 级旅游景区、旅行社、星级饭店为突破口，加快旅游企业角色转变和功能提升，有效对接旅游需求；以旅游从业人员素质提升作为重要任务，优化人员结构，完善旅游人才培养、引进、考核、奖励的综合管理机制。以此两方面为重点，破解供给难题，服务于云南旅游转型升级实际，强化旅游供给能力在旅游转型升级中的驱动作用。

管理体制与服务的 2 个指标中，一般公共预算支出与旅游产业转型水平关联度高于 0.8，体现出了其在云南旅游转型升级中的关键作用；与此同时，旅游政策发文量与旅游产业转型水平关联度仅为 0.232，出现了严重的两极分化。随着云南一般公共预算支出的不断增多，在公共服务、市场治理、体制机制完善等各个方面云南的投入有效推进了云南旅游转型升级，政府管理与服务将继续发挥重要的调控作用；在前述分析中，旅游政策发文量在旅游转型升级中是关键性因素，但在云南发展实践中，其影响力明显不足。政府及其他管理机构在旅游转型升级中的调控作用对目的地发展的重要性不言而喻，然而合理的管理体制与服务，政策乘数效应的有效发挥需要等诸多问题的解决非一日之功，在调控力度、利益协调、规划引导、市场维护等方面，云南还需要从顶层设计出发提升治理能力，构建现代化旅游治理体系，引导全省旅游转型升级科学高效地推进。

旅游科技支撑的 3 个指标中，专利获取数与云南旅游产业转型水平的关联度达到 0.857，在所有 13 个指标中位居第一，这一定程度上反映了创意创新已经成为云南旅游转型升级的重要支撑，在转型升级过程中有着突出的价值和意义；旅游院校数量、科研获奖数量与云南旅游产业转型水平的关联度分别为 0.705 和 0.708，整体关联度较高但关联度排序不高，这体现出在科技创新支撑因子内部要素也呈现出了两极分化。总体而言，科技力量作为重要的发展支撑，在云南旅游转型升级过程中将发挥着加速器、创新源和驱动力的重要作用，从产品研发设计到旅游智慧化管理服务体系的构建，从游客互动体验升级到乡村旅游网络营销平台的完善[123]，从标准化到个性化、交互式的旅游发展模式等都需要高校，科研机构等众多科研力量为云南旅游转型升级建言献策。

　　综上所述，旅游消费需求变革、旅游目的地供给能力、管理体制与服务、科技创新四类因子在驱动云南旅游转型升级过程中已经不同程度地发挥了作用。各个因子内部要素与旅游转型之间关联度的两极分化现象是转型升级这样一个动态变化，各种力量综合交织下的必然结果。在云南旅游转型升级过程中，各类因子如何有效地发挥作用，还需要从转型升级任务设计、路径研究等多方面进行探析。

第六章
云南旅游转型升级的主要目标、
思路和重点任务

明确云南旅游转型升级的目标、思路、内容和重点任务就是明确云南旅游转型升级"向哪转""转什么"的问题。云南旅游转型升级应以打造"国际化、高端化、特色化、智慧化、全域化"的世界一流旅游目的地和面向南亚东南亚的旅游辐射中心为目标，通过转变发展理念、转变发展方式、转变管理模式，促进景区功能转型、旅游产品供给动能转换、管理体制重构、旅游智慧化水平提升，以实现省委、省政府提出的云南旅游转型升级的五大重点任务：旅游目的地转型升级、旅游产品转型升级、旅游公共基础设施转型升级、旅游管理服务转型升级、旅游数字化转型升级。

第一节　云南旅游转型升级的目标

一、总体目标

以高质量发展为目标，紧紧围绕落实云南旅游产业发展"国际化、高端化、特色化、智能化"的总要求和"云南只有一个景区，这个景区叫云南"的全域旅游理念，面向文旅产业供给侧结构性改革，以优化结构、提质增效、融合发展为主线，以改革创新为动力，以机构改革为契机，以"旅游革命"为抓手，着眼推进云南旅游目的地转型升级、推进旅游产品转型升级、推进旅游公共基础设施转型升级、推进旅游管理服务转型升级、推进旅游数字化转型升级，把云南建设成为世界一流旅游目的地和面向南亚东南亚的旅游辐射中心，把旅游产业培育成全省经济社会发展的重要战略性支柱产业和人民群众更加满意的现代服务业。

二、具体目标

（一）国际化

（1）从打造具有云南特质的国际化旅游产品、深化国际旅游合作、推进旅游目的地功能国际化、提升国际旅游营销品质、建设与国际接轨的旅游服务体系、优化国际旅游目的地环境、完善旅游目的地管理国际化七个方面促进云南世界一流旅游目的地建设。

（2）充分发挥云南沿边开放的区位优势，借助"一带一路"、澜沧江—湄公河次区域等国际合作机制，深化文化交流工作和国际区域旅游合作，加快跨境旅游合作区、边境旅游试验区建设，做强做优澜湄国际文化品牌，通过资源整合、规划设计、联合营销等方式开发提升一批连接南亚东南亚的边境跨境旅游产品和线路，提升出入境旅游通关便利化水平，把云南建成面向南亚东南亚的区域性国际旅游集散中心。

（二）高端化

（1）要牢牢把握旅游消费加快升级的特征，大力推进旅游业供给侧结构性改革，坚持全域旅游发展方式，通过实施"旅游+"战略，扩大产品供给，打造产品品牌，提高产品质量。

（2）改造提升传统产品，淘汰低端落后产品，扩大中高端旅游产品供给，注重提升旅游产品的文化内涵、科技含量、绿色元素，推动旅游产品从观光型为主向观光、休闲、度假、专项旅游并重的复合型产品转变，更好满足多样化、个性化、品质化旅游消费需求。

（三）特色化

立足资源特色，发挥比较优势，引进专业创意团队，积极探索云南民族文化、历史文化、边地文化、古道文化、抗战文化、生态文化、农耕文化、山地文化等与旅游融合发展的新途径，以文促旅、以旅彰文，将云南文旅资源优势转化为高质量发展的新动能，促进云南文化旅游产业从外延式扩张转变为外延、内涵双轮增长，打造特色文旅品牌体系，全面提升文化旅游产业整体水平和发展质量。

（四）智慧化

以"一部手机游云南"建设为抓手，进一步深化云计算、大数据、物联网、移动互联网、人工智能等新一代信息技术与旅游的深度融合，推动传统旅游发展方式、管理模式、业务流程的优化和提升，实现旅游服务、管理、营销、体验智能化，大力发展智慧旅游城市、智慧旅游景区、智慧旅游特色小镇、智慧旅游企业。

（五）全域化

以"云南只有一个景区，这个景区叫云南"为理念，将云南全域作为一个完整的旅游目的地进行整体规划布局、综合统筹管理、一体化营销推广，促进旅游业全空间扩展、全资源整合、全产业融合、全要素提升、全体系覆盖、全社会参与、全体制创新，实现旅游业全域共建、全域共融、全域共享发展。

第二节　云南旅游转型升级的思路

一、指导思想

深入学习贯彻党的十九大精神及十九届四中全会精神、习近平总书记关于旅游工作的重要论述及考察云南重要讲话精神，牢固树立和贯彻创新、协调、绿色、开放、共享发展理念。以高质量发展为目标，紧紧围绕全省发展"三个定位"（民族团结进步示范区、生态文明建设排头兵、面向南亚东南亚辐射中心）、产业"两型三化"（产业向开放型、创新型、绿色化、信息化、高端化方向转型发展），以及旅游产业发展"国际化、高端化、特色化、智能化"和"云南只有一个景区，这个景区叫云南"的要求，以解决人民日益增长的旅游美好生活需要和不平衡不充分的旅游发展之间的矛盾为中心环节，以优化结构、提质增效、融合发展为主线，以改革创新为动力，以机构改革为契机，着眼《云南省加快推进旅游产业转型升级重点任务》《云南省人民政府关于加快推进旅游转型升级的若干意见》提出的推进旅游目的地、旅游产品、旅游公共基础设施、旅游管理服务、旅游智能化的转型升级任务，着力解决云南"旅游产品和业态不能完全适应市场需求、旅游公共基础设施配套相对滞后、旅游发展质量和效益不高、规模以上旅游市场主体不多、旅游市场秩序不优"等突出问题，以对传统的旅游发展理念、发展方式和管理模式进行改革创新，推进云南旅游产业转型升级、提质增效，服务云南世界一流旅游目的地和面向南亚东南亚的旅游辐射中心建设。

二、转型升级思路

（一）转变发展理念

1. 全域为视野

国内旅游诉求正在从美丽风景转向美好生活。旅游目的地建设已经跨越了追求美丽风景，进而走向美好生活的发展阶段。从全域旅游理论与实践的国际背景和时代背景，以及全域旅游发展的根本指导思想出发来看，当今旅游业的竞争早已经不是传统意义的旅游资源对旅游资源、景区对景区的竞争，而是区域经济社会发展总体水平之间的竞争，也是区域美好生活之间的竞争。以全域为视野，可以实现从美丽风景到美好生活的附加值提升。景区是花朵，区域是土壤，全域视野要求不能只关注景区景点，要关注整个区域的旅游软硬件设施的完善和生活氛围的打造，打造主客共享的品质生活空间。

2. 融合发展为理念

云南既是旅游大省，也是文化大省，应坚持"宜融则融、能融尽融"，找准文化事业和旅游事业、文化产业和旅游产业、文化资源和旅游资源的最大公约数、最佳连接点，着力推进理念融合、产业融合、市场融合、服务融合，推动文化和旅游工作全领域全方位全链条深度融合，实现资源共享、优势互补、协同并进，为云南文化建设和旅游发展提供新引擎新动力，形成发展新优势。

3. 主客共享为面向

坚持以人民为中心的发展思想，把人民群众满意作为旅游业发展的根本目的。主客共享，统筹抓好旅游配套设施建设，营造景城一体、景村一体的公共服务体系，推动旅游服务均等化、全覆盖。环境共建，美化全域旅游环境，营造"人人是旅游形象，处处是旅游环境"的良好氛围，优化旅游发展营商环境，展示好"七彩云南"旅游形象。成果普惠，发展成果惠及各方，游客更满意、居民得实惠、企业有发展、百业添效益、政府增税收，提高旅游扶贫的精准性，真正让贫困地区、贫困人口受益，形成旅游共建共享新格局。

（二）转变发展方式

1. 从高速旅游增长向高质量旅游发展转变

党的十九大报告指出，我国经济已由高速增长阶段转向高质量发展阶段，这一判断既指出了新时代我国经济发展的鲜明特征，也为旅游业发展指明了方向。大众旅游的纵深化发展，奠定了旅游"从高速增长阶段转向高质量发展阶段"的战略基础。促进云南旅游高质量发展要以满足新时代人民的旅游美好生活需要为根本出发点，以质量强旅、创新驱动、绿色发展、开放协同、共建共享为战略，走内涵式、高渗透融合发展之路。

2. 从传统景区景点模式向全域旅游模式转变

一是从单一景点景区建设管理到综合目的地统筹发展转变；二是从门票经济向产业经济转变；三是从导游必须由旅行社委派的封闭式管理体制向导游自由有序流动的开放式管理转变；四是从粗放低效旅游向精细高效旅游转变；五是从封闭的旅游自循环向开放的"旅游+"融合发展方式转变；六是从旅游企业单打独享到社会共建共享转变；七是从部门行为向党政统筹推进转变；八是从仅是景点景区接待国际游客和狭窄的国际合作向全域接待国际游客、全方位国际交流合作转变。

3. 从传统旅游运营模式向智慧旅游发展模式转变

发挥智慧旅游在提高旅游的科技含量、重构传统旅游运营模式、提高旅游运行效率和质量、驱动旅游业创新发展上的作用，推动云南旅游智慧云建设，形成云南旅游大数据中心、旅游综合服务平台、旅游综合管理平台的功能布局，完善提升"一部手机游云南"项目，打造智慧旅游"云南版"，全面提升云南旅游数字化服务能力和水平。

（三）转变管理模式

1. 由部门单一管理向旅游综合管理机制转变

由部门单一管理向综合管理转变，应围绕现代旅游综合产业发展和综合执法需求，从旅游市场秩序整治、构建旅游诚信体系、加强行业自律管理、强化属地管理责任、构建旅游服务动态管理机制、推进旅游数字化建设等方面着手，重构旅游管理机制，实现云南旅游管理规范化、分层化、专业化，大力提升旅游管理和服务效率。

2. 由传统旅游管理方式向智慧旅游管理方式转变

智慧旅游是推进传统旅游管理方式向现代旅游管理方式转变的重要力量。实现智慧旅游管理，一是要求及时准确地掌握游客的旅游活动信息和旅游企业的经营信息，实现旅游行业监管从传统的被动处理、事后管理向过程管理和实时管理转变。二是要求通过与公安、交通、工商、卫生、质检等部门形成信息共享和协作联动，结合旅游信息数据形成旅游预测预警机制，提高应急管理能力，保障旅游安全。实现对旅游投诉及旅游质量问题的有效处理，维护旅游市场秩序。三是要求开展智慧旅游企业建设，改善经营流程，提高管理水平，提升产品和服务竞争力，增强游客、旅游资源、旅游企业和旅游主管部门之间的互动，高效整合旅游资源，推动旅游产业整体发展。

3. 从小、散、乱的旅游市场主体格局向深化景区市场化改革、组建大型旅游集团、引进战略投资企业、扶持旅游小微企业并重转变

培育壮大旅游市场主体既是深化旅游供给侧结构性改革的核心，也是旅游转型升级、高质量发展的有力支撑。云南旅游市场主体发育较弱，社会资本特别是战略投资参与景区开发建设的机制不畅，旅游企业小、散、乱，缺乏市场竞争力。据统计，2018 年云南旅游总收入 8450亿元，但作为云南最大综合性旅游集团的世博集团，其营业收入仅有 30多亿元。未来应积极支持旅游企业发展，重点培育旅游上市公司、大型旅游集团公司、大型旅游联合体等旅游企业集团和旅游知名品牌，充分发挥其作为旅游产品供给者的作用，运用市场规律促进其竞争、发展；加速引进一批国内外知名旅游企业落户云南，带动本土旅游经营理念、商业模式和企业治理能力全面提升；通过落实扶持政策、加快孵化平台建设等方式，引导支持充满创新活力的旅游中小微企业和旅游创客，最终形成以大型旅游集团为龙头、中小企业活力充沛、新兴业态持续涌现的旅游业发展良好局面。

第三节 云南旅游转型升级的重点任务

　　旅游产业是国家重点支持发展的幸福产业，是云南省着力培育打造的战略支柱产业。随着信息化时代和大众旅游时代到来，旅游市场呈现出需求多样化、消费品质化、供给全域化、产业融合化、服务智能化、竞争国际化等新的趋势和特点，但是云南旅游产业目前还未根本摆脱粗放发展的格局，转型升级进程相对缓慢，旅游产业结构不合理、质量不够高、带动效益不强以及部分旅游产品有效供给相对不足、基础设施与配套设施建设相对滞后、信息化与新科技应用落后等问题和短板日益凸显，旅游产业发展面临的形势越发严峻。为此，云南省人民政府先后印发《云南省加快推进旅游产业转型升级重点任务》《云南省人民政府关于加快推进旅游转型升级的若干意见》等政策文件，提出按照"国际化、高端化、特色化、智能化"总要求和"云南只有一个景区，这个景区叫云南"的全域旅游理念，从推进旅游目的地转型升级、旅游公共基础设施转型升级、旅游产品转型升级、旅游管理服务转型升级、旅游数字化转型升级五个方面精准发力（见表6-1），全面提升旅游产业发展质量和综合效益，务实推动旅游产业转型升级，努力把云南建设成为成为世界一流旅游目的地。

表6-1　云南旅游转型升级的重点任务

重点任务	主要目标	任务分解
旅游目的地转型升级	推进单一景区景点建设管理向综合旅游目的地统筹发展转变	1. 加快建设一批全域旅游示范区 2. 加快建设一批生态旅游区 3. 加快建设一批旅游度假区 4. 加快建设一批国家高A级景区 5. 加快建设一批旅游城市综合体 6. 加快建设一批云南旅游名镇 7. 加快建设一批旅游特色村 8. 加快汽车旅游营地建设

续表

重点任务	主要目标	任务分解
旅游公共基础设施转型升级	推进旅游公共基础设施由基础功能向旅游服务功能配套转变	1. 加快推进旅游公路建设，完善自驾旅游线路服务配套 2. 提升建设游客休息站点（特别是提升高速公路服务区旅游功能） 3. 加快推进游客服务中心建设 4. 加快推进旅游厕所建设 5. 加快推进旅游公共标识建设 6. 积极推进公共休闲设施建设
旅游产品转型升级	优化旅游产品供给结构、提升旅游产品供给效率，完成从高速旅游发展阶段到优质旅游发展阶段的新旧动能转换	1. 大力发展边境跨境旅游产品 2. 大力发展自驾露营旅游产品 3. 大力发展航空运动旅游产品 4. 大力发展体育旅游产品 5. 大力发展养生养老旅游产品 6. 大力发展健康医疗旅游产品 7. 大力发展主题游乐产品 8. 大力发展节庆、演艺、会展旅游产品
旅游管理服务转型升级	建立健全旅游服务标准体系，强化政府监管效能，发挥行业协会的自律作用，构建综合协调、涵盖旅游服务全过程的现代旅游管理机制	1. 深化旅游市场秩序整治（根除"不合理低价游"、加强旅游团队运行监管、严厉打击涉旅违法犯罪行为） 2. 构建云南旅游诚信体系（建立旅游服务"云南标准"、建立旅游服务评价体系、建立旅游服务动态管理机制） 3. 强化旅游行业自律 4. 强化属地管理责任 5. 构建旅游投诉快速处置机制 6. 强化旅游综合监管考评
旅游数字化转型升级	利用现代信息技术驱动旅游业创新发展，实现旅游服务、旅游管理、旅游营销、旅游体验的优化升级	1. 建设云南旅游大数据中心 2. 建设游客综合服务平台 3. 建设旅游综合管理平台 4. 夯实旅游数字化发展基础

一、推进旅游目的地转型升级

以全域旅游理念为引领，深入实施大项目带动战略，坚持出大思路、谋大手笔、成大格局、获大效益，推进云南省旅游产业从单一景区景点建设管理向综合旅游目的地统筹发展转变，着力打造高品质旅游目的地。其重点任务具体分解如下。

（一）打造品牌旅游目的地

加快建设一批包含全域旅游示范区、生态旅游区、旅游度假区、旅游城市综合体、旅游名镇和旅游特色村等在内的品牌旅游目的地，全力推动全域旅游发展。重点实施 65 个国家级和省级全域旅游示范区、15 个生态旅游区，50 个国家级和省级旅游度假区、25 个旅游城市综合体（旅游特色城市）、100 个旅游名镇、1000 个旅游特色村（包含旅游名村、民族特色旅游村、旅游古村落、旅游扶贫重点村等）的创建工作，打造一批主题鲜明、交通便利、服务配套、环境优美、吸引力强、受广大游客欢迎的品牌旅游目的地。到 2020 年，力争有 50 个以上州、市、县、区创建成国家级、省级全域旅游示范区；基本建成 15 个生态旅游区；国家级旅游度假区达到 6 个以上，省级旅游度假区达到 20 个以上；基本建成 20 个旅游城市综合体；旅游名镇达 60 个以上；巩固提升 350 个已建成的旅游特色村，再打造 650 个以上旅游特色村，形成 1000 个左右宜居、宜业、宜游的旅游特色村和美丽乡村。

（二）打造高品质旅游景区

集中云南省优势旅游资源，以现有旅游景区为依托，积极推动国家高 A 级旅游景区创建工作。以创建国家 5A 级、4A 级景区为目标，加快推进迪庆松赞林寺、大理古城、红河元阳梯田、西双版纳望天树等 9 个景区创建国家 5A 级景区，积极推进盐津豆沙关、禄丰黑井古镇、西双版纳勐景来等 25 个景区创建国家 4A 级景区。到 2020 年，创建 5A 级景区 15 个以上，达到 5A 级创建标准的景区 20 个；打造国际水平的特色城镇和全国一流的特色小镇，并争取将其创建成为 4A 级以上旅游景区，争取国家 4A 级以上景区数量达到 100 个以上；大幅降低国有景区门票及景区内索道、接驳车船价格，降低旅游线路产品成本。

（三）推进汽车旅游营地建设

依托云南省主要旅游景区、旅游城镇、旅游乡村和交通干线，加快推进汽车旅游营地建设。按照把汽车旅游营地建设成为旅游景区的目标，坚持景区化建设、生态化发展、精细化服务、智能化管理标准，强化旅游体验、综合服务、教育社交等功能，加快推进和优先支持 32 条精品自驾旅游重点路线沿线汽车旅游营地建设，进一步加大对汽车旅游营地建设管理的规范指导，重点在营地项目立项审批、用地供给、金融服务等方面给予政策扶持，把云南建设成为一流自驾旅游目的地。到 2020 年，全省建成不同主题、不同类型、不同规模的汽车旅游营地 200 个以上，培育形成汽车租赁公司 10 个以上，在省内旅游市场投放各类旅游租赁车辆 10 万辆以上。

二、推进旅游公共基础设施转型升级

以解决旅游公共基础设施短板为重点，进一步加强旅游交通基础设施、公共服务设施建设及公共休闲设施建设，创造环境舒适、配套齐全、服务优质的旅游便利化条件，推进旅游公共基础设施由基础功能向旅游服务功能配套转变。其重点任务具体分解如下。

（一）加强旅游交通基础设施建设

抓紧实施云南省"十三五"旅游基础设施专项建设规划，多渠道筹集资金，加快建设 165 个旅游公路项目，重点建设干线公路与旅游度假区、旅游景区、旅游名镇、旅游特色村的连接道路；围绕全省 32 条精品自驾旅游重点路线规划布局，加快沿线配套公共服务设施建设，实现通信网络信号连续覆盖；按照游客休息站点的标准和要求，全面改造提升高速公路、干线公路和旅游公路服务区，增强旅游车辆和游客服务功能，增加游客咨询查询服务，完善商务服务、地方特色餐饮、旅游商品销售、医疗急救、旅游厕所、免费无线局域网等设施。到 2020 年，力争实现国家 5A 级和 4A 级景区、国家级和省级旅游度假区、旅游名镇、旅游特色村均有满足旅游需求的不同等级公路连接；游客服务休息站点布点、规模、设施、服务、管理全达标，接待服务和经营管理处于国内先进水平。

（二）加强旅游公共服务设施建设

加快推进云南省游客服务中心、旅游厕所、旅游公共标识系统建设。在中心城市和重点旅游城市建设 25 个一级游客服务中心，在重点旅游城镇建设 88 个二级游客服务中心，引导旅游景区提升改造游客服务中心，推进有条件的旅游特色村建设配套的游客服务点；深入推进"厕所革命"，按照旅游城市、高速公路沿线厕所达到 3A 级标准，干线公路、旅游公路沿线厕所达到 2A 级以上标准，旅游小镇和旅游特色村厕所达到 A 级以上标准的要求，提升改造和新建一批旅游厕所，全面提升乡村旅游点和旅游特色村的厕所品质；按照导览标识系统设置要求，在全省主要出入境口岸、机场、车站、码头、游客服务中心、游客休息站点、旅游景区等主要涉旅场所，科学规范设置多语种旅游导向标识牌、距离方向标识牌、车行标识牌、人行标识牌、公厕标识牌、说明标识牌等旅游公共标识系统。到 2020 年，形成以昆明为中心，延伸至各州、市、县、区主要旅游集散地的游客公共服务中心网络；旅游交通沿线、旅游城镇、旅游特色村和主要旅游目的地等区域实现旅游厕所全覆盖、全达标的目标；在全省主要旅游场所和集散地，构建起与国际接轨的旅游公共标识系统。

（三）加强旅游公共休闲设施建设

鼓励云南省中心城市和重点旅游城市规划建设环城市游憩带、休闲街区、城市绿道、慢行系统、休闲广场等。推动主要旅游目的地规划建设符合国际标准的旅游绿道、骑行专线、登山步道、慢行步道、观景平台等。鼓励支持全省各地免费开放城市公园、博物馆、文化馆、图书馆、科技馆、纪念馆、体育场馆、红色旅游景区和爱国主义基地。到 2020 年，力争形成"居民休闲、游客分享"的公共休闲设施体系，公共休闲设施的规模数量和管理服务达到全国先进水平。

三、推进旅游产品转型升级

积极推动旅游产品从观光旅游为主向观光、休闲、度假和专项旅游并重的复合型旅游产品转变，大力构建高端旅游产品体系，实现旅游产品供给结构优化与旅游产品供给效率提升，完成从高速旅游发展阶段到优质旅游发展阶段的新旧动能转换，更好地满足多样化、个性化和品质化旅游消费需求。其重点任务具体分解如下。

（一）提升边境跨境旅游产品、打造自驾露营旅游产品

充分发挥云南省沿边开放的区位优势，有效利用好周边国家丰富的旅游资源和产品，加快跨境旅游合作区、边境旅游试验区建设，通过资源整合、规划设计、联合营销等方式开发提升一批连接南亚东南亚的边境跨境旅游产品和线路；大力推进露营地建设，支持发展落地自驾、异地租还车、分时租赁车等新业态，不断完善自驾游信息管理服务系统、自驾游服务网点体系、应急救援体系、旅游指示标识系统，高标准建设一批自驾游线路。到2020年，初步建成瑞丽、河口、耿马和西双版纳州等边境旅游试验区；完成100个露营地建设，培育5家连锁型、网络化租赁车公司，打造20条省内、跨省（区）和跨国的国际知名品牌自驾线路。

（二）开发培育低空旅游产品、发展体育旅游产品

实施云南空中旅游快线工程，积极发展旅游包机，优选生态旅游区、旅游度假区和国家高A级景区建设一批航空运动旅游基地，规范发展直升机、热气球、三角翼、滑翔伞、翼装飞行等航空运动旅游产品，开通点对点低空旅游航线，支持临沧、弥勒、江川等地发展通用航空装备制造新业态，鼓励航空运动装备制造园区建设；重点依托山地资源、水系湖泊及喀斯特地形等建设一批山地运动旅游基地、水上运动旅游基地及洞穴探险体育旅游基地，规范发展徒步、穿越、攀岩、漂流、帆船、潜水、航模、皮划艇、洞穴探险等产品业态，推出一批精品路线和品牌赛事。到2020年，力争建成航空运动旅游基地20个和5个以上以航空运动装备、户外运动装备生产加工为特色的园区，形成省内低空旅游航线50条；建成30个体育旅游基地，形成10条国际著名的徒步精品体育旅游线路，打造20个国际性体育旅游赛事。

（三）培育养生养老旅游产品、开发健康医疗旅游产品

充分利用云南省丰裕的温泉资源，积极推广"温泉＋"模式，形成系列温泉旅游品牌，重点支持旅游、体检、康疗、度假等为一体的养生养老旅游项目，大力发展持续照料退养社区、城市养老旅游综合体、主题养生养老社区、分时度假养生养老酒店等中高端产品业态；引进国际国内前沿医疗技术和机构，以滇中5湖地区为重点进行规划布局，开工

建设一批医疗健康旅游项目，培育成立一批民族医药旅游机构，大力拓展健康管理产业链条，加快开发健康管理产品业态。到 2020 年，建成 20 个高水平温泉养生养老旅游度假项目，以及 30 个不同类型养生养老旅游示范项目；建成高端医疗项目 10 个，中医药健康旅游示范区 30 个，引进和培育健康管理旅游项目 10 个。

（四）打造主题游乐旅游产品、培育节庆演艺会展旅游产品

结合当前家庭化消费趋势和场景化体验需求，从硬件设施和软件服务方面入手，巩固提升已建成的城市型、山地型、冰雪型、动物观赏型游乐产品，在强化与国内知名主题游乐企业合作基础上，积极引进一批国际著名主题游乐旅游品牌；深化旅游与文化产业融合发展，鼓励传统演艺产品延伸产业链，创新旅游演艺产品表现形式、传播载体和盈利模式，依托中国—南亚博览会和中国国际旅游交易会，建立以昆明为核心的中国西部会展经济圈。到 2020 年，提升改造和新建大型游乐园 15 个；提升打造 5 个民族文化节庆旅游精品和 15 个特色文化节庆旅游产品，打造推出 10 个精品旅游演艺品牌。

四、推进旅游管理服务转型升级

适应国内外旅游消费升级和变化，建立健全云南省旅游服务标准体系，强化政府监管效能，发挥行业协会的自律作用，构建综合协调、涵盖旅游服务全过程的现代旅游管理机制。其重点任务具体分解如下。

（一）深化旅游市场秩序整治

进一步巩固云南省旅游市场秩序整治成果。深入落实《云南省旅游市场秩序整治工作措施》，依法严厉查处发布、销售"不合理低价游"产品，组织、接待"不合理低价游"团队等涉旅违法违规行为，涉及的旅行社依法吊销经营许可证、导游人员依法吊销导游证、购物店依法予以关停；加强旅游团队运行监管，旅行社接待旅游团队须制作和填报电子行程计划书，告知团队全体游客，接待旅游团队的客运车辆必须严格按照行程计划书行驶，通过对旅游团队运行轨迹和导游服务实施全过程监管，确保游客安全和接待服务规范；严厉打击涉旅违法犯罪行为，保持对涉旅违法犯罪行为的"高压严打"，旅游、工商、税务等部门要加强执法合作，严厉查处涉旅案件，一旦发现违法犯罪线索，依法移交司

法机关，追究刑事责任。

（二）构建云南旅游诚信体系

牢固树立"游客为本"理念，努力打造具有自主知识产权和较高附加值的系列旅游服务标准化品牌，制定和完善旅游产品业态、旅游要素设施、旅游公共服务、产业运营管理、市场监督管理等领域的旅游服务云南标准体系；建立旅游服务评价体系，依托政府有关管理部门、行业协会或第三方评估机构及游客，构建由规范指数（政府评价）、品质指数（专业评价）、体验指数（游客评价）构成的旅游企业诚信评价体系，作为政府监管依据，并为游客选择旅游企业提供参考；建立旅游服务动态管理机制，结合旅游企业诚信评价体系对在云南省开展旅游经营活动的旅行社和导游、旅游景区、旅游餐饮企业、旅游住宿企业、旅游汽车公司等涉旅企业开展诚信评价，形成优胜劣汰机制。

（三）强化旅游行业自律

鼓励向行业协会购买服务，引导行业不断提升服务品质。充分发挥行业协会、商会、旅游企业、研究机构在旅游标准制定、推广和实施中的重要作用，建立健全旅游市场主体、从业人员信用等级评定制度，引入第三方评估，加强舆论监督，逐步构建包括旅游诚信服务记录、评价、激励、惩戒的信用体系和标准化管理手段，推动形成约束性的行业自律机制，不断提升旅游服务质量和水平，在推进旅游产业转型升级、规范旅游市场秩序、促进旅游行业诚信自律建设中发挥积极作用。

（四）强化属地管理责任

落实属地管理，加强综合监管，服务全域旅游。按照"1+3+N+1"旅游市场综合监管模式，建立旅游市场监管综合调度指挥中心，根据旅游产业发展实际和工作要求配齐配强指挥中心工作人员，构建全省旅游市场统一监管、分级负责的指挥调度系统体系、及时处置各类涉旅事务。加强工商和市场监管部门旅游市场执法队伍、旅游警察队伍、旅游巡回法庭建设。充分发挥职能部门专业监管和执法作用，强化旅游执法质监队伍建设，加大旅游行政执法力度，强化旅游监管履职监督检查。

（五）构建旅游投诉快速处置机制

建立健全"1+16+129+N"旅游投诉处置工作体系，所有涉旅投诉均纳入快速处置机制。在全省统一的投诉处置平台上，每一单投诉按照其重大程度和紧急程度，同一时间送达被投诉者和指挥中心，被投诉者在指挥中心指导下处置投诉事宜，并以投诉者的满意度和投诉处置时间作为评价投诉处置效果的主要指标。每级指挥中心的投诉处置工作，都在上级指挥中心监管下进行。每一次投诉的处置情况，都在系统平台上完整记录。

（六）强化旅游综合监管考评

坚持每季度对州、市人民政府监管效能进行量化考评，重点对落实旅游市场综合监管领导责任、建立旅游综合监管机制、涉旅投诉案件处置效率、发生涉旅负面舆情、发生涉旅安全事故、受到上级处理、游客投诉率、游客满意度等情况进行考核，同时根据旅游市场秩序整治工作推进情况，适时对考评重点和内容进行优化调整，强化考评的针对性、实效性。

五、推进旅游数字化转型升级

大力推动云南旅游智慧云建设，形成"一中心两平台"功能布局。进一步深化云计算、大数据、物联网、移动互联网、人工智能等新一代信息技术与旅游的深度融合，利用现代信息技术驱动旅游业创新发展，实现旅游服务、旅游管理、旅游营销、旅游体验的优化升级，为云南旅游产业转型升级提供坚实的科技支撑。其重点任务具体分解如下。

（一）建设云南旅游大数据中心

加快推进云南旅游大数据中心建设，实现游客信息、消费信息、景区酒店等旅游要素信息，电信运营商、互联网、OTA等旅游信息，公安、交通运输、商务、卫生计生、气象、边防等部门和单位旅游关联领域信息的汇集。制定旅游大数据中心标准体系，完善信息资源库，开发应用、安全、备份等系统，实现数据的统一采集、集中存储、快速处理和应用共享，为政府部门、旅游企业和游客提供大数据应用服务，推动旅游产业创新发展。

（二）建设游客综合服务平台

注重游客旅游需求，开发系列旅游类 App、小程序、AR、VR 等服务产品，为游客提供游前资讯查询获取和产品预定购买，游中导览导游导航和安全应急疏导，游后投诉评价分享等信息服务，提升游客的体验质量，实现"一部手机游云南"，做好云南旅游官方网站和官方微信服务号运营和建设，强化信息发布和推送，充分利用互联网开展旅游品牌形象推广和营销，激发市场消费需求。

（三）建设旅游综合管理平台

通过旅游综合管理平台建设，完善产业运行分析、旅游数据统计、旅游安全监管、旅游应急指挥、旅游投诉管理、导游执业管理、景区客流监测和分流、旅游车辆运行监管等系统平台开发建设，实现对旅游产业各业态信息进行监管，运用互联网，建立诚信服务信息交流平台，加强对旅游企业、旅游执业人员的信用监管，接受游客、企业和有关方面对旅游服务质量的信息反馈。

（四）夯实旅游数字化发展基础

推动旅游区域互联网基础设施和物联网设施建设，推进机场、车站、宾馆饭店、景区（点）、主要乡村旅游点等旅游区域无线网络、4G 信号等基础设施的覆盖，加大触控屏幕、平板等旅游信息互动终端的布放，全面提升旅游公共信息服务硬件能力，推动传统旅游发展方式、管理模式、业务流程的优化和提升。到 2020 年，力争所有 4A 级以上景区实现免费 Wi-Fi、智能导游、电子讲解、在线预订、信息推送等功能全覆盖。

第四节　云南旅游转型升级的内容

云南旅游转型升级的内容主要包括景区功能转型、旅游产品供给的动能转换、管理体制重构、旅游智慧化水平提升四个方面。具体而言，在景区功能转型方面，应树立旅游全要素观，进一步拓展旅游功能，统筹考虑旅游服务的全域化与旅游服务的全时域性；在旅游产品供给的动能转换方面，应推动旅游产品由基础型向复合型转变，完善产品体系，丰富产品业态，积极打造特色旅游产品品牌，丰富优质旅游产品供给；

在管理体制重构方面，应着力重构旅游市场秩序，完善旅游综合监管机制，构建旅游诚信体系，培育行业协会体系，建立行业自律机制，推动以旅游产业转型升级为导向的政策改革创新；在旅游智慧化水平提升方面，应积极推进旅游管理、旅游服务、旅游营销、旅游体验的智慧化建设，强化旅游产业转型升级的科技支撑力度。

一、景区功能转型

景区功能转型需要统筹（要素）结构与功能、空间与时间两个方面。

（一）旅游要素结构与景区功能相统筹

结构在一定程度上决定了功能，功能（定位）则在一定程度上决定了结构与结构的组合方式。在我国旅游发展的很长一段历史时期内，传统的"旅游六要素"结构观和以观光为主导的景区功能观占主导地位，这构成了云南旅游转型升级的观念制约。新的时空体验模式下，特别是在全域旅游背景下，推动云南旅游产业转型升级发展，亟待树立基于旅游全要素性和景区功能层级性的发展观。一方面，需从传统"食、住、行、游、购、娱"的旅游六要素观拓展为"食、住、行、游、购、娱"+"商、养、学、闲、情、奇"的旅游十二要素观，树立云南旅游景区发展的全新资源观，将省域内自然、人文、社会等所有吸引物均看作旅游资源，进一步丰富和拓展对旅游要素的认知。另一方面，功能性是旅游景区存在和发展基础性要素，按照旅游景区功能形成历史脉络和地位差异，可以将旅游景区的功能层级性划分为以观光为核心的基础性功能层，以休闲度假、康体养生、研修、节事节庆、娱乐体验等为核心的拓展性功能层和以旅游为核心的"旅游+"融合性功能层三个层次（见图6-1、表6-2）。根据云南省文化和旅游厅公布的旅游景区名录[①]，结合表6-2可以发现，云南省旅游景区数量众多且类型齐全，具有较好的全域旅游发展基础，但其总体呈现以观光型旅游景区为主力，研修型、城镇型和乡村型旅游同步均衡发展，度假型景区与娱乐景区相对缺乏，融合型旅游景区后发跟进的发展格局。在旅游转型升级背景下，景区拓展性功能层和"旅游+"融合性功能层的开发和培育应该是云南打造品牌

[①] http：//www. ynta. gov. cn/Item/30471. aspx.

旅游目的地和高品质旅游景区的重点。

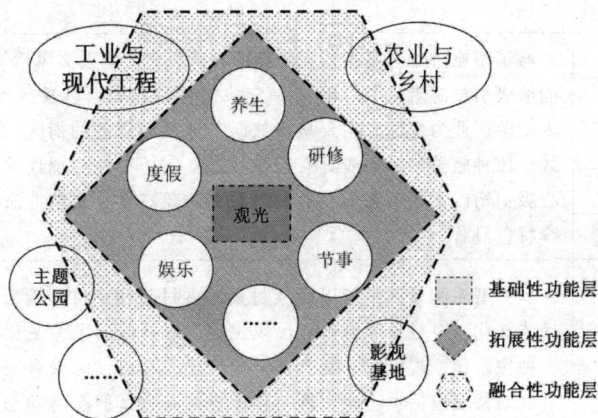

图 6-1　旅游景区功能及其功能属性层次性

表 6-2　旅游景区的功能性分类及其特征

型	类	特点
观光型	风景名胜区	观光型旅游景区是指主要指以参观、观赏等为主要形式的自然、人文景观的旅游活动场所。一般具有以下特征：①地域性差异显著；②景观复杂性；③景区建设成本低；④对自然与文化旅游资源依赖性强；⑤旅游服务对象大众化
	历史遗迹	
	公园	
研修型	国家公园	研修型旅游景区指拥有丰富原始的、大量独特珍惜动植物资源、历史文化遗存或生态环境，为旅游者或研究群体提供科学研究、科普宣传、生态保护宣传为主要功能的区域。一般具有以下特征：①旅游服务单一性；②专业性较强；③旅游小众型；④旅游消费黏性低
	森林公园	
	博物馆	
	动物园	
	植物园	
娱乐型	主题公园	娱乐型景区是指专门为特定的功能而专门设计建造的现代人工建筑物或场所。它突破了旅游景区对传统旅游物质性旅游资源的依赖性，实现了旅游景区功能多样性、持续性和服务综合性。这种旅游景区具有投资高、参与性和趣味性强、互动性与体验性好、娱乐性明显的特征
	游乐园	
	演艺场	
	运动场馆	
度假型	度假区	度假旅游景区是指以独特的旅游景观和服务项目为内容，以旅游基础设施为条件，以度假、康体、疗养为主要功能的旅游景区。这种旅游区的特点包括：①对环境和设施条件依赖性强；②旅游消费层次高；③消费目的性强；④服务面窄和服务功能少
	疗养地	

续表

型	类	特点
城镇型	旅游小镇 古镇 古街区 旅游地产 边境旅游区	城镇型旅游景区是指依托独特的自然风光或者人文风情等独特资源,能够吸引旅游者前往,具备一定旅游接待能力,以景区景点为核心、以旅游产业为主体、主要从事旅游产业活动服务的街区、城镇或旅游区。该种旅游景区一般具有以下特征:①历史性与现代性并存;②核心吸引物以文化资源为核心;③服务对象广泛且旅游业态众多;④品牌特色显著
乡村型	民族村寨 古村落 乡村庄园	乡村型旅游景区是指以民族村寨、古村落和乡村环境为基础,依托民族文化、乡村景观风貌、民风民情,以社区居民为文化展演主体的一种主题化、规模化、复合能、现代化、开放性的聚合空间。该类型景区的特点包括:①原生性与本土性并存;②静态与动态兼备、时尚与怀旧相济的独立特色;③村寨环境背景、聚落、生产生活、民族文化是旅游景区根源;④社区居民是景区文化的主要展演体①
融合型	工业旅游点 农业旅游点 水利风景区 影视基地 现代工程	融合型旅游景区是指将旅游业与工业建设、现代农业产业发展、城镇建设和现代娱乐文化产业相关要素相整合,创造旅游与其他相关的产业融合新新业态构成的旅游综合体。该类型景区的特点包括:①旅游景区综合性强,功能复合型;②旅游景区业态复杂;③旅游景区涉及领域宽、层次多

(二) 全方位的空间扩张与全时域的时间延展相统筹

　　空间与时间是旅游体验的两个基本维度。首先,从旅游景区的属性解构上看,旅游景区的空间属性是以旅游吸引物为原点的空间影响范围及其功能属性在空间上延展的客观表现形式。随着旅游景区功能层次提升,旅游景区通过旅游区联合、旅游景区周边区域旅游服务功能的完善和景区旅游新业态的拓展三个途径逐步向外扩展,旅游景区在空间上的相互交叉、渗透及融合趋势不断加强。如云南省于 2019 年提出打造"德钦—香格里拉—丽江—大理—保山—瑞丽—腾冲—泸水—贡山—德钦"大滇西旅游环线,将滇西丰富的高原峡谷、雪山草甸、江河湖泊、

---

　　① 陈佳娜,李伟.特色乡村型旅游景区社区参与模式研究——以西双版纳傣族园景区为例 [J].西昌学院学报(自然科学版),2011,25 (4):66-68.

火山热海、古城韵味、民族文化、边境风情、珠宝玉器等独特旅游资源串联起来，能够有效拓展滇西区域内各旅游景区的客源市场辐射范围，同时也有助于加强区域内旅游交通设施的互联互通，进一步提升各景区的旅游服务功能，依托大滇西旅游环线建设的重要契机，大滇西旅游发展已进入全面转型升级的快车道。其次，在全域旅游发展背景下，强调全域资源时空配置，强调"服务"的随时性，即现代旅游景区必须要求旅游景区的功能性具有全时段性和全过程服务一致性。随着旅游新业态的不断加入，旅游景区功能逐步突破时间上的限制，景区功能分别向旅游活动前和旅游活动后延展，使得旅游景区功能在旅游全过程中保持一致性；随着新技术的广泛应用，旅游景区功能在全季节乃至于向过去、未来延伸，从而实现了旅游景区体验具有全时域时间性功能特征。从云南旅游景区来看，伴随着"一部手机游云南"智慧旅游平台的不断完善，全省旅游景区和名景、名店、名馆、名品等旅游资源全要素接连上线，为游客提供了最全面、最权威、最方便的智慧化服务，推动着旅游景区服务范围逐渐延展，消解了旅游景区服务的时间制约；同时，在全域旅游理念推动下，云南省各层级旅游主管部门纷纷制定全域旅游发展规划，着力加强顶层设计，推动着夜间旅游、四季旅游等全时性旅游产品不断扩充，旅游景区功能的全时段性不断加强。因此，推进云南旅游转型升级发展，需要将旅游目的地全方位的扩张性和全时域的时间延展性有机结合，进一步提升旅游景区发展品质。

二、旅游产品供给动能转换

旅游产品供给动能转换需要从旅游产品体系、产品业态、品质提升与构建特色品牌等方面统筹考虑。

（一）完善产品体系、丰富产品业态

旅游产品外延拓展要求将基础型旅游产品转变为复合型旅游产品，逐步完善旅游产品体系；而旅游产品体系不断完善，同时也推动着旅游产品形态由传统产品向新业态旅游产品转变，进而助推产品附加值与吸引力不断提升，从而实现云南旅游发展转型升级。首先，基础型旅游产品以游山玩水、观赏不同地域山川、河流、动植物资源、历史建筑等景观为其主要特点，旅游产品大同小异，旅游市场竞争激烈，加之旅游资源开发与保护的矛盾显现，传统观光型旅游业的发展空间与外延扩张空

间逐步缩小，导致这种基础型旅游产品过于单一和重复，深度欠佳，难以满足现代旅游业的发展要求。随着人们日益增长的美好生活需要不断增长，旅游产品也逐渐由基础型旅游产品向复合型旅游产品过渡，复合型旅游产品是指将单一观光型旅游产品变为观光、休闲、专项旅游产品相结合的复合型多元产品体系，即通过旅游产品结构调整与供给的动能转换，从而成为云南旅游产业转型升级发展的重要支撑。其次，伴随着旅游产品的升级换代，旅游产品形态也随之发生改变，旅游产品附加值与吸引力的增强，使得催生旅游新业态的旅游环境不断优化，旅游产品供给新旧动能转换进程不断加快，优质旅游产品供给不断增加，进而为云南旅游发展转型升级提供有力支撑。如云南省早期旅游发展总体以基础观光型旅游产品为主，旅游产品结构相对单一，旅游业态更新滞缓，有效供给相对不足。在居民消费升级和大众旅游到来的背景下，云南省旅游产业以改造提升传统产品，淘汰低端落后产品，扩大中高端旅游产品供给为重点，着力提升边境跨境旅游产品、打造自驾露营旅游产品、开发培育低空旅游产品、发展体育旅游产品、培育养生养老旅游产品、开发健康医疗旅游产品、提升打造主题游乐旅游产品、培育节庆演艺会展旅游产品，推动旅游产品从观光旅游为主向观光、休闲、度假和专项旅游并重的复合型旅游产品转变，旅游产品体系渐趋完善，旅游业态发展不断丰富，有力推动了旅游产业转型升级进程。

（二）聚焦产品品质提升、打造特色产品品牌

提升旅游产品品质与构建旅游产品特色化品牌是旅游产品外延拓展的重要方面，有助于推动旅游产品从规模扩张转向优质旅游（质量效益并重）发展方向，通过二者有机结合，能够增强优质旅游产品供给能力，带动云南旅游产业转型升级发展。首先，云南旅游业发展已经到了一个必须实现质的飞跃的关键时期，在我国经济由高速增长阶段转向高质量发展阶段的背景下，旅游业作为云南省国民经济战略性支柱产业，无论从国家宏观发展要求，还是从云南省自身发展需要，都到了从高速旅游增长阶段转向优质旅游发展阶段的关键节点。优质旅游作为一种能够推动旅游业发展方式转变、产品结构优化、增长动力转换的旅游，同时也将推动传统观光旅游向观光休闲旅游并重转变，进一步提升旅游发展品质和效益，拓展旅游产品外延，助推云南旅游产业发展转型升级。其次，旅游产品开发与旅游特色产品品牌建设是旅游产品发展的两个阶

段，这两个阶段在旅游发展过程是有序衔接与整合统一整体。云南旅游业在发展初期的旅游产品开发多是由外部游客需求推动，内生发展动力不足，由于对旅游产品设计的重视程度不够、旅游产品的文化内涵挖掘不够、经营管理理念及资金投入不足等因素制约，导致旅游业发展初期旅游产品设计层次低、市场调研薄弱、产品缺乏特色、品牌意识淡漠等诸多问题，伴随着居民消费能力持续升级带来的出游潜力不断扩大，旅游者的旅游消费需求日益多元化，结合云南特色优势旅游资源打造的特色旅游品牌相对偏少，因而旅游产品的特色化开发成为云南旅游发展转型升级的重要内容。

三、管理体制重构

管理体制重构需要统筹考虑旅游企业运营过程的监督管理与服务评价、培育行业协会体系与建立行业自律机制、建立旅游综合监管机制与逐步完善环境型政策三个方面。

（一）将企业运营过程监督与服务评价、动态管理结合起来

旅游企业运营过程、涉旅企业服务评价与动态管理是优化游客旅游体验的重要方面，通过旅游市场秩序重构与构建旅游诚信体系，彻底整治云南旅游市场，破解长期积累下来的问题和深层次矛盾。首先，旅游市场秩序整治是云南适应国内外旅游消费升级和新变化及旅游发展转型升级的迫切需要，旅游发展转型升级依托于规范的旅游市场秩序及公平的竞争环境，然而，云南长期以来旅游市场秩序不规范所导致的旅游市场乱象已经成旅游发展转型升级的重大障碍，规范旅游企业运营过程已成为助推旅游转型升级和提质增效的重要支撑。其次，在云南旅游业快速发展、游客对旅游市场综合监管要求日益增长的背景下，旅游诚信体系建设十分紧迫，诚信服务是诚信旅游的重要内容，构建旅游诚信体系是重构旅游市场秩序的重要依托，也是云南旅游经济健康运行和旅游发展转型升级的重要支撑。通过建立旅游服务"云南标准"、旅游服务评价体系及旅游服务动态管理机制，能够推动旅游企业经营管理的质量变革、效率变革、动力变革和服务变革，从而助推云南旅游市场秩序重构，提升旅游发展品质和竞争力。

（二）培育行业协会体系与建立行业自津机制

行业协会体系与行业自律机制是统一的有机整体，是实现云南旅游发展转型升级的重要力量。首先，旅游行业协会发挥着连接旅游企业和政府的桥梁和纽带作用，在政府职能转变的背景下，科学认识旅游行业协会在旅游产业发展中的地位和作用，积极探索旅游行业协会参与旅游产业发展的行为和方式，培育结构合理、功能完善、诚信自律、充满活力的旅游行业协会体系，建立起符合社会主义市场经济体制要求的新型旅游行业协会管理机制，是实现云南旅游发展转型升级的重要支撑。其次，当前云南省旅游行业协会在旅游行业自律方面力度较弱，宣传政府及旅游主管部门的行业法规、规章制度、文件精神的媒介作用不畅通，将旅游企业的诉求、意见及时反馈给政府决策部门的代表性不强，对违规企业做到监督和归置的权威性不足等问题较为突出。因此，在我国经济发展进入新常态，云南旅游业转型升级进程加快的背景下，旅游行业协会要承接好政府转移的职能、尽快完善协会治理机制、提高协会改革发展的综合效应，必须加快培育行业协会体系、建立旅游行业自律机制，进而为云南旅游发展转型升级提供强大动力。

（三）建立旅游综合监管机制、逐步完善环境型政策

政府的行政监管与政策引导主要体现在建立旅游综合监管机制与完善以旅游产业转型升级为导向的环境型政策两个方面，行政监管与政策引导是管理体制重构的重要内容，为云南旅游发展转型升级提供重要保障。首先，在旅游业的迅猛发展态势下，垄断现象、外部性问题、信息不对称现象比较严重，市场失灵经常会发生。因此，云南旅游业要想推动转型升级、实现优质发展，在依靠市场的同时也需要政府的干预，根据"属地管理、部门联动、行业自律、各司其职、齐抓共管"的原则，建立健全旅游综合协调、旅游案件联合查办、旅游投诉统一受理等综合监管机制，是推进云南旅游产业转型升级发展的重要环节。其次，目前云南旅游发展转型升级面临的很多问题需要多部门的共同参与，进行综合性的政策设计，在旅游改革进入纵深阶段之后，很多时间单靠某个部门特别是旅游部门出台的政策已经难以解决问题。因此，完善以旅游产业转型升级为导向的环境型政策，推动相关政策的改革创新，尤其是知名品牌旅游企业的引进政策（培育壮大旅游市场主体）、旅游项目招商

引资政策，以及土地、财政、金融等环境型政策的改革创新，对于推动云南旅游发展转型升级的作用日益突出。

四、旅游智慧化水平提升

旅游智慧化水平提升需要统筹考虑旅游管理、旅游服务、旅游营销、旅游体验的智慧化建设四个方面。

（一）旅游管理的智慧化

伴随着云计算、互联网、大数据等新兴科学技术与旅游产业融合发展的深度不断增加，提升旅游管理的智慧化水平已成为实现云南旅游产业转型升级发展的重要支撑。首先，通过构建智慧旅游管理系统与科学完善的标准体系，将更加先进的管理方法应用到旅游产业发展实践，有助于推动传统旅游管理方式向现代管理方式转变。通过新一代信息技术，可以及时准确地掌握游客的旅游活动信息和旅游企业的经营信息，实现旅游行业监管从传统的被动处理、事后管理向过程管理和实时管理转变。通过与公安、交通、工商、卫生、质检等部门形成信息共享和协作联动，结合旅游信息数据形成旅游预测预警机制，提高应急管理能力，保障旅游安全，实现对旅游投诉及旅游质量问题的有效处理，维护旅游市场秩序。其次，旅游产业发展已进入优质旅游发展新阶段，大力推进旅游供给侧结构性改革，加强调控引导，推进优质供给、弹性供给、有效供给不断增加，切实提升旅游资源开发、产品建设和服务管理水平，是推动云南旅游发展转型升级的重要方向。而引导旅游企业广泛运用新一代信息技术，改善经营流程，提高管理水平，提升产品和服务竞争力，增强游客、旅游资源、旅游企业和旅游主管部门之间的互动，高效整合旅游资源，是实现云南旅游发展转型升级的必然要求。

（二）旅游服务的智慧化

旅游服务的智慧化主要是从游客角度出发，通过信息技术提升旅游体验和旅游品质，进而实现旅游服务水平的提质增效发展。首先，云南省通过构建智慧公共信息服务综合平台（为游客提供全面的旅游信息服务）、健全智慧交通公共服务系统（包括信息采集、信息监测等子系统）、实现全方位智能安全监测和应急处理功能（运用智慧化手段保障旅游安全）、加强惠民便民服务的智能化运用（发挥旅游公共服务的公益属性），使游客充分感受到高品质的旅游体验和服务质量，同时对于增强云南省的旅游吸引力、影响潜在游客未来的旅游选择等方面也具有重要的推动作用。其次，提高旅游行政服务的智慧化水平及建设多方主体参与的智慧旅游服务新模式，也是提升云南旅游服务智慧化水平的重要组成部分。通过把新一代信息技术应用到旅游行政服务和管理的每一个环节，可以大幅提高旅游管理部门的办事效率和服务水平，为旅游发展转型升级注入强劲动力；同时，智慧旅游背景下的服务主体既包括起主导作用的政府职能部门，也包括信息技术服务商、旅游项目的开发运营者及旅行社和酒店等中介机构。因此，应明确各方参与主体的角色定位，积极探索市场化的合作运营机制，形成智慧旅游服务的新型模式，不断提高智慧旅游运营服务水平，推动云南旅游产业发展转型升级。

（三）旅游营销的智慧化

旅游营销的智慧化主要是强调运用互联网、物联网、云计算等新型信息技术实现旅游行业高度智能化、游客旅游体验高效便捷化的营销方式，是推动云南旅游产业发展转型升级的重要抓手。首先，提升旅游营销的智慧化水平，是推动智慧旅游健康发展的重要内容，将有助于精准把握旅游市场需求、开展差异化的市场营销策略、拓宽旅游产品的宣传销售渠道、制订完善的旅游产品价格体系与合理的旅游产品规划，推动传统旅游营销模式中的生产观念导向、产品观念导向、推销观念导向等发生变革，使旅游服务和旅游目的地的营销更加直接地面对游客，并由此推动人们旅游消费方式、理念的改变。其次，提升旅游营销的智慧化水平是响应当前旅游业发展进入优质旅游新阶段的必然要求，在游客出行方式、消费习惯、信息传播方式变化的同时，旅游景区也已经由资源时代变成策划时代、由景区主导变成市场主导、由卖方市场走向买方市场、由门票经济变成产业升级，旅游景区已经进入了一个全新的以市场为导向的景区时代。传统的景区营销承担的景区和市场的信息传递职能，在景区的市场运作中所占的比例和分量将越来越小。因此，以游客需求导向为核心，进行针对性的景区内部商业配套调整和旅游产品创新，并深入到客户所在地、所在圈层进行全方位精准整合营销，包括注意力营销、精准营销、情感营销、娱乐营销、网络营销、移动营销等，加强与游客双向互动并为游客提供一站式旅游服务的高智慧化的旅游营销方式，将成为云南旅游产业转型升级发展的重要内容。

（四）旅游体验的智慧化

随着社会生产生活方式的变化，游客对旅游体验的需求从单一的感官体验向追求精神、情感、智慧等深层次的综合体验转变，在大众旅游时代到来的背景下，面对巨大旅游需求和有限接待能力之间的矛盾，以数字化手段提升服务，优化游客旅游体验，成为推动云南旅游产业升级发展的重要手段。首先，在"旅游＋科技"这一趋势的推动下，运用现代信息技术优化游客旅游体验是适应旅游消费升级的现实需求。提升旅游体验的智慧化水平，在做好旅游地数字化基建工作的基础上，更加关注游客在行前、行中、目的地的出游全周期、全方位的需求，改善游客的全域全周期旅游体验，将服务半径从景区内拓展到旅游地全域，让"旅"和"游"有机结合在一起，在"食、住、行、游、购、娱"每个环节融入智慧元素，有助于促进云南旅游发展品质提升及满足游客多元化旅游消费需求。其次，旅游体验智慧化与旅游管理、旅游服务、旅游营销是相统一的有机整体，通过信息技术的科学运用为游客提升旅游体验和品质，让其在信息查询、计划决策、产品预订、享受旅游和回顾评价的全过程中都能感受到全新的服务体验，能够有效改善云南旅游管理的智慧化水平、降低景区管理者的服务压力及制订更具针对性的旅游营销策略。因此，高科技下的智慧旅游体验模式，必将有力推动云南旅游产业转型升级发展进程。

第七章
基于任务型的云南旅游转型升级的主要路径

前部分内容对云南旅游转型升级的演化过程、影响因素进行了分析，进一步提出了云南旅游转型升级的驱动机制、主要目标、思路和重点任务。本章基于以上内容，以功能性价值、产业主体延展、体制重构、科技支撑为立足点，提出了云南旅游景区转型升级路径、云南旅游产业转型升级路径、云南旅游管理服务体系转型升级路径和云南旅游信息化转型升级路径。

第一节 基于功能性价值的云南旅游景区转型升级路径

旅游景区是各种旅游活动的主要发生地，是旅游业的空间依托，因此其转型升级是旅游业转型升级的关键。本部分将从以实现景区功能多元化取向为核心的功能维度，以旅游景区价值打造为核心的价值维度，以旅游空间多态化和一体化为核心的空间维度，以打造全时体验旅游活动和服务体系为核心的时间维度入手，探讨旅游景区升级的主要路径和措施，如图 7-1 所示。

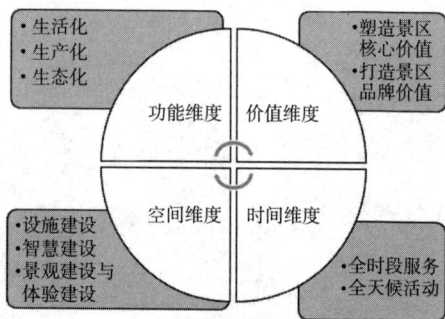

图 7-1 旅游景区转型升级路径分析

一、旅游景区转型升级路径的功能维度

在功能维度上，旅游景区的主要功能是能够满足游客参观游览、休闲度假、康乐健身等旅游需求，并具备相应的旅游设施，提供相应的旅游服务；与此同时，还要深入挖掘旅游景区惠民利民、改善环境、促进稳定等延伸的综合功能。对于云南省这样一个以旅游业为支柱产业的旅游目的地，更加需要旅游景区发挥多重功能，不仅使旅游景区成为云南省经济发展的亮点，还要成为云南省经济发展的助推器和社会安定的稳定器。云南省在旅游景区建设过程中要通过各种途径和方法逐步开拓功能维度，实施功能多元化取向，如图7-2所示。

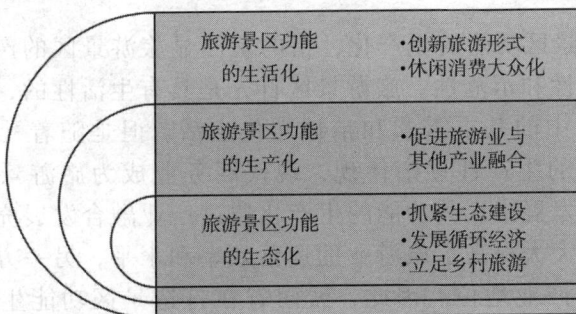

图7-2　旅游景区功能多元化分析

（一）旅游景区功能的生活化

要体现旅游景区功能的生活化，就需要深化发展旅游景区的事业性质，充分挖掘旅游业作为"民生产业"的景区价值建设。首先需要明确的是，旅游业和其他产业一样，是为"人"服务的。旅游业的产生和发展，从根本上说都是为了满足人们美好生活的需要。必须把旅游景区建设列入民生工程，更多地关注景区旅游发展成效和收益如何更好在全社会加以利用，为全民所享、为全民所用。为打造生活化的旅游景区功能，云南省应以景区免门票、降价为试点进一步降低消费门槛，扩大旅游发展惠及面和影响，促进旅游景区发展真正走向平民化和生活化；以低成本和形式多样为原则创新旅游形式，侧重于休闲消费大众化，并逐渐将旅游培育成为一种新的生活方式。

具体而言，首先云南省应通过开放式旅游景区的设立，促进景区与

城镇融合，建设景区的社区休闲、居民服务功能。丽江古城景区、昆明世博园旅游区、昆明市西山森林公园、昆明官渡古镇、通海秀山公园、楚雄彝人古镇等景区与城镇区域较为接近，可以作为开放式景区示范单位进行建设。其次，持续推出针对本地居民的旅游景区惠民政策，如当地居民门票优惠、节假日景区优惠等，并可通过主办各类社区活动，进一步增强旅游景区的生活化功能。另外，景区功能的生活化转换还有一层含义，即充分利用"大住宿"的发展趋势，通过与民宿、公寓酒店为代表的新型住宿业态的合作，将游客留在景区中"生活"，实现景区由观光到游览、由游览到游玩、再由游玩向度假功能的逐步升级。

（二）旅游景区功能的生产化

所谓旅游景区功能的生产化，指的是凸显旅游景区的产业性，体现旅游业的带动性和示范性。旅游景区首先是具有生活性的，其能够满足人们日常生活中的基本需求和精神文化生活。但是随着社会经济的发展，旅游景区的生产性逐渐体现，现代服务业成为旅游景区的主要业态。在景区的发展中，其功能的生产化通过产业融合发展充分体现，一方面产业融合大大提高了旅游业的运营效率和水平，另一方面也提高了旅游业本身的产业地位。因此，云南省在打造景区功能生产化的过程中，应采取各类措施，大力促进旅游业与其他产业的融合，打造一批工业旅游景区、农业旅游景区等特种旅游方式和产品，使旅游业的带动作用扩张到其他产业，使其产业效用最大化（见表7-1）。

表7-1　云南省各类型景区业态升级转型路径

景区类型	景区代表	旅游业态升级转型
自然风光类	昆明石林风景名胜区、丽江玉龙雪山景区、保山腾冲火山热海旅游区等	依托自然风光，在景区内加强食、住、购、娱的其他要素建设，做到传统观光旅游向自然度假旅游发展
文化古迹类	大理崇圣寺三塔文化旅游区等	依托独具特色的文化资源，开发具有体验性的新型旅游业态，并可利用特色文化打造系列文创产品
生态旅游类	迪庆香格里拉普达措景区、中国科学院西双版纳热带植物园等	利用独具特色的自然文化资源，大力发展研学旅游，充分开发旅游景区的教育功能

景区类型	景区代表	旅游业态升级转型
主题公园类	昆明世博园旅游区等	加强食、住、购、娱的其他要素建设，发展各类休闲产业，依托旅游地产，打造业态丰富的旅游度假区
社会生活类	丽江古城景区等	打造开放型景区，大力发展其他现代服务业，发展城市休闲业态，促进景区和城镇一体化发展

换句话说，旅游景区功能的生产化的核心原则，是在门票改革的大趋势下，如何最大限度地扩张旅游景区收益。旅游景区功能生产化的核心是业态的丰富化，只有通过不断丰富业态，才能为景区带来可持续的收益。如在传统观光景区中增加度假的相关业态，在生态旅游景区中增加研学的相关业态等。

（三）旅游景区功能的生态化

旅游景区功能的生态化是旅游景区在发展中回归旅游的本原性功能，是展现旅游业作为"绿色产业"的体现。现代城市化的快速发展，使城市居民面临生活时间、空间的压缩化，同时日益恶劣的环境更是使旅游业回归自然这一本源性功能越发放大，旅游者对田园环境和自然生态的向往逐渐成为其主要消费动机。同时，云南省大力发展循环经济也为旅游景区生态化建设提供了可供借鉴的参考。因此，云南省在旅游景区的发展中应大力重视生态化建设，为旅游景区打造更好的生态环境和人文氛围。另外，云南省应大力建设乡村旅游景区，通过发展乡村旅游，提升乡村区域经济和社会发展水平，使云南省实现城乡区域从产品融合到产业融合，最终完成地域融合，同时也为旅游景区生态化建设和可持续发展提供了更广阔的空间。

二、旅游景区转型升级路径的价值维度

旅游景区的转型升级，包含着对整个景区旅游价值的整体提升，而景区价值在实践操作中体现为旅游景区品牌价值，也就是说云南旅游景区升级转型的价值维度，即云南省旅游景区核心价值的塑造及品牌价值的打造。

（一）塑造旅游景区核心价值

1. 加大力度，促进旅游景区价值的功能性转变

旅游景区作为旅游目的地吸引物的重要组成部分，应充分发挥其核心价值，最大限度地释放旅游景区动能。旅游景区价值充分体现的重点是景区价值与其功能性的有机契合。换句话说，应以景区功能为核心对其价值进行挖掘。云南省旅游景区价值的功能性转变可从以下几方面完成：第一，构建景区功能性价值体系，并按照景区的不同级别和类型，打造其功能性价值；第二，建设云南省景区功能评价系统，以旅游主管部门为主体，充分发挥行业协会、专业院校的作用，对云南省相关景区的功能性价值进行评价，并将相关评价标准纳入景区等级评价体系中。

2. 以人为本，实施景区游客价值共创管理

游客是景区价值实现的主要受惠者。云南省旅游景区的转型升级应引入游客价值共创管理机制。该机制具体包含以下内容：第一，游客信息管理系统，利用各种渠道收集游客旅游偏好，建立相关数据库，将游客作为景区价值创建的源头和基础；第二，游客行为引导系统，积极开发各类景区文创产品，可通过宣传物品、设施、场所、人员等手段，通过心理暗示、寓教于乐等方式进行文明旅游、安全旅游的行为引导，变硬性行政手段为柔性引导手段，将游客纳入景区价值创造主体之中；第三，游客体验管理系统，将游客体验设计纳入景区开发重点，提倡沉浸式体验，在多样性和宽松的体验环境下，旅游者主动学习和应用知识去提高自身技能，收获独特的旅游体验。

3. 寻找突破，挖掘旅游景区核心价值

旅游景区在发展中应打造尽量全面的功能体系，最大限度地实现游客和社区的相关需求，实现功能性价值。但是，在旅游市场竞争越发激烈的前提下，景区应寻找其核心价值，才能在旅游市场获得竞争优势。为挖掘旅游景区核心价值，云南省应采取以下措施：第一，建设云南省景区发展研究智库，智库利用景区发展大数据，从资源、市场、环境三个方面进行分析，获得云南各景区的核心价值，构建云南景区核心价值数据库；第二，依托核心价值，将其作为景区发展特色，在景区建设、景观设计、景区营销等方面充分体现景区核心价值。

（二）打造旅游景区品牌价值

1. 多项措施保障旅游景区品牌打造

（1）精确的旅游品牌定位。景区品牌定位是根据景区的竞争状况和产品优势确定景区在目标市场上的优势，其目的在于创造鲜明的个性和树立独特的形象，最终赢得客源市场。但是，部分云南省景区开发者没有认识到品牌定位的重大意义，景区品牌定位意识淡薄、定位不准确的现象还屡屡发生。准确的品牌定位不仅能够凸显景区的个性，更能吸引目标顾客，扩大影响范围。

（2）建立景区品牌跟踪机制。景区品牌的发展存在生命周期，由于市场的复杂性及景区管理手段的不同，景区品牌的生命周期类型也较为丰富。云南省在景区品牌管理中，应在品牌开发过程中的各个时期、各个方面进行跟踪和监测，并根据市场特点积极采取相应的措施，充分延长景区品牌的生命周期（见表7-2）。

表7-2　云南省景区品牌跟踪机制

监测点	检测指标
景区品牌价值内容	• 景区品牌定位是否符合景区的地脉、文脉 • 景区是否实现了和游客之间有效的价值沟通
景区品牌传播技术	• 景区所传播的品牌信息是否被公众准确有效地接收
景区品牌管理	• 景区品牌的忠诚度是否提升 • 景区产品、技术手段、管理手段和品牌形象的关联度

（3）提高景区品牌社会认可度。景区品牌的认可度是指社会公众对于景区品牌的接受和认可程度，这在一定程度上取决于景区对社会贡献的大小。景区应当承担社会责任，景区除规范经营以外，还应在社区福利、社会慈善、环境保护等方面为社会做出积极的贡献，因此各个景区应举办各类社会活动，提高景区的品牌支持度。

2. 构建全省域的旅游景区品牌体系

（1）层次化建设景区品牌。云南省应以其自然文化资源的分类和特征为根底，打造层次化的旅游景区品牌体系（见表7-3）。一是依托云南丰富的少数民族文化，以"七彩云南"为主题，以世界遗产为亮点，继续加大力度提升傣族泼水节、彝族火把节等少数民族节事的影响力，打造世界级旅游景区品牌。二是依托优越的旅游资源打造国内高等级旅游品牌，充分发挥香格里拉、西双版纳等地区老牌旅游景区的旅游辐射作用，以提升旅游景区质量为核心，加强区域联系，建立次级旅游辐射区，打造国家级高等级景区品牌。三是以云南舒适的气候条件为基础打造区域知名旅游品牌，应以乡村游、养生游为切入点，以周边省份为主要目标市场，打造区域知名旅游景区品牌，形成西南地区的休闲旅游胜地。

表7–3　云南省景区品牌体系示例

旅游景区品牌	相关景区
世界级旅游景区品牌	昆明石林风景名胜区、丽江玉龙雪山景区、丽江古城景区、迪庆香格里拉普达措景区
国家级高质量景区品牌	大理崇圣寺三塔文化旅游区、中国科学院西双版纳热带植物园、保山腾冲火山热海旅游区、昆明轿子山、腾冲和顺景区、迪庆梅里雪山景区、大理古城、西双版纳野象谷景区、丘北普者黑景区、红河建水团山古村景区、澄江禄充景区
区域知名旅游景区品牌	昆明世博园旅游区、九乡风景名胜区、禄丰世界恐龙谷、元谋土林、其他4A级旅游景区

（2）整合化推介旅游形象旅游。形象是旅游景区吸引旅游者的重要力量。云南省应制订涉足全盘的旅游营销战略，充分运用各种传媒方式和手段，全方位、全时段推广云南省旅游景区形象。根据各区域不同旅游景区类型，整合云南各区域旅游形象宣传战略，充分利用媒体宣传、市场推介、网络营销、节庆活动等多样化的促销手段[124]，充分传播"七彩云南，旅游天堂"的旅游品牌，不断提升云南省在国内乃至全世界的影响力、知名度与美誉度。

三、旅游景区转型升级路径的空间维度

云南省旅游景区建设的空间维度是景区转型升级的核心，其关键是旅游空间的多态化和一体化，其思路是依托良好的交通体系和基础服务

设施建设，实现旅游景区与其他空间的交叉、渗透和融合，形成全域化旅游产业聚集区，使游客在景区核心区和外围区体验达到一体化。

（一）提高通达性，多渠道实现景区服务空间扩大化

完善相关设施建设，实现景区内外服务一体化。要对云南省旅游服务相关配套设施的建设进行提升改造，首先要在全省范围内，以现有食、住、行、游、购、娱等旅游配套设施为基础，不断提升其设施质量；同时，着力建设基础设施旅游化，进行其旅游功能的打造，在部分旅游业发展较为落后的区域，可通过旅游设施与公共服务设施的一体化建设措施提升旅游配套设施。其次要升级打造以玉溪、弥勒、曲靖等城市为代表的旅游集散中心，将其建设成集自驾游营地、游客咨询中心、旅游服务中心、目的地信息管理中心等为一体的多功能旅游集散中心。再次要在云南省主要旅游景区聚集区域内建立应急机制，构建设施齐全、功能完善、服务规范、反应快捷的旅游公共服务体系。最后要在完善云南省主要道路交通标识的基础上，可通过各类信息技术和"一部手机游云南"等移动终端，创新交通引导服务模式；另外，还应对云南省的公共交通经营主体进行扩展，充分利用共享机制，设置旅游景区景点专线，构建公共交通共享系统，完善自驾车租赁管理等措施实现旅游大交通发展。通过以上措施，实现旅游景区在服务空间上的扩大化，实现游客在景区内外的服务一体化。

积极推进智慧旅游建设，以信息为渠道促进景区内外空间的一体化。云南省应依托现代通信、信息和其他多媒体技术，大力推动智慧旅游应用系统的建设，建设智慧型旅游景区。首先，在多渠道进行推广和宣传，将网络作为旅游形象宣传的主要阵地。其次，应积极探索"互联网+""信息技术+"等高科技产业融合发展的新模式，积极推动旅游电子商务的发展，构建更多在线旅游产品的预订、销售渠道。最后，应大力促进旅游景区景点的智慧化管理与服务，与各社会科研机构合作，使社会资源利用程度最大化，构建旅游大数据中心，同时研发功能完善的旅游者反馈系统，反馈其在云南旅游的满意度和投诉相关信息，为提升旅游服务质量提供基础和依据。

（二）着力推行城市景观风貌规划，实现景区空间辐射全域化

按照"云南只有一个景区，这个景区就叫云南"的理念，以景区空间辐射的全域化推进云南省全域旅游发展。云南省在旅游景区转型升级的过程中，应进行城市景观的统一设计和规划，在城镇建设、乡村改造、道路规划、街道布局、设施建设等目的地规划和建设的过程中都应遵循科学的、美观的景观设计原则。通过城市景观的建设使旅游景区旅游吸引物扩大化，旅游景观设计全覆盖，旅游审美体验全时段。将云南省旅游打造成"一个景区"，让旅游者和居民共享旅游业发展的成果。实现景区之外美丽景色全覆盖，呈现"云南处处有景区，游客眼中尽风景"的景象，满足游客全空间旅游体验。

旅游景区转型升级的目的之一是能够实现旅游消费体验的全域化，这是全域旅游模式下旅游景区功能变化的落脚点。要打造旅游景区内外的全域化体验模式，就必须跳出景区之外，打造从传统"食、住、行、游、购、娱"六要素拓展为"食、住、行、游、购、娱"+"商、养、学、闲、情、奇"的全要素体验观念，在旅游景区的打造过程中，注重全域"全要素"打造，在服务体验上实现旅游景区空间的全域辐射化。

（三）优化景区空间格局，促进旅游景区区域联合发展

云南省共拥有 A 级旅游景区 200 余个，景区遍布全省，各区域依托不同资源、市场和环境特色，应形成格局特色的、点线面联合发展的云南省景区发展格局。首先，应充分发展 5A 级旅游景区龙头效应，形成优质 A 级景区集聚群和集聚带，其中，可根据不同的优质景区旅游资源，打造区域旅游 IP，形成区域性旅游吸引力较强的景区集群。其次，依托 A 级旅游景区廊道，形成多条精品旅游线路，以高级别景区带动低级别景区，实现景区协同发展。

四、旅游景区转型升级路径的时间维度

所谓旅游景区转型升级的时间维度，即需要关注旅游景区包括淡旺季、24 小时全天候的旅游产品和服务建设，打造全时体验的旅游活动和服务体系（见表 7—4）。

表7-4　云南省旅游景区布局

片区名称	包含区域	景区数量	龙头景区	发展业态
滇中大昆明国际旅游区	昆明为中心的昆明市、玉溪和楚雄	56	昆明石林风景名胜区、九乡风景名胜区、昆明轿子山、澄江禄充景区、禄丰世界恐龙谷	地貌观光旅游、湖泊度假旅游、城市休闲旅游
滇西北香格里拉生态旅游区	大理、丽江、迪庆、怒江	60	丽江玉龙雪山景区、大理崇圣寺三塔文化旅游区、丽江古城景区、迪庆香格里拉普达措景区	观光旅游、少数民族古镇旅游、生态旅游
滇东北红土高原旅游区	昭通市及昆明、曲靖两市的部分邻近地区	24	陆良彩色沙林景区、罗平九龙瀑布群景区、沾益珠江源景区、曲靖会泽大海草山	喀斯特地貌观光旅游、农业旅游、民族文化旅游
滇东南喀斯特山水文化旅游区	红河、文山州以及昆明、曲靖两市的部分邻近地区	35	泸西阿庐古洞、建水燕子洞、建水文庙、红河元阳哈尼梯田景区、丘北普者黑景区	喀斯特地貌观光旅游、农业旅游
滇西南澜沧江—湄公河国际旅游区	西双版纳傣族自治州、普洱市、临沧市	46	中国科学院西双版纳热带植物园、墨江北回归线标志园、西双版纳野象谷景区	生态旅游、少数民族文化旅游
滇西火山热海边境旅游区	保山市、德宏州	23	保山腾冲火山热海旅游区、腾冲和顺景区	边境旅游、生态旅游、温泉养生旅游

（一）打造全天候的旅游活动体系

旅游景区需要设置全天候、全时段的旅游活动体系，要在一年四季、早晚晨午都有适合旅游者需求的旅游活动。传统旅游产品常常忽略游客的夜间体验，因此云南旅游景区的转型升级，可以依托文化产业、都市服务业大力发展演艺、美食、娱乐等旅游"夜经济"，丰富游客体验，做到 24 小时全天候旅游产品无空白。同时，旅游产品的全时体验还需要健全产品体系，开拓旅游市场，破解旅游景区淡旺季落差。要破解旅游景区的淡旺季落差，首先需要健全产品体系，打造温泉游、健康游、养生游等特种旅游项目，配合当前时段设置不同的合理的旅游项目，充分发挥区域资源优势，弥补旅游淡季的产品空白。其次，还需要开拓旅游市场，以旅游者需求为核心，努力寻找旅游业的利基市场，创新发展旅游业态（见表 7-5）。

表 7-5　云南省全天候旅游活动体系

活动类型	活动内容	资源特色
夜间旅游活动	演艺旅游产品	以云南独特而丰富的少数民族文化为主题，分区域打造系列演艺旅游产品
	夜市旅游产品	依托丽江古城、大理古城等世界知名的古镇旅游资源，打造有景区文化元素作为支撑商业夜市
	民俗体验旅游产品	依托少数民族文化进行设计，如由民族节庆日设计的晚会形式，由民族婚恋习俗设计的情歌对唱形式，由民族的祈福习俗设计的旅游项目（如泼水节，孔明灯等）
四季旅游活动	春季旅游产品	依托云南丰富的花卉资源，开发春季赏花旅游产品 依托西山、秀山等城郊山地公园，开发踏青旅游产品 依托众多的湿地资源，开发湿地科普旅游产品
	夏季旅游产品	依托抚仙湖、洱海、滇池等高原湖泊开发水滨度假旅游 依托云南优越的生态环境，开发绿色生态旅游产品 依托丰富的森林资源，开发森林避暑旅游产品
	秋季旅游产品	依托云南丰富的饮食资源，开发美食旅游 依托云南独特的少数民族农耕文化，开发乡村旅游
	冬季旅游产品	依托云南丰富的地热资源，开发温泉养生旅游 依托云南数量众多的低纬度雪山群，开发冰雪旅游 依托云南地质地貌资源，开发冬令营地理研学产品

（二）建立全时段的旅游服务体系

健全景区旅游服务系统，促进旅游服务与公共服务不断融合。对应全时体验的旅游活动体系，游客也需要在旅游景区获得全时段的优质旅游服务。而全时段旅游服务系统必须整合政府、企业和第三方组织，扩大旅游服务主体。首先，政府是旅游服务系统的重要组成部分，政府提供的公共设施、公共信息等服务要充分与旅游业结合，在服务当地居民的同时，也为旅游者创造舒适便利的条件和环境。其次，企业是旅游服务系统的核心，旅游核心企业提供食、住、行、游、购、娱等基本服务，旅游辅助企业提供预订、咨询等辅助服务，在旅游服务企业的管理中要充分发挥企业的自主性和积极性，加强各类政策支持和财政补贴，完善企业管理制度和激励制度。第三方组织是旅游服务体系的重要补充，第三方组织所提供的旅游服务可有效补充政府和企业的不足，并将服务进一步细化，有利于旅游产业和旅游服务的创新。云南省在景区旅游服务体系的建设中，应加强与各社会机构的联系，充分发挥第三方组织的重要力量。

第二节　基于产业主体延展的云南旅游产业转型升级路径

旅游业包含了旅游供给体系中面向游客的各个最终环节，因此旅游业体系的升级转型在旅游升级转型中扮演重要角色，它是旅游升级转型是否符合旅游者需求的重要环节。本部分将从旅游产业体系的优化、旅游产业载体的培育等方面入手，形成加快产业融合，构建大旅游产业体系，做强主导产业，形成高端产品体系，延伸市场主体，培育产业发展载体的旅游产业体系转型升级路径。

一、加快产业融合，构建大旅游产业体系

大旅游产业是以旅游者的需求作为核心和基础，将旅游消费行为作为主要脉络，将产业要素的内外整合作为重要途径，将需求与供给的有效对接为依托，市场主体延伸发展为驱动，最终形成满足市场多元化需求，包括旅游业、文化产业、制造业、销售业、健康产业、地产业等在内，同时也包含了生产类型服务业、消费类型服务业和加工制造业等的

综合产业体系。

云南省要进行旅游产业的优化升级，首先应该基于主体延伸的思路，扩大产业主体，发展以旅游业为核心，以康养产业、特色娱乐业、商务会展业、商品购物业、民族文化业、餐饮住宿业六大产业为重点的大旅游产业体系（见图7-3）。

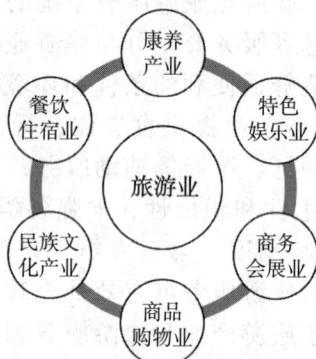

图7-3 云南省大旅游产业体系

积极发展康养产业，主要依托云南特殊的自然环境条件、较高的森林覆盖率、数量丰富的地热资源和多样的地貌特征，积极开发"温泉SPA""山地养生""森林康体"等养生休闲旅游产品，同时大力推动高原体育训练产业，培育体育竞赛市场，带动体育旅游发展。积极发展特色娱乐业，主要是弥补云南省主题游乐不足、旅游文化休闲档次不高的缺陷，新建和改造提升一批新型健康的旅游文化娱乐场所。积极发展商务会展业，主要依托云南四季如春的气候优势和面向南亚、东南亚的良好区位条件，加快会展和商务设施建设，着力提升服务水平，打造会展旅游产品。发展商品购物业，充分发挥云南省丰富多样的资源条件和优势，建设一批旅游文化商品加工基地，构建以"金、木、土、石、布"及民族、民间工艺品为重点的旅游文化商品体系。发展民族文化产业，以云南独具特色的少数民族文化资源为特色，开发具有深度体验特征的民俗体验和民族文化旅游产品。发展特色餐饮住宿业，充分发挥我省民族文化源历史悠久、丰富多彩的比较优势，深入挖掘和整理各民族独特的食、住文化，打造民族餐饮文化品牌和特色民族民宿品牌，六大重点产业相关建设内容如表7-6所示。

表7-6 云南省六大重点产业建设重点

主要产业	建设重点
康养产业	**温泉度假区**：打造以安宁温泉养生度假区、阳宗海柏联温泉度假区、腾冲热海温泉旅游区、水富西部大峡谷温泉度假区、洱源大理地热国、弥勒湖泉温泉康养旅游区为代表的一批温泉度假区 **体育旅游基地**：打造以嘉丽泽国际度假区、寻甸天湖岛康体旅游区、东川乌蒙巅峰运动公园、昭通大山包国际翼装飞行训练基地、弥勒湖泉金秋休闲运动度假区、普洱蓝眉山运动养生旅游度假村、丽江老君山黎明生态康体运动区为代表的一批体育旅游基地 **养老旅游基地**：充分发挥云南省自然生态、地质地貌、立体气候等资源环境优势，以民族医药、生物保健为特色，以滇中城市圈为重点区域，建设一批养老旅游基地
特色娱乐业	**主题游乐园**：提升改造昆明古滇名城水上乐园、石林冰雪海洋世界、云南野生动物园、安宁玉龙湾森林公园游乐园、水富西部大峡谷水上乐园、麒麟水乡乐园、澄江寒武纪乐园、禄丰世界恐龙谷、禄丰长隆水世界乐园、弥勒湖泉温泉水世界乐园、西双版纳万达水乐园、腾冲国际户外运动乐园、瑞丽湾植物园、丽江雪山花海花卉主题园区等一批旅游文化主题公园和游乐园 **演艺系列品牌**：主打云南少数民族文化，巩固提升以《印象丽江》等为代表的大型山水实景演出类产品，加快打造德宏目瑙纵歌、保山巍巍松山等一批旅游文化演艺新产品 **体育旅游赛事**：积极主板各类体育赛事，扩大知名度，打造包括昆明高原马拉松赛、阳宗海国际高尔夫挑战赛、东川泥石流越野赛、昭通大山包翼装飞行、保山史迪威公路汽车拉力赛、昆明—曼谷汽车拉力赛等知名体育旅游赛事品牌
商务会展业	**区域商务会展中心**：加快提升昆明滇池国际会展中心配套服务设施，积极推进大理、曲靖、玉溪、楚雄、景洪、丽江等重点城市会展设施建设
商品购物业	**旅游文化商品体系**：构建以"金、木、土、石、布"及民族、民间工艺品为重点的云南省旅游文化商品体系 **旅游文化商品加工**：依托云南不各区域不同的自然资源，建设金银铜锡工艺品加工区（个旧、东川、会泽）、木竹藤草工艺品加工区（德宏、西双版纳、文山）、陶瓷泥塑工艺品加工区（建水、华宁）、石雕石刻工艺品加工中心（大理、通海）等旅游文化商品加工区

续表

主要产业	建设重点
民族文化业	民族文化节庆：打造彝族火把节、傣族泼水节、白族三月街、哈尼族长街宴、苗族花山节、花腰傣花街节、景颇族目瑙纵歌节、傈僳族阔时节、拉祜族葫芦节等民族文化节庆精品产品
餐饮住宿业	优质特色餐饮住宿：充分挖掘云南饮食文化特色，打造一批民族餐饮文化品牌，核心打造"滇菜"系列餐饮品牌，一批云南餐饮名店名企，积极引进国际知名酒店品牌，打造一批特色乡村住宿品牌

二、做强主导产业，促进旅游业动能转换

无论旅游产业边界如何扩张，为游客提供观光游览要素的产业仍然是旅游业发展的重点，因此在云南省旅游产业体系优化的过程中，提升主导产业质量，改善其业态单一、发展方式粗放的问题成为旅游产业转型升级的重点之一，具体而言应提升观光游览业，优化休闲度假旅游业，开发专项旅游新业态，同时改善旅游产品质量，深化旅游产品内涵，为云南省旅游业核心寻找新的动能。

（一）提升观光游览业

观光游览是云南省发展较早的旅游业态，同时也是规模较大的旅游业态。但是目前观光游览业的开发和经营不可避免地面临质量参差不齐的问题。因此生态化和精品化，是云南提升现有观光游览业质量、打造精品观光旅游产品的两大要点。云南省应继续发挥自然生态和民族文化资源优势，在可持续发展的前提下开发建设，大力发展生态旅游，使生态资源迅速转化为资本，形成新的市场亮点。同时应通过提升质量、丰富内容、深化内涵等手段实现观光产品的精品化。

具体而言，云南省应紧抓精品旅游景区、生态旅游区、民族文化旅游区、红色旅游景点、边境旅游路线五大重点，积极提升观光游览业的质量，发挥传统旅游观光的新动能（见表7-7）。

表7-7 云南省观光游览业提升重点

建设类型	重点建设内容
精品旅游景区	巩固5A级景区，提升4A级景区，以昆明石林、丽江玉龙雪山、迪庆普达措、腾冲火山热海、元阳梯田、大理古城、云南民族村、罗平九龙瀑布群、禄丰世界恐龙谷为重点，建设50个精品旅游景区
生态旅游区	以森林公园、湿地公园为基础，建设打造以迪庆普达措、梅里雪山、白马雪山、西双版纳、高黎贡山、临沧南滚河、昭通大山包、怒江大峡谷、独龙江、大理苍山洱海等为重点的一批生态旅游区
民族文化旅游区	提升改造云南民族村、西双版纳傣族园、楚雄彝人古镇、丽江东巴谷等一批民族文化旅游区，凸显民族特色；以沧源县、贡山县、陇川县等区域为重点，加大佤族、怒族、景颇族、阿昌族、傈僳族、布朗族等云南特有少数民族文化的旅游开发
红色旅游景点	以红军长征文化和其他革命历史文化遗址遗迹为依托，重点建设腾冲抗战文化旅游区、龙陵松山抗战遗址文化旅游区、怒江驼峰航线旅游区、沧源班洪抗英遗址文化旅游区、畹町南侨机工文化旅游区等一批红色旅游区
边境旅游路线	重点打造中国河口县—越南广宁省、中国畹町—缅甸腊戌、中国瑞丽市—缅甸曼德勒、中国河口县—越南沙巴、中国麻栗坡县—越南河江、中国勐海县—缅甸猛拉、景栋，中国景洪港—老挝南塔省班相果—老挝波乔省敦蓬—金三角会晒—老挝琅勃拉邦、中国腾冲—缅甸甘拜地—昔董—密支那等跨境旅游路线

（二）优化休闲度假旅游业

云南省主要休闲度假旅游业包括温泉度假、乡村度假、山地度假和湖泊度假，其中温泉度假旅游产品占主导地位，这与云南省得天独厚的地热资源有着密切的关系。凭借舒适的气候资源、丰富的高原水体资源及良好的生态环境资源，云南省应大力开发内陆湖滨型、休闲体验型旅游产品，创新发展分时度假、特色小镇等多种类型的度假产品[125]。优化休闲度假旅游业，应重视如度假村、高档购物商场、高级度假酒店等高端旅游项目的引入。同时，云南省应重点打造城市中央公园、主题乐园等现代主题公园旅游项目，将高端旅游产品引入到城市中央公园和现代主题公园的规划建设中，使休闲进一步融入旅游业。

具体而言，云南省休闲旅游业的优化应立足打造休闲度假系统，大力提升以昆明滇池、阳宗海和西双版纳等为重点的国家级、省级旅游度假区，建设一批以旅游文化城镇为依托的特色休闲街区等，重点打造一批文化内涵丰富、休闲娱乐独特、度假环境舒适的休闲度假区，大力开发面向海外游客和国内中高端游客的休闲度假产品，进一步增强对国内外游客的吸引力（见图7-4）。

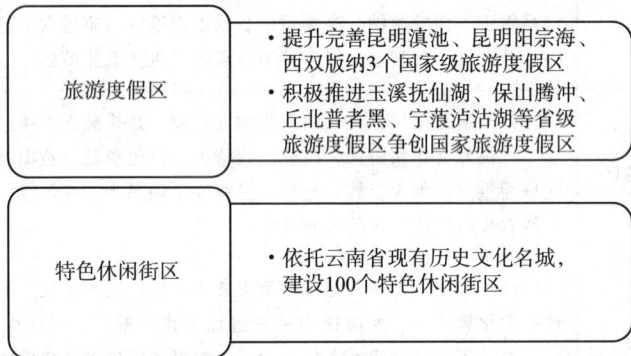

图7-4　云南省休闲度假业改进重点

（三）开发专项旅游新业态

在提升观光游览业，优化休闲度假业之外，云南省应大力发展民俗体验、体育旅游、会展旅游、科普研学、探险旅游、边跨境旅游、自驾车旅游等旅游新业态。专项旅游新业态的开发，一方面是旅游者不断细化的旅游需求的必然要求，另一方面也扩张了旅游供给，使旅游业朝着更深更广的方向发展。

（四）改善旅游产品质量，深化旅游产品内涵

旅游产品是由"食、住、行、游、购、娱"六大要素组合而成的，这些要素同时也构成了基础的旅游产业链，但是，随着旅游业不断发展，旅游产业链也在不断融合扩张，而产业链的不断深化和广化同时也是旅游产品不断多元化的过程，因此旅游产业链的融合扩展对推动旅游产品转型升级具有重大意义。云南省应利用好"旅游+""+旅游"的新业态模式，推动旅游业与其他各产业、各领域的融合，以"旅游+文化""旅游+互联网""旅游+康体""旅游+体育""旅游+研学""旅游

+农业"等方式多元化开发旅游产品，培育旅游业发展新的亮点和增长点。

具体而言，应该采取以下措施：第一，丰富旅游主题。云南旅游资源类型多样、分布广且等级品位高、特点突出，但是长期以来，云南丽江、西双版纳、香格里拉等地区旅游业发展较早，知名度较大，一定程度上遮盖了云南其他地区的旅游资源。因此，云南旅游产品体系升级转型，应根据云南旅游资源的总体分布情况和特征，结合市场需求进行区域划分并确定各区域旅游开发的要旨，以此为基础整合区域内的其他旅游资源，形成层次完成、主题鲜明的旅游产品体系，打造出除了观光旅游之外，包括农业、工业、科考、探险等多元化的旅游产品。第二，拓宽旅游业态。多元化的市场需要多元化的产品，游客的需求和层次都是多元化的，应针对不同的目标客源市场和层次大力开发各种旅游产品新业态，加强休闲、度假、观光、文化、生态等与旅游的互动和结合：首先，打造文化旅游名牌产品，即着力建设一批历史文化旅游项目，重点推进文化产业园区、主题文化公园和红色文化旅游区等项目建设，打造少数民族文化休闲街区，培育具有特色的品牌旅游节庆产品。其次，积极发展休闲农业旅游产品，着力打造一批休闲农业园区，推进全国休闲农业与乡村旅游示范点建设，建设旅游精品农业庄园。再次，积极推进工业旅游新业态发展，培育一批特色产业旅游园区和工业旅游示范点。最后，大力发展旅游服务新产品及业态，建设养老养生旅游项目、自驾游露营地、医疗健康旅游项目、体育旅游基地、航空旅游基地，积极开发高铁旅游产品，大力促进旅游与生态相融合，创建一批国家级生态旅游示范区。通过以上措施，使传统观光、度假旅游产品和其他旅游产品形成联动开发局面，扩展旅游业态。第三，扩充旅游形式。在旅游产品主题和业态不断扩张的同时，也应该延伸旅游形式，提倡奖励旅游（对优秀员工）、福利旅游、修学旅游（对学生群体）、银发旅游（对离退休人员）等多种旅游形式，以促进旅游产品受众的不断扩大。同时，在旅游产品的开发中注重参与性和趣味性的设计，扩大体验式旅游产品比重。

另外，云南旅游业的发展同样受到全球化浪潮的冲击，旅游业国际化程度的不断提升，使得其面临越发激烈的竞争；游客旅游经验的逐渐丰富化，使其对旅游产品的质量要求越来越细致、越来越高。因此，在进入大众旅游阶段后，传统旅游产品在市场上呈现供过于求的状态，而新的旅游产品要么不能满足旅游者需求，要么开发不足。所以，为了适应外部市场环境的变化，为了更好地满足旅游者对产品产生的新的要求，应着力转变云南现阶段旅游业粗放的发展方式，不再单一追求旅游者人数、旅游产品数量、旅游收入的增加，而应更关注旅游产品质量的提高。云南省可通过出台评价标准、规范企业管理制度、加强人才培养和培训等措施，促进旅游产品质量的提高。首先，文化的挖掘应体现在产品的包装和表现形式的设计上，在旅游商品的设计开发中要充分融入具有云南特色的民风民俗和少数民族文化，在各类餐饮、住宿等设施的设计上也应该体现云南文化特色，同时这种云南特色的打造应同时体现在从器具细节的设计到整体环境氛围的营造上；其次，文化的挖掘不仅依赖导游的讲解，还要充分利用声光电技术、VR技术等现代科技手段来全方位展示云南文化。除此之外，云南旅游产品特色文化的挖掘和打造还可以从文创产业着手，加强旅游与文化的融合，策划以影视、动漫、游戏等受年轻人欢迎的娱乐活动为主题的事件宣传，形成强势的旅游文化冲击和文化影响。

总而言之，旅游产品的优化升级不单体现在产品本身的转型，同时也涉及整个区域内产业政策环境、产业战略定位、市场环境和理念的转型升级[126]。因此，必须营造良好的产品转型升级环境，树立转型升级理念。具体而言，云南省应在全社会树立以人为本的服务理念，提高从业人员文化素质。同时制定相关促进旅游产品转型升级的政策作为基础保障，对旅游市场、旅游交通、旅游监管等方面进行实时监督和综合整治，为产品的转型升级营造良好的外部环境和支撑。

三、延伸市场主体，培育产业发展新载体

旅游市场主体是产业发展的重要载体，因此市场主体的活力是旅游业发展壮大的基础，没有竞争有力的市场主体，旅游业难以发展强大。因此，鼓励旅游市场主体延伸发展，培育多元化旅游市场主体，是激发旅游市场主体活力和国民旅游消费潜力、实现旅游消费稳定增长的重要手段，也是增强产业竞争力、促进产业升级转型的重要路径。

（一）充分发展主体动力，构建市场主体体系

（1）组建大型旅游集团。大型旅游集团的发展，对推动旅游资源重新配置和国有资产重组，冲破条块和所有制限制，调整产业结构，提高产业市场集中度，形成强有力投融资主体具有重要作用。因此，云南省

必须加快组建大型旅游集团，鼓励和支持省属优势旅游企业，通过资源整合、资本运作等多种方式，与各级政府开展合作，组建混合所有制的旅游集团，对全省旅游资源进行整体开发。同时支持省内文化、农垦、城投等大型国有企业在转型中进入旅游业，发展一批以旅游为新经营领域的企业集团。

（2）打造大型旅游企业。在组建大型旅游集团的同时，还要加大招商引资力度，打造大型旅游企业。首先，引进一批规模大、辐射带动力强的国内外知名旅游集团和管理服务品牌企业，以及品牌酒店、特色民宿、旅行社、演艺等专业性旅游企业落户，同云南省旅游骨干企业在股权和业务方面开展全方位合作，实现股权多元化，提升云南省重点旅游企业运营能力。其次，多项措施鼓励旅游企业上市，打通资本市场通道，为云南省旅游基础设施建设和旅游产业发展提供融资保障。

（3）扶持中小型旅游企业。扶持中小型旅游企业，要全面落实和创新中小企业扶持政策，进一步健全和完善中小企业支持体系。首先，打造中小型旅游企业孵化体制，强化分类指导，突出特色和质量。其次，通过建设旅游创客示范基地，加强政策引导，吸引更多旅游、文化、艺术、科技领域知名人士建立工作室，促进创意资本向旅游业流动。最后，还可开展旅游"双创"行动，鼓励大中专院校毕业生创新创业，创办旅游中小企业（见表7-8）。

表7-8 云南省旅游市场主体体系一览

主体层次	建设内容
旅游集团	依托与华侨城集团公司、大连万达集团、上海复星集团等国内知名企业的各类合作，着力打造5户以上在全国有强大竞争力的旅游文化企业集团品牌
大型旅游企业	促进包括云南世博旅游控股集团有限公司、云南文化产业投资控股集团有限责任公司、丽江玉龙股份有限公司、西双版纳万达集团公司、昆明诺仕达（云南怡美）集团公司、大理旅游集团公司、迪庆州旅游集团公司、云南石林旅游集团公司、云南湄公河集团公司等云南本土企业的进一步扩大化发展
中小型旅游企业	重点培育中小型旅行社企业、本土特色旅游餐饮文化企业、旅游文化精品酒店、旅游交通服务企业、旅游文化娱乐骨干企业、旅游文化景区企业和旅游文化商品生产销售骨干企业

（二）加强区域合作，建设特色旅游产业集群

以具有优势资源的区域或城市为依托，积极吸引资金、技术、人才、企业及有关产业集聚融合，重点建设多种规模等级的旅游产业集群区。

具体而言，首先，以昆明市、大理市等云南省重点区域中心城市，打造大昆明、大苍洱、丽江、保山腾冲、西双版纳—普洱、丘北普者黑—广南坝美、瑞丽江—大盈江、楚雄—禄丰等区域旅游产业集群。其次，依托区域特色资源和产业，建设一批包括紫云青鸟·云南文化创意博览园、昆明金鼎文化创意产业园、镇雄水晶文化创意园、云南易门滇鉴陶文化创意产业园、龙陵黄龙玉文化产业园区、楚雄永仁·中国苴却砚文化旅游博览园、德宏瑞丽珠宝文化产业园、红河个旧锡文化创意产业园、剑川木雕文化产业园、腾冲文化产业创意园、云南杂技马戏城等的旅游园区。最后，与城市建设相结合，依托昆明滇池国际会展中心、七彩云南·古滇文化旅游名城、云南凤龙湾国际旅游度假区、昆明花之城、石林冰雪海洋世界、澄江仙湖山水国际休闲旅游度假园、元谋古人类历史文化旅游区建设一批具有旅游功能的城市综合体。

另外，合理利用云南历史文化名城、特色古镇和传统村落等资源优势，在加强历史文化资源保护，发掘修复文化遗址遗迹，改善生态文化环境基础上，构建云南特色旅游城镇体系，加快建设一批主题鲜明、交通便利、服务配套、环境优美的旅游文化名城、旅游文化古镇、旅游文化古村落（见图7-5）。

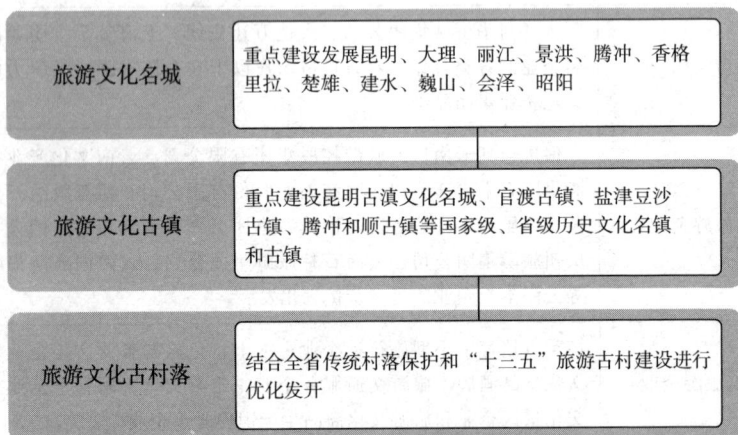

旅游文化名城	重点建设发展昆明、大理、丽江、景洪、腾冲、香格里拉、楚雄、建水、巍山、会泽、昭阳
旅游文化古镇	重点建设昆明古滇文化名城、官渡古镇、盐津豆沙古镇、腾冲和顺古镇等国家级、省级历史文化名镇和古镇
旅游文化古村落	结合全省传统村落保护和"十三五"旅游古村建设进行优化发开

图7-5 云南省特色旅游城镇体系

第三节　基于体制重构的云南旅游
管理服务体系转型升级路径

旅游管理服务体系转型升级作为云南旅游转型升级的重要内容，要以体制机制创新作为动力，推进云南旅游管理服务体制机制改革全面深化，形成完备的旅游管理服务体系内容，并提升旅游管理服务现代化和法治化水平，积极推进部门联合协作机制建设，如图 7-6 所示。

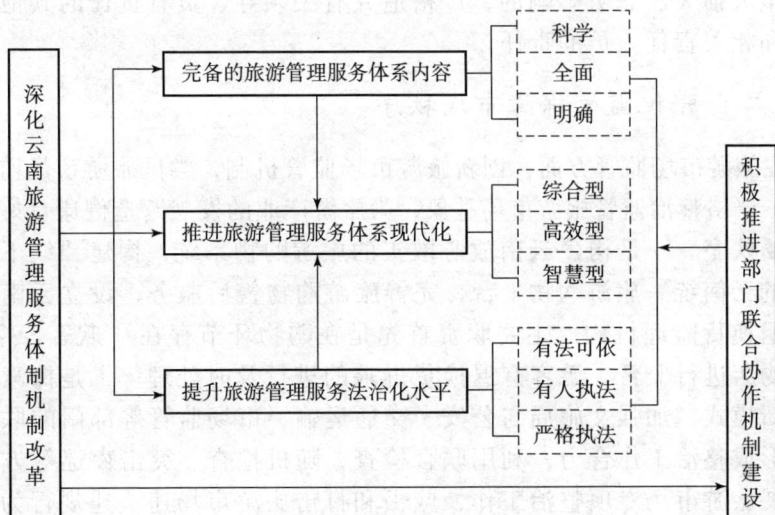

图 7-6　云南旅游管理服务体系转型升级路径

一、推动云南旅游管理服务体制机制改革全面深化

科学高效的云南旅游管理服务体系是云南实现转型升级的重要路径，旅游管理服务体系的健全需要体制机制的创新，关键在于深化云南旅游管理服务体制机制的改革。

（一）科学决策保障旅游开发

在云南旅游产业发展规划中深化改革，以科学决策保障旅游项目有序开发、旅游产业健康快速发展。一是完善科学民主依法决策机制。健全重大决策的规则和程序，把风险评估、合法性审查和集体讨论决定列入重大决策的必经程序，实行科学决策、民主决策、依法决策。重大经费预决算、重大活动项目、重点设施建设及旅游重要工作制度等事项，在做出决议、决定前，必须经过深入调查研究和分析论证，广泛听取意见，最后党工委会议充分讨论研究通过，确保决策制度科学、程序正当、过程公开、责任明确。二是建立健全项目监督机制，健全信息发布制度，完善各类办事公开制度，全面推进和深化旅游信息公开，建立工作落实督办制。三是建立权责统一责任追究机制，强化决策责任追究，实现决策权和决策责任相统一，建立重大决策终身责任追究制度及责任倒查机制，对决策严重失误或者依法依规应当及时做出决策但久拖不决造成重大损失、恶劣影响的，严格追究有关领导、负有责任的其他领导人员和相关责任人员的责任。

（二）强化监管保障市场秩序

在旅游市场监管方面，创新旅游市场监管机制，尝试旅游市场监管新办法，严格整治监管旅游市场乱象，为旅游产业的发展营造健康良好的旅游市场秩序。一是构建云南放心敢买的旅游购物系统，构建"线下＋线上"的云南统一旅游购物平台，完善旅游购物售后服务，设立云南旅游购物退换货监理机构。主要职责首先是在购物环节存在"欺客、宰客"的购物店进行监督，游客有退换货诉求的进行及时处理。二是探索联合执法新模式，加强文旅局与公安、交通运输、市场监管等部门的联勤联动，形成整治工作合力，利用联合检查、随机检查、突击夜巡等方式大力开展旅游市场专项整治工作，威慑和打击旅游市场违法违规行为。三是提高市场监管信息化水平，进一步规范散客市场，实现对散客市场进行有效监管的新突破。以"一部手机游云南"为平台，不断完善游客一键投诉服务质量，旅游投诉和旅游咨询做到"快"和"好"。四是坚持旅游协会与政府脱钩不脱节，进一步强化旅游协会在旅游市场中的服务、引导、协调和监督作用。构建行业协会行之有效的舆情管理工作流程、旅游舆情应对长效机制，以预防、减少和消除旅游舆情造成的负面影响为手段，积累行业品牌正能量、谋求行业美誉度、认可度，营造云南旅游良好的舆论氛围。

（三）完善薪酬机制激励旅游智业人才

在旅游从业人员管理服务方面完善薪酬机制，激励旅游智业人才。要通过薪酬体制、保险体制等创新，激发导游、旅游智业人员等旅游从业人员的活力与职业认同感,为云南旅游产业转型升级增添运行动力。一是推进云南省导游执业自由化,积极推进云南省成为全国导游执业自由化第二批试点,让每一个的导游有可能成为小微旅行社,激发旅游产品市场的活力。二是实现导游电子化管理,建立全省统一的导游管理信息平台,将全省所有导游纳入平台进行实时动态监管。三是建立导游评价系统,建立导游职业退出机制。四是落实导游薪酬制管理,解决导游归属问题,严格监督导游与旅行社劳动合同的签订,实施电子合同线上监管。

(四) 优化旅游企业营商环境

在旅游相关企业的管理服务方面,通过管理机制与方法的改进严控旅游企业不合理、不合规、不合法的运营现象,尤其是对旅行社不合理"低价游"的严格监管;通过对旅游企业服务机制的灵活创新,以服务企业的理念激活旅游企业市场活力。一是引导旅游企业进行转型,推进旅游产品品质与服务质量的提升。在严格整治的同时,要"疏""堵"结合,应顺势扶植散客游和品质游等方面相关企业,给予相应的政策倾斜。二是助力市场主体调整营销模式走出低价恶性竞争,对于暂时运营亏损正在的转型的市场主体,给予一定的税收优惠政策,助力其度过转型阵痛期。

(五) 创新景区景点管理经营模式

在景点景区管理方面,创新景区管理经营模式,探索具有活力又整体协调发展的景区发展模式。一是成立旅游景区统一的景区管委会,并享有独立的财政权,对旅游景区进行统一规划、管理、保护、执法、安全保卫、营销策划、园林养护和重大接待等。二是按照政、事、企分开的原则,景区管理委员会存在的同时,组建公司,通过资产重组、盘活国有资产,优化资本结构,建立起以旅游景区风景资源为依托的旅游龙头企业,并按照"产权清晰、权责明确、政企分开、管理科学"的现代企业制度运行操作。

(六) 加强旅游执法水平及能力

在旅游执法方面,通过对旅游执法模式及机制创新,提升旅游执法效力。一是继续转变政府部门的思想观念,形成合力,进一步落实好22

157

条整治措施，健全综合监管机制。二是采取合适办法，督促填补旅游市场监管中的法律缺陷和空白。三是探索跨区域联合执法，与周边省份一起进行旅游执法合作，积极开展执法能力的交流与培训。

二、形成完备的旅游管理服务体系

旅游快速发展带来对旅游管理服务更综合、更复杂、更及时的更高要求，充分考虑到旅游发展中的各个工作领域，加快健全云南旅游管理服务体系内容，理顺管理部门工作运行职责，提高管理服务的时效性，形成更加完善的云南旅游管理服务体系，以适应云南旅游产业转型升级发展的需要。基本形成旅游规划开发、旅游宣传营销、旅游市场监管、景点景区管理服务、旅行社管理服务、旅游从业人员管理服务、旅游安全管理、旅游信息化建设 8 个方面的管理服务内容，管理服务领域涉及 18 项管理服务工作内容。完善的旅游管理服务体系是云南旅游产业转型升级的管理机制保障，如图 7-7 所示。

三、推进旅游管理服务体系现代化

（一）打造综合型旅游管理服务体系

基于旅游管理服务体系涉及旅游发展的多个领域、不同层次，旅游管理服务工作具有综合性，要打造形成涉及多领域内容、多部门参与、多层次协调的综合型旅游管理服务体系。首先，综合型旅游管理服务体系表现在旅游发展的多领域管理服务，包含旅游产业发展中管理部门对旅行社、景区景点等旅游企业、旅游从业人员的管理服务机制，理顺包含旅游规划开发、宣传营销、市场监管、旅游安全、旅游信息化等方面的管理机制，形成综合性较高的多领域旅游管理服务体系。其次，综合型旅游管理服务体系表现在旅游管理服务中的多部门参与，由于旅游管理服务内容与工作的综合性，很多工作无法依托单一部门开展，需要联合多个部门一起推进，保障旅游管理服务的效率，因此要形成多部门参与的旅游管理服务体系。最后，综合型旅游管理服务体系表现在旅游管理服务的多层次统一，旅游管理服务从省级、州（市）级、县级等层层推进，从上至下实现旅游管理服务在层次上的统一协调，因此要形成多层次协调的综合型旅游管理服务体系，如图 7-8 所示。

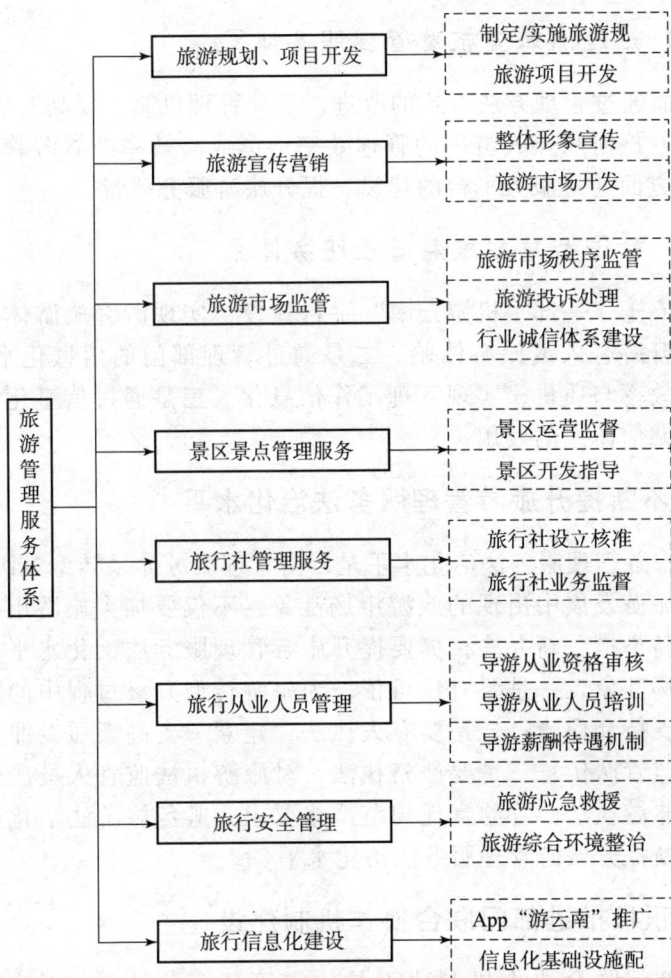

图 7-7 云南旅游管理服务体系

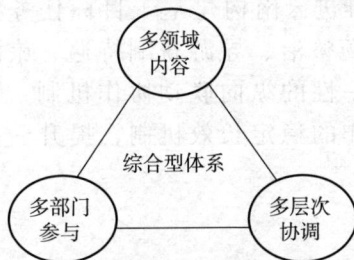

图 7-8 综合型旅游管理服务体系示意

（二）打造高效型旅游管理服务体系

一方面通过管理方法方式的改进，理顺管理机制，提高对旅游企业、景区景点、旅游从业人员等的管理效率，形成高效率的旅游管理服务体系。另一方面通过服务平台的建设，提升旅游服务质量。

（三）打造智慧型旅游管理服务体系

一是依托"一部手机游云南"平台建设，实现游客旅游体验服务信息化，提升游客入滇旅游体验。二是通过管理部门的信息化平台建设，提高管理效率与质量，实现管理工作信息化。三是通过信息化手段有效实现行业诚信体系的效用。

四、不断提升旅游管理服务法治化水平

提升旅游管理服务法治化水平是云南管理服务体系转型升级的保障。基于云南旅游发展中出现的旅游市场乱象，不仅要加大旅游市场监管力度，出台新举措、新办法，更要提升旅游管理服务法治化水平。尤其针对旅游市场乱象，一是要有法可依，为旅游转型升级过程中的旅游执法提供法律支持和保障；二是要有人执法，建立一支高素质专业化的旅游综合执法监管队伍；三是要严格执法，对旅游执法监管人员严格规范和要求，对旅游执法监管的责任规范严格要求，避免旅游法治化监管流于形式，不断提升旅游管理服务法治化水平。

五、积极推进部门联合协作机制建设

推进部门联合协作机制建设是旅游管理服务体系构建的融合剂，能有效促进综合型旅游管理服务多领域内容、多部门参与、多层次协调目标的实现。一是推进云南构建基于目标任务横向跨职能部门联合协作机制，如旅游市场整治、导游薪酬待遇、旅游行业诚信体系建设等。二是推进基于统一性的纵向联动协作机制，确实保障措施发挥成效。三是构建部门协作的稳定长效机制，提升云南旅游管理服务体系内生凝聚力。

第四节　基于科技支撑的云南旅游
信息化转型升级路径

云南旅游信息化转型升级是云南旅游转型升级的重要方式和支撑，要以科技作为支撑推进云南旅游信息化的转型升级。以科学技术作为支撑，实现政府监督管理智慧化、市场经营服务智慧化、游客消费体验智慧化，如图7-9所示。

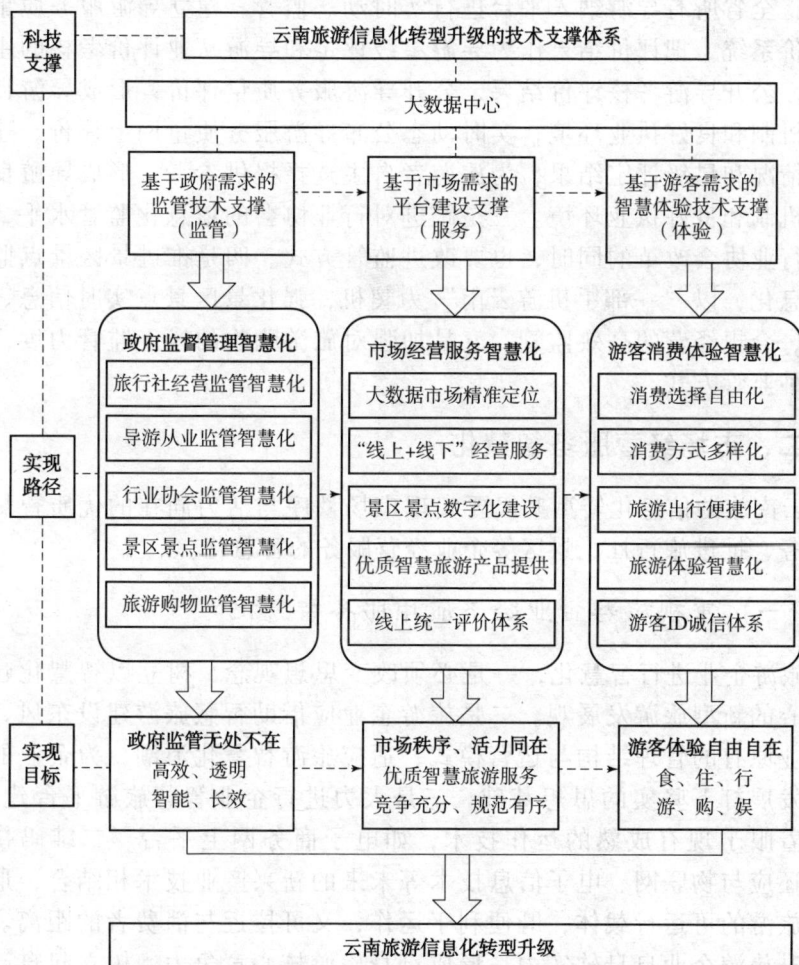

图7-9　科技支撑的云南旅游信息化转型

一、政府监督管理智慧化

云南旅游信息化转型升级首先在监管上要以政府监督管理的智慧化作为重要抓手。一是强化政府部门对旅行社经营监管的信息化转型升级，对以旅行社为代表旅游企业的智慧管理，通过电子化合同、信息化数字监管实现对旅行社的积极市场引导及严格监督，政府在市场主体的监管服务上实现智慧化，以确保旅游市场健康稳定地运行发展。二是探索导游从业监管的信息化管理方式，建立全省统一的导游管理信息平台，将全省所有导游纳入平台进行实时动态监管，建立导游服务质量网上评价系统，把评价结果作为导游星级评定和导游从业评价考核的主要依据，公开导游考核评价结果，公开导游服务质量评价，形成导游良性竞争机制和良好执业环境，实时动态公布导游服务质量网上评价、违法违规情况和星级评定结果，为旅游者自主选择提供参考，形成导游良性竞争机制和良好执业环境。三是跟进对行业协会的信息化监管水平，在深化行业协会改革的同时，也要改进监管方式。四是推进景区景点监管的信息化，以"一部手机游云南"为契机，强化景区景点实时信息、游客量、合规经营的高效监管。五是加强对旅游购物的线上监管力度，创新多种监管方式。

二、市场经营服务智慧化

云南旅游信息化转型升级要实现市场秩序与活力同在的优质智慧旅游服务，推进旅行社、景区等企业经营服务的智慧化。

（一）重视旅游企业经济应用服务智慧化

旅游企业进行智慧化，一是必须改变思想观念，树立以智慧化建设为中心的新型旅游发展观。二是旅游企业应借助智慧旅游建设东风，改革企业原有的管理结构与运营模式，适应旅游智慧化浪潮，为企业的下一步发展打下坚实的思想基础。三是大力进行企业智慧旅游平台建设，不仅着眼于现有成熟的运作技术，如电子商务网上平台、二维码技术等，还应与物联网、电子信息技术等未来的新兴产业技术相结合，形成智慧旅游的可运行载体，既便利于运作，又可拉近与消费者的距离。四是提升旅游企业自身软实力，形成自身旅游核心竞争力，树立起自己的旅游品牌，以满足消费者需求为宗旨，使得消费者可便利地、快速地享受到多样化的、令人满意的旅游服务。

（二）构建"线下体验＋线上交易"结合的统一旅游购物系统

构建"线下体验＋线上交易"结合的统一旅游购物系统，依托大数据对市场进行精准定位，对游客推荐的旅游商品进行智能化推送。根据购物店经营的诚信、商品、规模等情况在旅游地设立购物体验实体店，在统一购物电商平台中注册并同步上架旅游商品。游客在购物体验店可线下完成对旅游商品的选择，在云南旅游购物电商平台完成交易。由文旅局主要负责监管线下旅游市场秩序，由工商部门或者设立旅游商品诚信指导价建立中心，对线上旅游商品的价格的监管，必须保持购物店线下、线上旅游商品种类、品质、价格的一致，并完善购物售后服务及统一评价体系，如图 7–10 所示。

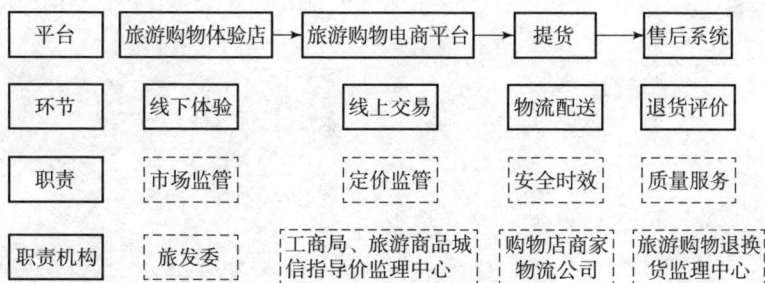

平台	旅游购物体验店	→	旅游购物电商平台	→	提货	→	售后系统
环节	线下体验		线上交易		物流配送		退货评价
职责	市场监管		定价监管		安全时效		质量服务
职责机构	旅发委		工商局、旅游商品诚信指导价监理中心		购物店商家物流公司		旅游购物退换货监理中心

图 7–10　线上＋线下旅游购物系统

（三）丰富旅行社"线上＋线下"的经营服务方式

丰富旅行社"线上＋线下"的经营服务方式，提升旅行社服务品质与保障，加强线上优质智慧旅游产品的供给与推送。充分利用好"一部手机游云南"平台，引入服务质量高的旅行社在 App"游云南"上进行营销，将"线上＋线下"的营销及服务模式更成熟的融合。

三、游客消费体验智慧化

云南旅游产业实现信息化转型，要依托科技支撑在游客消费体验上实现智慧化。一是实现游客消费选择的自由化，包括团队游消费、自助游消费及其他出游方式消费的自由选择，这主要以多种出游方式服务的优质提供为前提。二是实现游客旅游消费方式尤其是支付方式的信息化

及多样化，积极构建移动支付在食、住、行、游、购、娱等消费方面的全覆盖，在游客旅途的全过程。三是实现游客交通出行智慧化，通过构建旅游目的地完善的智慧租车服务体系，借助共享汽车等资源支撑游客短途出行的便捷性，通过打造以智能网联为技术基础的全新旅游交通服务平台，以智慧出行提升旅游产品服务升级，从而实现游客出行便捷化、旅游交通智慧化。四是构建云南全省统一旅游ID诚信体系，以旅游市场乱象整治为抓手，将景点景区、涉旅企业、游客作为主体，构建统一的ID诚信体系，将App"游云南"与"诚信+旅游"深度结合，通过诚信体系的搭建，提升云南智慧旅游综合管理和服务水平，实现游客消费体验的智慧化。

第八章
云南旅游转型升级主要
对策与措施

针对前文对云南省旅游转型升级的主要理论基础、演化态势、驱动机制等内容的分析，本章从全局角度出发，提出了云南省旅游业转型升级的三大策略，并从创新管理体制机制、拓宽旅游投融资渠道、健全旅游公共服务体系、加快旅游人才队伍建设、深化区域旅游合作、推进旅游共建共享和加大政策支持力度等方面提出云南省旅游转型升级的主要措施。

第一节 云南省旅游转型升级的主要策略

一、全域化策略

以全域化策略为指导的旅游业升级转型，指的是改变以往景区景点"走马观花"式的旅游方式，发展一种全业全景全民的"大旅游"。旅游业向着全域化升级转型，是包括时间、空间、产业的全域化，是以自助游、自驾游为基础的旅游发展模式。在全域化策略的指导下，旅游业发展不再以旅游人数、旅游收入等增长性经济指标为发展驱动和目标，而是充分利用互联网、物联网、大数据等现代高新通信和信息技术，提高了旅游业产品开发、营销销售、行业管理等产业链的全部要素生产率。旅游"食、住、行、游、购、娱"六要素全面实现流程化、系统化和信息化。同时，在旅游区域内实现绿色生态、优质高效的旅游产品生产，全面充分满足多元化和品质化的旅游市场需求。在全域化策略的指导下，目的地将呈现出旅游产品特色化、生态保护普遍化、接待能力优质化、旅游品牌国际化的明显特征。

（一）便捷互联的交通设施是基础

便捷的交通设施包括发达的外部交通和通畅的内部交通，内外交通体系的互联互通是全域化策略的基础前提。交通体系的互联互通指的是：第一，有便捷畅通的道路交通体系；第二，有设施齐全、功能完善的旅游交通集散地；第三，有完善规范的交通标识系统；第四，有种类多样、安全快速的旅游运输设施；同时，在全域化的理念之下，观景点、停靠点、骑行道、人行道、慢行道等丰富多样的各类交通设施建设也是至关重要的。具体而言，云南省应采取以下措施。

首先，以民用航空机场建设为核心，以增强旅游景区通达性为重点，构建功能完备的交通体系。航空方面，加大力度新建、续建、迁建、改扩建一批民用航空机场，构建覆盖云南省全省主要旅游目的地的航空网络，在继续增发国际国内航线的基础上，重点完善省内环飞航线，积极发展旅游包机，探索开发低空游览专线。公路方面，推进一批旅游专线公路，重点提升3A级以上景区连接公路的建设；以怒江州、迪庆州、昭通市为重点，对农村公路特别是美丽乡村公路进行提质改造，积极打造中短途的"旅游交通画廊"。航运方面，推进一批航运设施、沿江码头建设，重点提升航运设施的旅游功能，以澜沧江为重点打造精品水上游路，同时加大力度开发各区域内的短途旅游航道。另外，在全域化原则的指导下，推进旅游城市慢行绿道、慢行核心区及大众休闲广场的建设。

其次，强化休闲功能，加强"小交通"设施建设。积极利用溜索等具有地方特色、少数民族特色的交通方式，以高收益性交通形成的旅游观光创新模式；进一步规范并提升传统交通方式与游憩方式相结合的创新型游乐模式，如雪橇、马车、骑马、牛拉车、狗拉车、滑竿、轿子等；打造具有游乐化特征的交通运输与观赏游憩一体化的时尚交通方式构建的游憩交通方式，如三人自行车、观光小火车、单轨高空观光车等。

最后，交通节点、交通集散点构成旅游交通的服务结构和旅游交通的产品化，因此应加大力度建设一批设施齐全、功能完善的旅游交通集散地。交通旅游集散地的建设包括集散型旅游目的地、集散中心和驿站，在县（区）一级建设具有休闲功能的集散型目的地，在乡镇一级依托交通集散点建立旅游集散中心，在村一级建设旅游驿站，构建旅游集散体系。

（二）优质完善的旅游服务接待是重点

旅游服务接待设施包括住宿设施、餐饮设施、自助服务设施等。旅游业升级转型要求在巩固传统旅行社、饭店与旅游景区接待主体地位的同时，引导与鼓励发展自助营地驿站、乡村特色客栈、特色消费场所等新主体的发展。同时，充分利用各类新型技术，建设一批以"一机游"终端为代表的以旅游查询功能为核心的自助旅游服务设施。

具体而言，首先要在设施和制度对旅游优质服务进行保障，新建和改造提升一批游客服务中心、游客休息站点、自驾车房车露营地、旅游停车场、旅游厕所及一批无障碍旅游设施，完善提升主要交通干道、交通节点、旅游城镇、特色旅游村、旅游景区景点的旅游标识系统等。与此同时，要加强旅游业与其他行业的联动与互助，合力共建旅游安全体系，整合市场监管、交通、交管、消防、应急管理等部门资源，推动旅游业食品卫生、交通安全、消防安全大检查常态化；加强旅游环境卫生治理，在旅游目的地全域内开展垃圾集中收运，建设污水处理设施和标准化旅游厕所；协同运管部门监管旅游运营车辆，确保安全、卫生，全方位为游客提供优质的旅游接待服务。

其次，加强旅游服务标准化建设，积极推进旅游文化服务与国际标准接轨，建立健全涵盖旅游文化服务各要素、各方面的标准体系，加强地方旅游文化服务标准的制定和修订工作。针对云南较有特色的旅游业态，进行特色标准化建设（见表8-1）。

表8-1 云南特色旅游业态标准化建设

特色业态	标准化建设
边跨境旅游	加快沿边交通基础设施、口岸设施和配套服务设施建设，简化出入境手续，打造无障碍跨境旅游，提升跨境旅游通行条件
低空旅游	以安全保障为基础，划分空域范围，建设一批低空旅游示范点，出台低空旅游准入规范和经营规范
乡村旅游	明确乡村旅游主管部门，制定乡村旅游标准体系、乡村旅游产品标准，提升乡村旅游产品质量，重点制定旅游强县、旅游名镇名村、旅游农庄创建标准和验收管理办法，农家乐质量等级评定与划分等系列标准
自驾旅游	大力提升自驾营地质量，出台营地建设标准，并对云南省境内自驾营地进行评比分级

最后,加大市场整治力度,健全市场监管机制。建立云南省旅游文化市场监管中心,设置全省旅游文化市场信息化监管平台,制订联动执法、限时办结、督办问责等工作制度,强化旅游文化安全监管,抓好旅游警察队伍试点工作并在其他旅游地区逐步推行,积极开展旅游工商分局、旅游巡回法庭和旅游纠纷人民调解委员会试点工作等,形成统一指挥、综合调度、快速反应、高效处置的旅游文化市场监管工作格局(见表8-2)。

表8-2 云南省市场整治监管制度示例

相关制度	具体内容
旅游团队动态监管制度	使用旅游团队电子名单表、电子合同和电子行程单,用信息化手段实现旅游团队监管
游客评价机制	健全游客满意度评价制度,加强对旅游文化服务质量的监测和管控
大众评价引导机制	畅通游客投诉渠道,完善重大案件审查制度、投诉高效处置机制、旅游文化商品信誉担保理赔机制和售后服务体系
信息公开制度	通过发布主要旅游文化产品、线路成本价格,引导游客理性消费和文明旅游,为旅游文化市场健康发展保驾护航
市场综合执法机制	开展常态化的市场监管和市场整治联动工作,营造良好的旅游文化市场环境
信用评价制度	依托旅游文化市场技术监管与公共服务平台,健全旅游文化企业主体、从业人员及产品的信用信息数据库,健全旅游消费者意见反馈、投诉记录与公开制度,建立旅行社、景区、宾馆饭店信用等级第三方评估制度

(三)全域全景的旅游环境是关键

全域化策略指导下的旅游升级转型要求目的地拥有整洁优美的整体环境、城市与乡村的协调融合、景区内外的关联互动。在景点旅游向全域旅游转变的过程中,营造处处见景、处处可观、处处可玩的旅游环境和氛围。要做到全域全景的旅游环境,关键在于以下几点:第一,进行城镇环境建设与改造的统一规划,在城市环境建设中,充分融入地方资源特色,注重公共设施的旅游功能打造;第二,大力发展乡村旅游,以旅游业为驱动力，促进乡村环境和公共服务设施的改善，建设田园型新城镇，促使城市与乡村的协调融合；第三，改革景区管理机制，以门票改革为抓手，逐渐消除"景区围墙"，使旅游目的地成为一个"大景区"。具体而言，云南省要在打造全域全景的旅游环境，具体应采取以下措施。

首先，积极推进全域旅游示范区建设，发挥示范区带动作用，以点带面，促进云南省全域旅游的发展。进一步提升腾冲市、石林彝族自治县两个国家全域旅游示范区的相关建设，并形成全域旅游发展结对机制，充分发挥示范作用，积极带动其他区域的全域旅游建设；以丽江市、西双版纳傣族自治州、大理白族自治州大理市、红河哈尼族彝族自治州建水县、迪庆藏族自治州香格里拉市、大理白族自治州、曲靖罗平县、玉溪市新平县、澄江县、红河哈尼族彝族自治州弥勒市为重点，进一步进行国家全域旅游示范区的建设，争取建成8个国家全域旅游示范区；充分发挥国家全域旅游示范区带动作用，进一步建设50个省级全域旅游示范区。

其次，发挥区域动力，大力建设旅游综合体。旅游综合体融合了观光、游乐、休闲、运动等多种旅游功能，成为满足人们多样化需求的旅游区域。云南省应以滇中旅游区和滇西南旅游区为重点，加快建设和完善滇池国际会展中心、古滇文化旅游名城、冰雪海洋世界、寻甸风龙湾旅游区、澄江仙湖山水国际休闲旅游度假园、东方猿人谷旅游综合体、红河水乡旅游综合体、普者黑旅游区、西双版纳告庄西双景旅游区、丽江古城综合体等17个旅游型城市综合体，以旅游综合体形式促进全域全景的实现。

最后，大力发展乡村旅游，以旅游发展促进城乡融合。云南省促进乡村旅游发展应以旅游强县、旅游名镇名村、旅游农庄创建工作为主要抓手，创新乡村旅游发展模式，加大旅游开发的招商引资力度。通过租赁、合作、入股、加盟等方式，引进实力企业、企业结对帮扶等形式，创新开发模式，以"公司＋农户＋市场"等经营模式，引导公司化、规模化经营。

二、融合化策略

产业联动、融合发展是时代发展的必然要求，无论是"旅游＋"还是"＋旅游"，都蕴含着积极扶持旅游关联产业发展的核心观点。以融合化策略指导旅游业升级转型，应坚持树立大旅游产业的发展理念，大力扶持旅游关联产业和潜力行业，将美食排档、工艺美术、保健疗养、运动休闲、娱乐演艺等行业打造成特色旅游产品，延伸与完善旅游产业链（见表8-3）。

表8-3　云南省乡村旅游发展重点

建设要点	具体内容
旅游强县	以县行政区划为地理空间，重点为中心城区，以及分布在农村区域的旅游景区、自然生态区、特色旅游乡镇村为核心，创建一批省级旅游强县
旅游名村	优选一批旅游资源禀赋高、交通便捷、公共服务设施较为完善的自然村，突出乡村观光体验、休闲度假功能，加快旅游名村创建，创建一批产业兴旺、生态宜居、乡风文明、治理有效、生活富裕的省级旅游名村
农业旅游示范基地	以花卉产业为重点，建设一批乡村营地、乡村公园、艺术村、文化创意农园、农家乐、研学旅游基地等，重点创建一批农业旅游示范基地
旅游生态农庄	结合现代农业庄园发展，完善旅游接待服务设施，拓展旅游功能，推动建设一批农事体验、田园风光、农产品采摘、文化体验等类型的旅游生态农庄
特色民宿客栈	突出云南特色，打造精品民宿品牌，发展生态、文化、休闲度假等主题民宿
星级农家乐	推动农家乐提升改造，新增一批农家乐建设，大力开展星级农家乐创建工作
乡村旅游示范户	以特色餐饮、休闲度假、农事体验等为特色，发展一批农家乐、旅游生态农庄、乡村客栈等乡村旅游业态，开发生产手工艺品、农特产品等乡村特色旅游商品，培育一批乡村旅游示范户

（一）以"旅游＋"产业集群形成旅游升级转型主要载体

旅游业的一大特点是其关联性和复杂性，旅游业并不是一个相对独立的产业，它综合了一产、二产中的许多生产和消费环节，形成了一个跨界的产业结构，其中不仅涉及传统的六要素，还关联了农业、林业、交通、房地产、文化等多个行业，形成了以"旅游＋"为核心的产业集群[127]。"旅游＋"产业集群实际是以旅游为功能，统筹各个要素形成的产业集群。以融合策略促进旅游业升级转型，首先要以"旅游＋"为动力构建产业集群，不再以单一的旅游要素形成产业链基础，而是以旅游为发展驱动去融合农业、工业等形成一个综合的复杂产业经济体，这种经济体的具体表现形式为各类旅游综合体，如旅游产业园区、旅游休闲区、旅游度假区等以旅游为主体功能的发展区域单位，其是"旅游＋农业""旅游＋林业""旅游＋工业"等产业融合发展形态的空间依托，在这个空间内，产业高度集中并形成了产业之间关联路径，同时这种旅游综合体的形式为旅游产业链的延伸提供了实现的基础和保障。具体而言，云南省应按照不同区域资源分布及旅游业发展现状设施重点侧重不同的产业融合战略，发展"旅游＋"产业集群。

滇中旅游区，包括以昆明为中心的昆明市、玉溪和楚雄。首先，区域内可利用良好的区位条件，发展"旅游＋交通"，建设面向东南亚和南亚的国内外旅游集散地。其次，依托较好的市场基础和医疗资源发展"旅游＋医疗康体"，以度假休闲旅游产品为重点，完善以高尔夫球、自驾车、体育娱乐运动为主的康体娱乐设施，开发旅游养老社区。再次，开发"旅游＋会展"战略，以滇池国际会展中心、澄江仙湖山水国际休闲度假园等旅游综合体为建设重点，建设中国西南著名的会展目的地。最后，依托区内先进工业企业，发展"旅游＋工业"，以玉溪市为核心，建设一批工业旅游园区。

滇西北旅游区，包括大理、丽江、迪庆藏族自治州、怒江傈僳族自治州。以世界、文化遗产为重点，以历史文化名城和民族风情、自然景观为特色，依托融合少数民族风情的旅游区域。第一，可发展"旅游＋生态"，以区域内优越的生态环境为基础，大力发展生态旅游。第二，"旅游＋民族文化"，滇西北区域内有以纳西族、白族为代表的少数民族，应以少数民族文化为特色，打造一批民族文化园区、民族休闲街区等旅游综合体，打造民族文化文创产品。第三，发展"旅游＋非遗文化产业"，滇西北旅游区内分布着数量众多且具有较大价值的文化遗产，应大力发展遗产旅游，延伸遗产旅游产业链，开发文创旅游商品。

滇西南旅游区，包括西双版纳傣族自治州、普洱市、临沧市，以热带雨林、民族风情和边境旅游为特色。第一，大力发展"旅游＋工业"，依托区内丰富的水电资源，提升改造澜沧江百里长湖工业旅游区，大力发展水电工业旅游产品。第二，发展"旅游+农业"，以普洱市为重点，发展以茶树种植为产业基础的云南特色农业旅游产业。第三，"旅游+航运"，以"澜沧江—湄公河"航道为依托，建设具有民族风情的跨境水上旅游廊道。

滇西旅游区，包括保山市和德宏傣族景颇族自治州，以火山温泉、民族风情、边地文化和边境区位为优势。第一，发展"旅游+养生"，依托丰富的地热资源，把腾冲火山热海培育成为国内外知名的旅游精品，并建设区域康体度假区。第二，发展"旅游+商业"，以瑞丽为核心，打造以珠宝购物、边境旅游为特色的旅游区。

滇东南旅游区，包括红河、文山西州以及昆明、曲靖两市的部分邻近地区。首先，以滇东南罗平、元阳梯田等观光农业田园风光为重点，发展"旅游+农业"。其次，依托区域内丰富多样喀斯特地貌，建设一批地学研学旅游基地，大力发展"旅游+研学"战略。最后，发展"旅游+文化"，滇东南区域具有中原文化与边疆少数民族文化相结合的复合人文历史，可以此为特色，形成区域文脉，打造泛珠三角"无障碍旅游区"。

滇东北旅游区，包括昭通市以及昆明、曲靖两市的部分邻近地区。首先，以红土高原革命遗址等优势旅游资源为依托，以"红色旅游"为亮点进行开发。其次，以昭通市大山包旅游区为重点，遵循"旅游+体育"战略，开发以低空飞行为主的体育旅游产品。

（二）积极打造旅游新业态

推进旅游与其他产业融合发展的本质是旅游业便捷的扩大，旅游产业边界的扩展首先应该始于资源，将具有开发潜力的资源均纳入旅游资源范畴，其最终体现形式是旅游新产品的开发与旅游新业态的产生[128]。因此可重点围绕休闲度假旅游、体育旅游、医疗旅游、康养旅游、研学旅游等领域打造新产品、培育新业态。休闲旅游方面，可发展自驾车房车营地、温泉养生、登山探险、低空飞行、极限运动等新业态；健康旅游方面，可开发疗养康复、美容保健、特种医疗等新业态，同时还可结合养老服务业，发展"候鸟式"旅游；体育旅游方面，可打造高原运动训练产业，依托丰富的高原地质和水体资源，积极举办各类体育赛事；研学旅游方面，要充分利用云南丰富的各类遗产资源，发挥大型公共设施的研学旅游功能，与知名院校、工矿企业、科研机构充分合作，建设一批具有云南特色的研学旅游基地（见表8-4）。

表8-4 云南省旅游新业态发展示例一览

产品名称	资源特色	产品内容
科普科考旅游产品	云南独特的动植物资源和数量丰富的世界遗产资源	开发古生物研讨、动植物多样性科普等趣味性浓、参与性强的科考科普型旅游产品
探险旅游产品	云南山地面积较大，地貌丰富多样	引导开发登山、攀岩、漂流等吸引力较强的探险旅游产品
边跨境旅游产品	云南边疆区位优势	加快边疆地区旅游资源开发和边境口岸建设，加强区域合作，简化跨境手续，发展边跨境旅游
自驾车旅游产品	云南地质地貌特点和自然资源优势	完善自驾车标识、汽车旅馆、停车场、加油站、修理站等配套设施，建立健全资讯服务，加强急救设施建设，开发自驾车旅游

（三）重点推进旅游要素融合

推进旅游新旧要素的融合，其本质上是进行旅游内部的重组和改善，进行优化人力、物力、财力的配置和融合开发。因此需积极推进旅游业内部的交叉融合，拓宽旅游要素的范围，寻找新的旅游要素，并积极促使这些新要素与原有要素进行跨界融合，打造发展新模式，构建丰富旅游供给的立体式网状产业链。可以旅游者需求为出发点，对食、住、行、游、购、娱等旅游要素进行组合，创新发展一体式旅游经营模式。同时，将"商、养、学、闲、情、奇"的旅游新要素充分与现有要素结合，努力挖掘要素深度，做到要素资源化，让除了"游"以外的其他要素也产生旅游吸引力，成为旅游资源之一。具体而言，云南省完成传统六要素的转型升级应完成以下措施。

（1）餐饮业转型升级。深入发掘云南地方特色餐饮文化资源，重点打造汽锅鸡、野生菌等一批高端风味滋补名菜，重点打造云南过桥米线、金钱云腿、野生菌等一批独特的美味佳肴。鼓励支持餐饮老字号、特色餐饮企业面向市场消费需求，传承民族烹饪技艺和方法，并大胆创意创新餐饮产品，与此同时，进一步扩大餐饮产业链，充分发挥地方特色的同时，争取创建一批及开发、生产、销售为一体的全国知名餐饮企业和品牌。

（2）住宿业转型升级。紧密结合旅游扶贫脱贫，引导乡村居民大力发展乡村度假酒店、特色客栈、养生休闲山庄、私人定制农庄、农家乐联盟和家庭旅馆等多类型、多层次的乡村休闲度假设施，着力打造具有云南地方特色、民族特色的乡村住宿品牌，带动贫困地区和群众脱贫致富。

（3）交通业转型升级。以打造多样化交通方式，提升其旅游功能为重点，将"行＋住"要素融合，大力开发房车自驾旅游，完善相关建设标准，加大各类政策支持力度，在全省范围内建设一批房车营地。

（4）购物业转型升级。以打造高质量、具有地方特色的文创旅游商品为核心，构建以"金、木、土、石、布"及民族、民间工艺品为重点的云南省旅游文化商品体系，充分发挥云南传统文化和少数民族文化动能。

（5）游览业转型升级。打造健康、高效的旅行社行业，以定制旅游为重点，推出更多元化的旅游服务和旅游产品，积极靠近资源方，加强各种要素的融合，创新合作模式，提供一体化服务。

（6）娱乐业转型升级。弥补云南省主题游乐不足、旅游文化休闲档次不高的缺陷，新建和改造提升一批新型健康的旅游文化娱乐场所。

三、科技依托策略

科技是旅游业发展的重要生产力，旅游业转变发展方式、提高发展质量、提升发展效益，走内涵式和可持续发展道路，关键就是要提高科学技术含量[129]。以信息技术为核心的现代科学技术是旅游业得以顺利升级转型的有力和必要保障。

（一）以信息技术为重点，改造旅游服务流程，提升管理效率

现代信息技术在旅游业升级转型中的应用较为广泛和重要，通过电子数据技术、网络技术、地理空间技术等手段，积极开发包括旅游管理信息系统、旅游公共服务信息系统、旅游空间信息系统在内的各类系统，实现旅游业发展中各环节的信息化和智能化，创新了旅游开发、管理、消费的各个环节，大幅推进发展效率。

　　具体而言，首先，云南省应重点建设一批旅游智慧化、信息化工程项目，加大力度抓紧建设云南旅游大数据中心，横向完成旅游与公安、交通、移动、气象、环保等9类数据接入，纵向完成所有4A级以上旅游景区数据接入，完成全区所有3A级以上景区视频监控摄像头及4A级以上景区游客流量数据全部接入旅游平台。其次，大力推进以智慧旅游城市、乡村、景区、酒店为重点的智慧旅游试点，做到机场、车站、码头、宾馆饭店、景区景点、游客集散中心等主要旅游场所Wi-Fi全覆盖，并提供触控屏幕等旅游文化信息互动终端。最后，进一步提升扩张"一机游"云南旅游手机软件（App）的功能，加快推动旅游资源、产品、企业等旅游全要素上线，加强各类新兴网络技术和新媒体在旅游形象宣传及营销中的使用（见图8-1）。

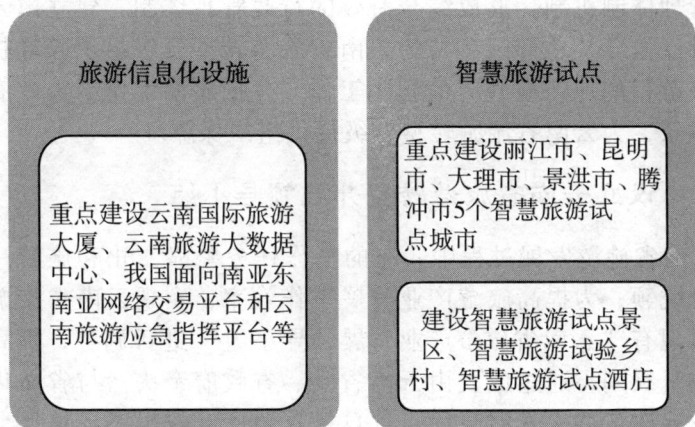

图8-1　云南省旅游信息化建设重点

　　（二）现代展陈技术、装备制造技术和环保技术是旅游业转型升级的重要技术

　　各类现代展陈技术、装备制造技术和环保技术在旅游业发展中的应用，深化了旅游产品内涵，创新了互动式旅游发展新模式，包括模拟仿真、虚拟展示、多媒体展示、声光电技术展示等，尤其是全景展示的虚拟现实技术将形成"虚拟旅游"的新浪潮[129]。同时，各种特殊材料制造的相关科学技术在旅游业转型升级中的应用主要体现在对如登山探险等各类特种旅游的相关设备的制造中，其使旅游活动更加安全，并促进一系列特种旅游新业态的产生，这些技术具体运用在改良或制造新的旅

游交通设施、安全救援设备、旅游安全监控系统、各种门禁系统，以及旅游商品加工、户外运动产品和照相摄影器材生产等方面。最后，现代资源环境保护科技，包括低碳旅游和旅游循环经济模式、节能减排技术、各类文物保护技术等在旅游业中的应用，保证了在升级转型中旅游的可持续发展，使其真正成为资源节约型和环境友好型产业。

第二节 云南省旅游转型升级的措施

一、创新管理体制机制

云南省政府应充分发挥其政府职能，根据实际情况和发展目标，创新现有管理体制机制，形成综合有效的行政管理体制，建立由云南省文化和旅游厅主导、多部门参与的云南省旅游转型升级组织领导机制，统筹协调旅游目的地转型升级的相关工作，并把旅游工作纳入政府年度考核指标体系，为云南省旅游转型升级提供组织保障。

（一）设立云南省旅游转型升级领导小组

在云南省旅游发展过程中，有的工作任务紧靠文化和旅游一个部门难以完全统领，为提高旅游产业发展工作效率，实现云南省旅游转型升级，应对现有"云南省旅游产业发展领导小组"进行调整，提高领导小组组成成员级别，通过成立由云南省委、省政府牵头，与省文化和旅游厅、省发展改革委、省财政厅、省自然资源厅、省生态环境厅、省住房城乡建设厅、省交通运输厅等多部门参与的云南省旅游转型升级领导小组，建立跨部门协调机制来确保旅游产业与其他产业深度融合、实现资源有效配置、丰富旅游产品体系、优化旅游市场环境等旅游发展工作的高效落实。在领导小组的统一指挥下，建议下设立办公室（设在省文化和旅游厅），以及产业发展组、公共服务组、投融资组和市场管理组4个工作小组，并形成常态化的会议推进机制、专家咨询机制、分级负责机制及督查考核机制。领导小组办公室及工作小组职责如下。

办公室：负责领导小组日常工作，协调领导小组各成员单位做好云南省内旅游产品创新、项目建设、品牌营销、生态保护、环境整治、安全管理、招商引资、产业结构调整等相关旅游开发与建设工作，对省直有关部门和各州、市人民政府旅游转型升级推进工作进行督查和考核，及时报送工作信息等工作。

产业发展组：参与旅游产业转型升级有关政策的拟订和落实，负责积极推进旅游与其他产业的深入融合，拓展旅游新业态，提高旅游产品质量等相关工作，重点推进旅游与农业、文化、生态等云南优势产业的融合创新，推出民族文化旅游、山地探险旅游、户外运动旅游、生态疗养旅游、边（跨）境异国体验旅游等一系列精品化、高端化、个性化旅游产品，丰富云南省旅游产品类型；完成领导小组交办的其他任务（责任单位为省文化和旅游厅、省发展改革委、省自然资源厅、省民族宗教委、省体育局、省科技厅、各州市人民政府）。

公共服务组：负责推进交通基础设施、旅游集散中心、旅游接待等公共服务设施建设；依托城镇化和美丽乡村建设，推进文化广场、公共绿地、城市绿道等公共休闲设施建设；推进宽带网络、视频监控、大数据中心等信息化建设；完成领导小组交办的其他任务（责任单位为省交通运输厅、省人力资源保障厅、省发展与改革委员会、省住房城乡建设厅、省工业和信息化厅、各州市人民政府）。

投融资组：负责提出支持旅游产业发展的资金筹措方案；负责整合国家、省各部门支持旅游产业发展的相关财税政策；开展旅游招商引资，引导社会投资投入旅游建设；完成领导小组交办的其他任务（责任单位为省财政厅、省商务厅、省地方金融监管局、云南省旅游投资有限公司）。

市场管理组：负责组织开展云南省旅游市场监督管理、旅游投诉等相关工作，重点根据《云南省旅游市场秩序整治工作措施》等文件要求，严厉整治"不合理低价游""变相安排和诱导购物"等旅游市场乱象，积极营造良好的市场准入环境、市场竞争环境和市场消费环境；完成领导小组交办的其他任务（责任单位为省市场监管局、省司法厅、各州市人民政府）。

（二）健全旅游综合监督管理机制

为整体优化云南省旅游市场环境，应加快健全旅游综合监督管理机制。首先，按照"1＋3＋N＋1"综合监管模式，构建综合监管指挥平台，对全省文化和旅游综合监管工作任务进行分解和统一调度；联合设立工商和市场监管局旅游市场执法队伍、旅游警察、旅游巡回法庭3支旅游执法队伍；明确政府有关职能部门责任，确保旅游执法工作落到实处；根据《云南省旅游综合监管考核评价暂行办法》等相关办法，推进旅游监管履职监察机制建设。其次，进一步推进旅游行政执法信息化建设，完善全省统一的"云南省文化和旅游市场电子化监管平台"，对旅行社等旅游市场经营主体运行实行标准化监管；加强旅游演出、娱乐场所等经营活动的排查工作，对含有禁止内容的文化旅游产品信息予以剔除；加强对旅游从业人员的管理与权益保障，全面规范云南旅游市场。最后，重视游客、公众媒体及当地社区居民的投诉、曝光和意见反馈，充分发挥"一部手机游云南"旅游投诉功能，保证旅游意见反馈和投诉渠道畅通，并一站式及时受理、处理游客投诉举报。

二、拓宽旅游投融资渠道

资金是云南省旅游转型升级的重要保障，云南正处于旅游转型升级的关键时期，鼓励政府与社会资本的合作以优化旅游投融资结构，并设立投融资奖励和优惠等政策以改善云南省旅游投融资环境，从而不断增强旅游投融资能力，为云南省旅游转型升级提供金融保障。

（一）优化旅游投融资结构

云南省在积极争取政府专项资金的同时，应积极探索 PPP、TOT、BOT 等政府与社会资本的合作模式，通过独资、合资、合作、联营、租赁等途径，以特许经营、公建民营、民办公助等方式，鼓励社会资本加大对旅游、体育、养老、教育、文化、生态保护等领域的投资力度，降低民间投资市场准入门槛，充分发挥华侨城、融创、海诚等民营经济的活力。此外，云南省应提高融资结构的灵活性，减少对银行体系的依赖性，鼓励发展一批规模较大、抗风险能力较强、价格控制能力较强的民营融资机构，采取多样化的融资方式，不断优化旅游融资结构。

（二）改善旅游投融资环境

良好的投融资环境是云南省能够扩大投融资规模的重要因素之一。因此，云南省各级政府应严格按照预算管理有关法律法规，完善投融资项目支持措施和财政补贴政策，有效控制和降低财政风险，构建由政府监管部门、投资主体、社会公众、专家、媒体等共同参与的民间资本参与风险防范和监管机制，加大金融监管力度，规范投资主体的投融资活动，为云南省金融体系构建提供安全保障。同时，出台一系列有关旅游项目投融资的优惠政策，如贷款贴息，以奖代补等方式，从土地、税收、价格等方面给予投融资记录良好的旅游企业一定的政策倾斜，鼓励民间资本进入云南省的金融体系，更好地为云南省旅游转型升级服务。

三、健全旅游公共服务体系

旅游服务水平低一直是制约云南省旅游发展的重要原因。一个旅游目的地的旅游公共服务水平在一定程度上代表了这个地区的旅游质量，可以说旅游公共服务体系在旅游业发展中的发挥着十分重要的作用。因此，为加快云南省旅游转型升级，实现云南省旅游强省建设，必然要加快健全旅游公共服务体系，通过构建"内联外拓"的交通网络，建立健全的旅游标识系统，重点完善旅游交通服务体系，带动云南省旅游公共服务的提质升级，同时通过加快旅游集散中心、旅游厕所、游客服务中心等旅游公共服务设施建设，提高旅游接待能力，并通过建立完善的旅游信息服务体系，加快信息在旅游活动中的流通性，从而为游客提供更加便利、舒适的旅游体验。

（一）完善旅游交通便捷服务体系

交通体系是旅游公共服务体系中的重要组成部分，各旅游目的地之间的可到达性和连通性是影响旅游者出游选择和满意度的重要影响因素，为此，需加强与交通、铁路、民航等部门的合作，形成便捷、立体化的旅游交通网络。首先，在原有的交通网络基础上，扎实推进交通基础设施建设。铁路方面，加快推进北京—昆明、昆明—拉萨、昆明—曼谷等出省出境高速铁路建设，逐步形成"八出省、五出境"铁路骨架网；公路方面，不断加密高速网络，全面提升改造高速公路服务区，逐步形成"七出省、五出境"高速公路主骨架网，并不断加快城乡美丽公路建设，扎实推进县域高速公路"能通全通"工程；航空方面，加快推进机场建设，推进昆明长水国际机场、西双版纳嘎洒机场等吞吐量较大的机场扩建升级，尽快落实元阳、勐腊等新机场建设，逐步形成广覆盖的航空网；水运方面，推进水运航道、港口、泊位等水运基础设施建设，逐步形成"两出省、三出境"的水运通道，最终形成铁路、公路、航空、水运一体化发展的综合交通基础设施网络，提高旅游的可进入性和通达性。其次，拓展交通基础设施旅游服务功能，利用城市观光交通、旅游专线公交、旅游客运班车等交通方式实现旅游交通的公交化，开通城市通往各旅游景点及各旅游景点间的旅游专线，形成区域内的旅游环线，提高旅游交通的供给能力。最后，完善停车场、房车营地等交通配套设施建设，加快城区、景区、游客集中场所停车场改扩建步伐，鼓励建设自驾车与房车营地，逐步建立快行漫游的自驾车、自行车、自助游服务体系

（二）建设旅游公共服务设施体系

健全旅游公共服务体系，完善旅游公共服务设施体系是基础。第一，结合省内"厕所革命"的相关要求，加快旅游厕所建设，使旅游厕所覆盖全省主要旅游城市（城镇）、游客聚集公共区域、主要乡村旅游点、旅游小镇、旅游景区景点、旅游度假区、旅游综合体、旅游交通沿线，并通过政策引导、标准规范、技术创新、典型示范等方式，有效解决云南城乡公厕及旅游厕所数量不足、布局不均、标识不清、设施不全、管理水平低、如厕环境差、厕所难找、异味难闻、男女厕位比例失衡、人口密集区域如厕排队、农村无害化卫生户厕普及率低等问题。第二，建立旅游集散与旅游咨询公共服务体系，依托主要交通枢纽，加快省、市（州）、县三级旅游集散中心建设，在3A级以上景区、重点旅游村镇以及机场、车站等游客集聚区规划建设旅游咨询中心，完善旅游集散换乘、导游导览、自驾服务咨询、自行车服务咨询、自主性探索旅游服务等综合性旅游公共服务。第三，完善旅游标识系统，建立简洁、准确、适用的旅游引导标识系统，加强各大旅游通道及景区内公共信息符号、旅游标志、标牌等规范化建设，对3A级以上景区，应在对客源市场进行具体分析的基础上，提供英语、日语、老挝语、泰语等多种语言的旅游导引服务，提高云南各大景区的国际化服务水平。第四，推进公共休闲设施建设，鼓励昆明、景洪、丽江、香格里拉等中心城市和旅游城市加快推进城市公园、休闲广场、公共绿地、城市绿道等公共休闲设施建设，推动建设特色鲜明、文景融合的城市游憩带、休闲街区等，提升城市休闲和旅游功能。

（三）推进智慧旅游设施体系

智慧旅游作为旅游业与科技创新融合发展的典范，是云南省转型升级的有效途径，为此云南省应依托"一部手机游云南"，不断完善智慧旅游设施体系。第一，构建智慧化的旅游环境，完善无线通信网、公用电话网等通信网络建设，重要涉旅场所实现免费 Wi-Fi、通信信号全覆盖，保证游客的讯息畅通。第二，建立智慧化管理体系，包括实现视频监控全覆盖、建立指挥调取中心、对旅游资源和游客数量等进行实时监控、对旅游信息进行搜集和公布等。第三，建立智慧化旅游服务体系，主要旅游消费场所具有在线预订、网上支付等功能，主要旅游区具有智能导游、电子讲解、实时信息推送等功能。第四，建立旅游大数据中心，形成集交通、气象、治安、客流信息等为一体的综合信息服务平台，全面推进旅游公共服务的智慧化和信息化能力和水平。

四、加快旅游人才队伍建设

旅游人才队伍建设是云南省实现旅游转型升级的关键，云南省各地应加快出台人才与教育政策，进一步深化与各大高校和科研机构的合作，加强基础理论研究和实践应用研究，建立旅游专家咨询机制，并积极开展旅游人才交流活动，做好旅游培训工作，为云南旅游输送符合新时代旅游发展需要的创新型、科技型、复合型人才，整体提高云南旅游人才专业化水平。

（一）完善人才引进机制

高层次人才队伍的缺乏一直是制约云南省旅游发展的一个重要因素，因此需加快完善高质量的旅游人才引进机制，建立旅游专家智库，做好高层次人才引进工作。首先，结合当地旅游产业发展趋势、产业规划和政策环境等综合因素，制订相应的人才引进计划，并针对不同层次的旅游人才实行柔性灵活的用人方式，充分发挥人才的价值，推动当地旅游产业发展。其次，完善招聘制度和程序，采取直接调入、长期挂钩联系、人才交换、临时聘用等用人方式，进一步拓宽人才引进渠道。最后，制定优惠政策，为专家和高层次人才提供优良的待遇，并出台旅游人才考核奖励办法，建立稳定长效的奖励机制，对考核结果优秀的旅游人才予以补助和奖励，调动其积极性。

（二）健全人才培训体系

加快旅游人才队伍建设需健全人才培训机制。一方面，全面提升旅游教育质量，创新旅游人才培养模式，促进多学科交叉和融合，扩大旅游人才培养规模，同时大力发展旅游职业化教育，开展校企人才联合培养模式，并依托国家重大科研项目和重大工程、重点学科和重点科研基地、国际学术交流合作项目，建设一批高层次创新性的旅游人才培训基地。另一方面，各旅游部门和旅游相关企业应积极开展外出参观培训、经验交流、研讨会等旅游培训活动，并形成常态化的培训制度和人才考核制度，强化本地干部和一线从业人员的培训，提高旅游从业人员的素质和服务意识。

五、深化区域旅游合作

随着经济全球化和区域经济一体化的不断推进，区域旅游从竞争走向合作，因此云南省应进一步深化与国内外各地区的旅游合作，在旅游产品开发、旅游品牌塑造、旅游形象推广、旅游市场开拓等方面开展长效而深入的合作，进一步提升其在旅游市场中的知名度和影响力。

（一）深化国际区域旅游合作

作为我国面向南亚东南亚的重要门户和开放前沿，云南省共有25个边境县分别与缅甸、老挝和越南交界，又有昆曼公路、泛亚铁路、澜沧江—湄公河航道等国际大通道，地理区位和交通区位十分优越。因此，云南省在旅游转型发展过程中应充分发挥其区位优势，大力发展边境旅游，通过加强沿边景区（点）建设、培育精品边境旅游线路、放宽边境旅游限制、完善口岸服务功能、与周边国家联合举办文化旅游节等方式，全面提升边境旅游的吸引力。同时，以发展边境旅游为支点，紧紧抓住国家沿边重点地区开发开放、"一带一路"建设等机遇，深化与周边国家的旅游合作，加快推进跨境旅游合作区、边境旅游试验区、澜沧江—湄公河区域中老缅泰4国黄金旅游圈、孟中印缅经济走廊国际旅游合作圈等国际区域旅游合作，提高云南旅游业国际化发展水平。

（二）深化国内区域旅游合作

深化国内区域旅游合作，通过组织旅游线路、加强旅游文化交流、促进旅游宣传营销等方面的旅游合作，实现各地区产品互补、信息共享、市场联动的目的。首先，优化省内旅游空间布局，加快推进以滇中城市群为中心的国际旅游圈，深化沿边跨境旅游经济带、金沙江沿江旅游经济带、澜沧江沿江经济带、昆玉红旅游文化产业经济带四大旅游经济带的旅游建设，进一步加强滇西北生态文化旅游区、滇西南澜沧江—湄公河国际旅游区、滇西跨境旅游区、滇东南岩溶风光跨境旅游区、滇东北高峡平湖旅游区等旅游城市群的区域旅游合作，实现省内旅游集聚发展。其次，推进与其他省市的区域旅游合作，加强与四川、西藏、广西、贵州等周边省份的旅游合作，推进区域无障碍旅游，共同提升西南地区的旅游竞争力；强化与澳门、台湾、香港的旅游合作，扩大云南省在港澳台地区的旅游市场占有率；深化与上海、广东等沿海地区的旅游合作，加强沿边地区与沿海地区的优势互补。

六、推进旅游共建共享

发展全域旅游是推进云南省旅游转型升级的必然选择，只有通过推进旅游共建共享，从全域整体加强旅游环境整治、完善公共基础设施和公共服务体系建设，让人民群众参与到旅游建设中、让人民群众享受到旅游发展带来的美好生活，才能有效解决旅游供给不足、旅游秩序混乱等问题，实现云南旅游跨越式发展。

（一）加强全域旅游环境整治

旅游环境是衡量旅游发展水平的重要标准，要坚持全域旅游发展理念，全面推进旅游环境整治工作，推动云南省旅游高质量发展。一要强化旅游生态环境保护，以资源环境保护规划为引领，以省市环保督察为抓手，严守生态保护红线、环境质量底线和资源利用上线。二要加强城乡风貌整治，以"城乡统筹发展"为原则，以"主要旅游城市、旅游乡镇、旅游村"为重点整治对象，采取拆旧建新、改建、综合整治等多种形式，对棚户区、城中村、老旧院落、城市道路等进行改造，持续提升城乡人居环境质量。三要落实旅游安全监管工作，针对旅游交通安全、旅游水上安全等五大安全问题，做到定期排查，及时消除旅游安全隐

患，保障游客人身财产安全。四要加大旅游市场整治力度，重点整治侵害游客合法权益的突出问题，切实维护好旅游市场秩序，营造公平、公正、和谐的市场消费环境。

（二）加大精准旅游扶贫力度

要充分发挥旅游业的示范带动作用，实施旅游富民工程，让人民群众共享旅游发展成果，以此发动群众更加积极地参与到旅游建设中来，助推云南省旅游业的转型升级。支持有条件的乡村发展乡村旅游，改善旅游村寨公共基础设施建设，并通过旅游带动餐饮、民宿、农业、交通等关联产业发展，从而拉动就业、增收富民。加大旅游扶贫资金和政策支持力度，整合省市文化和旅游、发改、财政、农林、国土资源等部门的项目资金和优惠政策，确保旅游扶贫项目建设落地。健全乡村旅游激励机制、利益分配机制、保障机制等社区参与机制，强化村民参与意识和服务意识，并通过开展乡村旅游培训提升村民旅游服务能力，助推乡村旅游发展。

七、加大政策支持力度

在旅游转型升级过程中，云南省各地区、各有关部门要加大财政、金融、旅游用地等方面的政策支持力度，抓紧制定相关政策措施的实施细则，为地区旅游业发展提供政策保障。

（一）争取政府专项资金支持

近年来，文化与旅游部、发展改革委员会等国家相关部门联合各大银行出台了《"十三五"时期文化旅游提升工程实施方案》《国务院办公厅关于促进全域旅游发展的指导意见》《文化和旅游部办公厅等7家单位关于2019年全国优选文化和旅游投融资项目的通知》等多项财政政策文件，从财政、投融资等政策方面加大了对旅游业发展的支持力度。云南省要紧紧抓住国家乡村振兴战略、沿边重点地区开发开放、全域旅游示范区创建等发展契机，根据国家的投资重点，鼓励有条件的旅游企业积极申报国家重点投融资项目，申请国家旅游产业专项发展资金、旅游发展基金等资金支持；推动设立旅游产业基金，并逐步加大对旅游规划、基础配套、产业提升、宣传营销、旅游节庆、旅游招商、公共服务、人才培养等方面的财政支持，进一步推动旅游产业发展。

（二）保障旅游建设用地

坚持节约集约用地，按照土地利用总体规划、城市规划安排旅游用地的规模和布局，严格控制旅游设施建设占用耕地、国有林地等。制定出台相关配套政策，开辟旅游产业发展的用地规划、手续办理、项目申报等"绿色通道"，合理引导和满足旅游用地需求，对重点旅游项目用地优先安排计划、优先报批、优先供地。贯彻落实国家及云南省涉旅用地的政策文件，特别是乡村旅游用地相关政策的具体落实措施。争取国土部门的增减挂钩土地周转指标，积极争取旅游产业用地计划指标，盘活存量闲置土地，鼓励农民在自愿的情况下直接或间接（土地入股）介入旅游经营，获取收益。充分利用低丘缓坡土地开发利用试点政策、乡村宅基地置换、旧城与废弃工矿改造、农村经营性建设用地使用权流转试点等渠道，保障旅游项目用地需求。

参 考 文 献

[1] Chairman Senator Daniel K Inouye. The United States Travel Service: An Example of Federal Commitment to Tourism [J]. Annals of Tourism Research, 1976, 3 (5) : 248-258.

[2] Wade D J, Mwasaga B C, Eagles P F J. A History and Market Analysis of Tourism in Tanzania [J]. Tourism Management, 2001, 22 (1) : 93-101.

[3] Sharpley R. The Influence of the Accommodation Sector on Tourism Devel-opment: Lessons from Cyprus [J]. International Journal of Hospitali-ty Man-agement, 2000, 19 (3) : 275-293.

[4] Jarkko Saarinen. "Destinations in Change" The Transformation Process of Tourist Destinations [J]. Tourist Studies, 2005, 4 (2): 161-179.

[5] McLennan Char-lee, Pham TienDuc, Ruhanen Lisa, Ritchie Brent, Moyle Brent. Counter-Factual Scenario Planning for Long-range Sustain-able Local-level Tourism Transformation [J]. Griffith university, 2012: 1-36.

[6] Omerzel D G. Innovativeness in Tourism: Model Development [J]. Proce-dia Economics & Finance, 2015 (23) : 750-756.

[7] Yoel Mansfeld, Onn Winckler. The Role of the Tourism Industry in Transforming a Rentier to a Long-Term Viable Economy: The Case of Bahrain [J]. 2008, 11 (3): 237-267.

[8] Nair V, Chiun L M, Singh S. The International Tourists' Perspective on Ma-laysia's Economic Transformation Programme (ETP) [J]. Pro-cedia - social and Behavioral Sciences, 2014 (144) : 433-445.

[9] Aldebert B, Dang R J, Longhi C. Innovation in the Tourism Industry: The Case of Tourism [J]. Tourism Management, 2011, 32 (5) :

1204-1213.

[10] Henderson J C. Destination Development and Transformation：50 Years of Tourism After Independence in Singapore ［J］. Emerald Insight, 2015, 1 (4): 269-281.

[11] 刘依依. 浅析河南省旅游产业转型升级的必要性 ［J］. 吉林广播电视大学学报, 2012 (1): 29-30.

[12] 邵琪伟. 邵琪伟在 2008 年全国旅游工作会议上的讲话 ［EB/OL］. http://www.cnta.gov.cn, 2008-06-27.

[13] 成英文, 张辉. 旅游转型的概念及理论框架——兼对中国旅游转型的研究 ［J］. 北京第二外国语学院学报, 2013, 35 (5): 1-6 +63.

[14] 谢春山, 孟文, 李琳琳, 朱易兰. 旅游产业转型升级的理论研究 ［J］. 辽宁师范大学学报 (社会科学版), 2010, 33 (1): 37-40.

[15] 马波, 徐福英. 中国旅游业转型升级的理论阐述与实质推进——青岛大学博士生导师马波教授访谈 ［J］. 社会科学家, 2012 (6): 3-7.

[16] 马巧慧, 代雷. 辽宁省跨界融合全域的旅游产业转型升级研究 ［J］. 理论界, 2016 (12): 36-43.

[17] 姜芹春, 马谊妮. 产业融合：旅游产业转型与升级的一种系统方法 ［J］. 玉溪师范学院学报, 2016, 32 (6): 56-61.

[18] 马波. 转型：中国旅游产业发展的趋势与选择 ［J］. 旅游学刊, 1999 (6): 34-38 +73.

[19] 马波. 中国旅游业转型发展的若干重要问题 ［J］. 旅游学刊, 2007 (12): 12-17.

[20] 金准. 中国旅游业结构性变化与发展战略展望 ［J］. 人民论坛, 2014 (34): 77-79.

[21] 杨振之, 陈谨. 论我国旅游业产业结构的优化调整 ［J］. 云南民族学院学报 (哲学社会科学版), 2002 (5): 30-34.

[22] 储昭斌. 我国旅游产业转型升级及发展模式选择 ［J］. 商业时代, 2013 (13): 114-116.

[23] 王平. 论发展非观光旅游与旅游产业的升级——以杭州市为例 ［J］. 中共杭州市委党校学报, 2002 (1): 28-33.

[24] 赵书虹, 罗明义. 技术变迁：民族地区旅游产业升级优化的途径

［J］．桂林旅游高等专科学校学报，2006（1）：1-6.

［25］刘文波，丁力．网络化：我国旅游产业结构升级的必然选择［J］．
商业经济与管理，2000（11）：57-61.

［26］王大悟．论小康社会的旅游转型［J］．旅游科学，2004（2）：1-3+57.

［27］吴必虎，伍佳．中国乡村旅游发展产业升级问题［J］．旅游科学，
2007（3）：11-13.

［28］黄基秉，刘婕，袁力，吴红梅，涂静．城市旅游产业升级理论与
实证研究［J］．成都大学学报（自然科学版），2007（3）：240-242+261.

［29］陈际锦．超前谋划和培育旅游战略性支柱产业 促进城市转型升级
可持续发展［N］．东营日报，2012-01-14（003）.

［30］王秀红．旅游产业转型升级的重点、难点及对策研究［J］．河南
农业，2012（16）：63-64.

［31］袁尧清．技术进步对旅游产业结构升级作用探讨［J］．经济问题
探索，2014（7）：185-190.

［32］郑国中．长江经济带与"一路一带"叠加效应下旅游经济转型升
级路径［J］．社会科学家，2015（6）：96-100.

［33］王伟．欠发达地区旅游产业转型升级研究——以河南省为例［J］．
资源开发与市场，2016，32（10）：1258-1262.

［34］徐春红．世博经济促进下的宁波旅游产业转型升级战略研究［J］．
东华大学学报（社会科学版），2009，9（4）：328-331+336.

［35］王兆峰．湖南旅游产业转型与结构升级优化研究［J］．湖南科技
大学学报（社会科学版），2011，14（1）：75-80.

［36］王会战．中原经济区旅游业转型升级与结构优化研究［J］．三门
峡职业技术学院学报，2012，11（1）：28-32.

［37］潘冬南．广西旅游产业转型升级中的政府职能研究［J］．广西大
学学报（哲学社会科学版），2013，35（1）：92-96.

［38］雷贵优．三明市旅游产业转型升级及金融支持对策［J］．福建金
融，2014（2）：44-47.

［39］罗峰．全域旅游视角下杭州市旅游产业结构转型升级研究［J］．
浙江海洋学院学报（人文科学版），2017，34（2）：61-65.

［40］杨英，刘彩霞．香港旅游业的转型升级——基于批发旅游的视角

[J]. 中国发展, 2018, 18 (4): 6-12.

[41] 谢春山, 魏巍. 辽宁省旅游产业转型升级对策研究 [J]. 财经问题研究, 2009 (12): 133-137.

[42] 袁绪祥, 王清荣. 加快推动桂林旅游产业转型升级的若干思考 [J]. 社会科学家, 2009 (12): 158-161.

[43] 殷文杰. 上海市旅游业转型发展动力机制研究 [J]. 经济师, 2013 (8): 213-214+216.

[44] 麻学锋. 旅游产业转型的理性构建与自发演进 [J]. 经济问题, 2009 (2): 124-126.

[45] 唐晓云. 信息技术推动我国旅游产业转型升级的探讨 [J]. 商业时代, 2010 (25): 122-123.

[46] 杨主泉. 生态旅游产业转型升级驱动模型构建研究 [J]. 生态经济, 2011 (2): 138-140.

[47] 李庆雷, 娄思元. 西部地区旅游产业转型升级中的科技支撑——以云南省为例 [J]. 四川理工学院学报 (社会科学版), 2012, 27 (4): 17-21.

[48] 姚兰. 文化与旅游融合发展 助推秦皇岛旅游转型升级 [J]. 党史博采 (理论), 2013 (4): 30-31.

[49] 江金波, 刘华丰, 严敏. 旅游产业结构及其转型升级的科技创新路径研究——以广东省为例 [J]. 重庆大学学报 (社会科学版), 2014, 20 (4): 16-24.

[50] 沈文星, 王学军. 发展智慧旅游实现产业转型 [J]. 经济, 2014 (4): 92-94.

[51] 普荣, 白海霞. 民族地区旅游资源依赖型城镇转型发展与创新驱动—以丽江为例 [J]. 对外经贸, 2015 (5): 70-71.

[52] 姜芹春, 马谊妮. 休闲旅游促进民族旅游目的地转型升级研究——以新平县大槟榔园花腰傣民族文化旅游区为例 [J]. 湖北理工学院学报 (人文社会科学版), 2015, 32 (2): 34-38.

[53] 李亚卓. 智慧旅游背景下推进旅游产业转型升级的策略研究——以辽宁省阜新市为例 [J]. 文化学刊, 2016 (10): 141-143.

[54] 覃建雄. 基于系统理论的乡村旅游转型升级研究: 进展与趋势 [J]. 中国人口·资源与环境, 2016, 26 (S1): 301-304.

[55] 刘敬华. 民族地区非遗旅游转型动力机制及路径研究 [J]. 原生

态民族文化学刊, 2017, 9 (2): 145-149.

[56] 刘少和, 桂拉旦. 区域旅游产业集聚化转型升级发展路径及其动力机制研究 [J]. 西藏大学学报 (社会科学版), 2014, 29 (4): 172-177+184.

[57] 任宣羽, 肖立军, 熊斌. 资源型城市产业转型背景下旅游发展模式研究 [J]. 经济问题, 2012 (6): 119-121.

[58] 刘战慧. 韶关市乡村旅游产业转型升级的路径与对策 [J]. 广东农业科学, 2012, 39 (3): 179-181.

[59] 胡挺, 何文丽. 以产业链整合视角探析旅游地产转型升级路径——以华侨城为例 [J]. 中国房地产, 2013 (11): 55-57.

[60] 陈凌凌. 新型城镇化背景下河南乡村旅游的转型升级研究 [D]. 河南大学, 2014.

[61] 刘佳, 韩欢乐. 基于生态文明建设的滨海旅游低碳转型研究 [J]. 资源开发与市场, 2014, 30 (5): 625-629.

[62] 张玉山. 中原经济区旅游产业转型升级的路径探索 [J]. 管理学刊, 2014, 27 (3): 54-57+70.

[63] 刘杰. 新常态下旅游产业转型升级路径研究 [C] //中国地理学会经济地理专业委员会. 2015年中国地理学会经济地理专业委员会学术研讨会论文摘要集, 2015: 1.

[64] 王晨辉. 产业融合背景下乡村旅游转型升级战略 [J]. 湖北经济学院学报 (人文社会科学版), 2016, 13 (3): 39-40.

[65] 侯兵, 陶然. 新形势下民族文化旅游的区域协同发展研究 [J]. 贵州民族研究, 2016, 37 (10): 162-165.

[66] 毛峰. 生态文明视角下乡村旅游转型升级的路径与对策 [J]. 农业经济, 2016 (4): 30-32.

[67] 于秋阳, 冯学钢. 文化创意助推新时代乡村旅游转型升级之路 [J]. 旅游学刊, 2018, 33 (7): 3-5.

[68] 樊志勇, 沈左源. 以供给侧改革打造乡村旅游升级版 [J]. 人民论坛, 2018 (9): 92-93.

[69] 朱万春. 基于产业融合的乡村旅游转型升级研究 [J]. 农业经济, 2018 (7): 45-46.

[70] 罗明义. 小镇建设带动云南旅游转型 [J]. 创造, 2006 (6): 38-39.

[71] 罗明义. 云南旅游"二次创业"发展的理论思考 [J]. 经济问题探索, 2006 (6): 4-8.

[72] 张彩虹, 段朋飞. 智慧旅游背景下云南旅游转型与发展的策略研究 [J]. 旅游纵览 (下半月), 2014 (11): 204-206.

[73] 幸岭, 蒋素梅. 基于 PEST 分析法的云南旅游产业发展驱动力研究 [J]. 学术探索, 2014 (5): 71-75.

[74] 张文娟. 云南旅游产业转型升级策略研究 [D]. 云南大学, 2015.

[75] 李忠斌, 李军, 戎平. 新常态下云南旅游转型升级的新问题与新思路 [J]. 三峡大学学报 (人文社会科学版), 2015, 37 (6): 52-57.

[76] 罗晓艳. 旅游产业转型升级策略研究——供给侧结构性改革视角下 [J]. 现代商贸工业, 2017 (17): 9-10.

[77] 祁苑玲. 云南旅游业转型升级政策研究 [J]. 云南行政学院学报, 2017, 19 (6): 158-163.

[78] 张建梅. 论我国旅游业由政府主导向市场主导模式的转换 [J]. 天津财经学院学报, 2003 (11): 58-61.

[79] 李秀娟. 旅游产业集约化发展内在机理与路径选择研究 [J]. 商业时代, 2011 (27): 126-127.

[80] 肖岳峰, 吕丽. 休闲农业观光旅游集约化发展研究——以桂林鲁家村及芦笛三村为例 [J]. 广西广播电视大学学报, 2018, 29 (5): 72-74.

[81] 段正梁, 彭振. 旅游企业组织模式创新与集团化发展路径 [J]. 旅游研究, 2018, 10 (3): 8-12.

[82] 戴斌. 依法兴旅、依法治旅的时代背景、战略目标与路径选择 [J]. 旅游学刊, 2015, 30 (3): 1-2.

[83] 郝晓兰. 内蒙古草原生态旅游开发模式研究 [J]. 干旱区资源与环境, 2004 (6): 112-117.

[84] 王桂花, 何菲菲. 国外旅游供应链管理的启示 [J]. 合作经济与科技, 2018 (13): 20-22.

[85] 谢卫. 环都市乡村休闲体育旅游产品多元升级发展研究——以成都市为例 [J]. 成都体育学院学报, 2017, 43 (4): 46-50.

[86] 张瑞真, 马晓冬. 我国旅游新业态研究进展及展望 [J]. 旅游论坛, 2013, 6 (4): 53-58.

［87］刘雨涛. 中国旅游业从"量变"向"质变"飞跃的机理研究——从旅游新业态视角谈旅游人才培养［J］. 特区经济，2012（1）：146-148.

［88］张凌云，朱莉蓉. 中外旅游标准化发展现状和趋势比较研究［J］. 旅游学刊，2011，26（5）：12-21.

［89］樊友猛，谢彦君. "体验"的内涵与旅游体验属性新探［J］. 旅游学刊，2017，32（11）：16-25.

［90］赵明. "高铁时代"对云南旅游业发展的影响研究［J］. 现代商业，2017（26）：65-66.

［91］李鹏，虞虎，王英杰. 中国3A级以上旅游景区空间集聚特征研究［J］. 地理科学，2018，38（11）：1883-1891.

［92］邓小艳，邓毅. 大众旅游背景下旅游供给侧改革策略研究［J］. 行政事业资产与财务，2016（16）：1-4＋91.

［93］赵慧敏. 物流管理课程"任务驱动式"教学法探索［J］. 中国教育学刊，2015（S2）：282-283.

［94］陈志强，史江宁. 基于任务驱动型模型构建的"有丝分裂"教学设计［J］. 中学生物教学，2019（14）：69-70.

［95］厉新建，张凌云，崔莉. 全域旅游：建设世界一流旅游目的地的理念创新——以北京为例［J］. 人文地理，2013（3）：130-134.

［96］欧阳欢，龙宇宙，邬华松. 海南旅游产业技术集成及示范推广探讨［J］. 科技和产业，2010（10）：12-14.

［97］董海伟. 新加坡旅游业的转型及其外部影响因素分析［J］. 南宁职业技术学院学报，2017，22（1）：31-34.

［98］胡明婕. 新加坡旅游业发展阶段及特点研究［D］. 华东师范大学，2010.

［99］郭义铭. 米兰的城市结构［J］. 全球科技经济瞭望，2000（5）：45-47.

［100］蒙睿等. 旅游融合发展经典案例［M］. 北京：中国环境出版社，2016：84-86.

［101］刘民英. 黄山市旅游业发展探析［J］. 黄山高等专科学校学报，2000（2）：74-77.

［102］胡蕾. 黄山市国际旅游业发展研究［D］. 安徽大学，2013.

［103］王昆欣. 云南"旅游革命"重在转型升级［N］. 中国旅游报，

2018-08-27 (003).

[104] 高芳. 云南省旅游产业演化影响因素研究 [D]. 云南大学, 2017.

[105] 杨秀云, 李扬子, 阮丽娟. 中国旅游产业政策的演化特征 [J]. 长安大学学报 (社会科学版), 2018, 20 (2): 60-70.

[106] 陈理志. 云南省旅游产业空间结构演化及其优化策略 [D]. 云南师范大学, 2017.

[107] Tzeng G H, Chiang C H, Li C W. Evaluating Intertwined Effects in E-learning Programs: A Novel Hybrid MCDM Model Based on Factor Analysis and DEMATEL [J]. Expert systems with Applications, 2007, 32 (4): 1028-1044.

[108] 侍孝瑞, 王远坤, 卞锦宇, 等. 水资源承载力关键驱动因素识别研究 [J]. 南京大学学报 (自然科学), 2018, 54 (3): 628-636.

[109] 潘冬南. 新常态下广西旅游产业转型升级的影响因素研究 [J]. 广西大学学报 (哲学社会科学版), 2017, 39 (3): 43-48 +53.

[110] 崔雪丽. 经济新常态下旅游产业转型升级评价体系构建与对策研究 [D]. 西安外国语大学, 2016.

[111] 田纪鹏, 刘少湃, 丁烨. 都市旅游产业结构的影响因素及其作用机制——以上海市为例 [J]. 城市问题, 2015 (11): 60-68.

[112] 杨坚. 山东海洋产业转型升级研究 [D]. 兰州大学, 2013.

[113] 钟玲. 全球价值链视角下海南旅游产业升级策略研究 [D]. 海南大学, 2013.

[114] 韩欢乐. 山东省旅游产业转型升级水平、影响因素与发展对策研究 [D]. 中国海洋大学, 2015.

[115] 吴盼, 杜明星. 上海市产业升级影响因素研究 [J]. 科技管理研究, 2014, 34 (3): 74-77.

[116] 武春友, 陈兴红, 匡海波. 基于 Rough-DEMATEL 的企业绿色增长模式影响因素识别 [J]. 管理评论, 2014, 26 (8): 74-81.

[117] 史婧. 甘肃省旅游业转型升级战略研究——基于产业、城市、市场的视角分析 [D]. 西北师范大学, 2013.

[118] 程哲, 蔡建明, 崔莉, 等. 乡村转型发展产业驱动机制: 以盘锦乡村旅游为例 [J]. 农业现代化研究, 2016, 37 (1): 143-150.

[119] 戴斌. 旅游 & 文化 [M]. 北京: 中国旅游出版社, 2019.

[120] 刘香云. 基于灰色关联度的道路交通事故组合预测方法研究 [D]. 北京交通大学，2015.

[121] 范德华. 云南建设旅游强省指标体系研究 [D]. 云南大学，2014.

[122] 刘怡，周凌云，耿纯. 京津冀产业协同发展评估：基于区位熵灰色关联度的分析 [J]. 中央财经大学学报，2017（12）：121-131.

[123] 石斌. 全域旅游视角下乡村旅游转型升级的动因及路径——以陕西省为例 [J]. 企业经济，2018，37（7）：77-82.

[124] 刘姗姗. 全域旅游视角下的登封市旅游目的地建设研究 [D]. 河南大学，2017.

[125] 佚名 云南把旅游产业作为支撑体系 [J]. 中国产业，2010（6）：41-43.

[126] 罗芳，李中建. 山西旅游产品转型升级研究 [J]. 忻州师范学院学报，2012，28（5）：54-56.

[127] 刘思翔. 全域旅游下的地方产业融合 [N]. 中国旅游报，2016-05-16（C03）.

[128] 东营市河口区政府 实施全域旅游战略 促进一二三产业融合发展 [J]. 山东经济战略研究，2017（7）：46-49.

[129] 冯凌. 我国旅游业科技创新特征与技术支撑体系研究 [J]. 科技管理研究，2018，38（4）：117-120.

项目策划：段向民
责任编辑：张芸艳
责任印制：谢　雨
封面设计：武爱听

图书在版编目（ＣＩＰ）数据

基于任务驱动下的旅游转型升级的路径与对策研究 /
明庆忠等著. -- 北京 ： 中国旅游出版社，2020.7
（文旅产业与全域发展文库）
ISBN 978-7-5032-6520-4

Ⅰ．①基… Ⅱ．①明… Ⅲ．①地方旅游业－旅游业发
展－研究－云南 Ⅳ．①F592.774

中国版本图书馆CIP数据核字(2020)第117054号

书　　名：基于任务驱动下的旅游转型升级的路径与对策研究

作　　者：明庆忠等　著
出版发行：中国旅游出版社
　　　　　（北京静安东里6号　邮编：100028）
　　　　　http://www.cttp.net.cn E-mail: cttp@mct.gov.cn
　　　　　营销中心电话：010-57377108，010-57377109
　　　　　读者服务部电话：010-57377151
排　　版：北京天韵科技有限公司
经　　销：全国各地新华书店
印　　刷：三河市灵山芝兰印刷有限公司
版　　次：2020年7月第1版　2020年7月第1次印刷
开　　本：720毫米×970毫米　1/16
印　　张：13
字　　数：215千
定　　价：49.80元

ＩＳＢＮ 978-7-5032-6520-4